Charles AZNAVOUR
Le temps des avants

MÉMOIRES

22/5/1924
1/10/2018

Flammarion

Le temps des avants

Catalogage avant publication de la Bibliothèque nationale du Canada

Aznavour, Charles

    Le temps des avants : mémoires

    Autobiographie.
    Comprend des réf. bibliogr.

    ISBN 2-89077-259-4

    1. Aznavour, Charles. 2. Chanteurs - France - Biographies. I. Titre.

ML420.A995A3 2003   782.42164'092   C2003-941609-7

Photo de la couverture : Micheline Pelletier

Graphisme de la couverture : Studio de création Flammarion

Composition et mise en page : Nord Compo multimédia

© 2003, Éditions Flammarion

© 2003, Flammarion Québec pour l'édition canadienne

Tous droits réservés

ISBN : 2-89077-259-4

Dépôt légal : 4e trimestre 2003

Imprimé au Canada

À mes parents et par ordre d'entrée en scène,
À Aïda, Seda, Ulla, Katia, Mischa,
Nicolas, Lyra, Jacob, Leïla,

Mes remerciements pour la confiance qu'elle m'a accordée et l'aide qu'elle m'a apportée en remettant mes idées en place,
À Stéphanie Chevrier,

Et aussi à Gérard Davoust qui pendant des années m'a poussé à avoir confiance en moi quand je doutais de mes capacités d'écrire autrement qu'en vers,
Et encore une fois à tous les deux pour avoir corrigé mes fautes d'orthographe.

AVANT-PROPOS

Raconter sa vie n'est pas chose facile : comment ne pas paraître prétentieux, lasser le lecteur, ou même fâcher ceux dont les noms sont soit mentionnés, soit oubliés ? On nous demande souvent : racontez-nous votre vie, vos malheurs, votre réussite, les rencontres que vous avez faites et, surtout, vos aventures amoureuses. Et pourquoi pas notre manière de nous conduire au lit ?

J'ai pour ma part de la pudeur, même si je n'ai pas peur des mots. Une certaine retenue, un côté secret, m'empêche de dévoiler facilement mes sentiments, de me mettre trop en avant, d'user de mots tels que « triomphe » et autres superlatifs que nous rencontrons dans une carrière réussie.

AUTRE AMÉRIQUE, AUTRE FRANCE, AUTRE REGARD

La France a abandonné cette parcelle de l'Amérique, cette Nouvelle France. Les colons ont ainsi ancré, dans ce coin du monde où l'anglais était de rigueur, des noms et des expressions de nos provinces. À force d'obstination, de courage et de détermination, ce petit peuple livré à lui-même a crû et imposé sa langue et sa culture au cœur d'un pays qui m'a en quelque sorte adopté depuis plus d'un demi-siècle, et a fait de moi un homme au regard neuf et différent. Dire que je me sens québécois serait faire du lèche-raquette, ce n'est pas dans mon caractère. C'est un sentiment plus profond, plus subtil et plus difficile à expliquer : fils d'émigrants, je me sens proche de ce peuple de déracinés qui a réussi le prodige de s'installer dans une immensité qui lui était hostile et d'y créer une culture parallèle à la sienne, belle, nouvelle et colorée. J'aime ce grand pays et particulièrement cette province à l'accent chantant, ses grands espaces, ses visages ouverts, son accueil chaleureux, son humour différent du nôtre. J'y reviens chaque fois avec une certaine émotion, le sentiment curieux de retourner un peu chez moi.

EN SCÈNE !

De nos jours, la mode est au bio : ce que l'on mange, boit, produit se doit de l'être. À mon tour, j'ai décidé de sacrifier à cette tendance en produisant ma bio sous forme de souvenirs. Oh, l'idée ne m'est pas venue soudainement comme un bouton de fièvre ; non, c'est plutôt que, les bios étant dans le vent, nombre d'éditeurs, et des plus prestigieux, m'ont fait savoir qu'ils seraient intéressés à m'éditer. J'ai alors à mon tour médité sur la question. Ce n'est pas que je sois lent, mais cela m'a pris quinze ans avant de me décider. Il m'était déjà arrivé en 1974 d'en produire une, mais, pour cette première, je m'étais fait aider par le journaliste Jean Nolli, qui avait comme on dit en franglais *rewrité* les pages en prose que je lui communiquais. C'était un peu ma vie, mais racontée par la voix d'un autre.

Après mûres réflexions – quinze ans, ça vous montre un peu à quel point je doutais de l'intérêt de la démarche –, je me suis attelé à la tâche, me souvenant de ce que m'avait soufflé un jour Harold Robbins, écrivain américain à très gros tirage : « Le public aime les *success stories,* particulièrement s'il y a eu bagarre et si les débuts ont été difficiles. » Pour ce qui est des débuts difficiles, j'ai été grandement servi, et pour ce qui est de m'être battu, je ne dois rien à personne. Des coups de poing en tout genre, il me reste encore quelques bleus à l'âme et au menton, et aussi quelques artistiques coups de pied aux fesses ! Donc nous y voici. J'ai sauté le pas et plongé dans mes souvenirs. Curieusement, je ne sais pas si ma vie et ma route présentent un intérêt pour quelqu'un d'autre que pour moi-même, nous verrons bien : qui ne risque rien n'a rien. J'ai connu assez de déboires pour m'être forgé une certaine philosophie. Si ce que je vais raconter réussit à vous intéresser et à vous plaire, j'en serai ravi. Sinon ? Mon Dieu, j'en ai vu d'autres, et cette fois encore je crois que je survivrai.

J'ai voulu chanter. On m'a dit qu'il valait mieux m'abstenir, que je n'avais aucune chance dans cette voie-ci, avec cette voix-là et ce physique qui étaient les miens on ne pouvait pas prétendre monter sur scène. J'ai voulu écrire et composer des chansons : on a tout fait pour me décourager. Là encore, il ne pouvait y avoir d'avenir dans cette discipline pour le primaire que j'étais. Ceux qui ont lu mes chansons m'ont assuré du contraire, le public le premier, et j'écris aujourd'hui mon autobiographie sachant pertinemment que je ne suis ni un écrivain ni un littéraire. Pourtant, j'ai vécu une vie qui vaut peut-être, je dis bien *peut-être*, d'être racontée. À quelles réactions dois-je m'attendre ? Ayant atteint l'âge où l'on se fait peu d'illusions, je me pose tout de même des questions : le style, la manière d'écrire valent-ils mieux que ce que l'on a à dire ? Faudrait-il, comme on me le conseillait pour ma voix, retenir ma plume ? Ah, et puis

Le temps des avants

au point où j'en suis, tant pis, que diable ! Donc, il était une fois, deux fois, trois fois, il était plusieurs fois, un garçon répondant au nom imprononçable de Charles Aznavourian.

ÇA N'A PAS TRÈS BIEN COMMENCÉ

Je regarde le soleil à travers les verres fumés de mes lunettes ; dans ces rares moments d'inactivité, je ne m'ennuie pas. J'avoue ne jamais m'ennuyer. Il m'arrive de penser au fils d'apatride que je suis, que les Américains appelleraient *a surviver*. Si tout est devant moi, je n'ai pas pour autant effacé le passé des miens, non, je le conserve dans un coin de ma mémoire, et aujourd'hui, ayant atteint l'âge inespéré de soixante-dix-neuf printemps – je devrais dire automnes –, quand je n'ai rien à faire de particulier, je rêve. Les jeunes rêvent à leur futur ; le mien de futur étant largement consommé, je cherche à me ressourcer en plongeant dans mon passé – je devrais dire notre passé car le passé n'est jamais tout à fait personnel, au contraire il est collectif, particulièrement pour une famille arménienne. Je rêve et je me dis que j'aurais très bien pu ne jamais le voir, cet astre. J'aurais pu rester enfermé dans le sperme liquéfié de mon père souffrant, suant, peinant pour rester en vie dans sa longue marche, cette foutue traversée du désert entre Istanbul et Damas. Les hordes de Kurdes – qui par la suite connurent la même situation – et les gendarmes de la nation ottomane pourchassaient et harcelaient les malheureux afin de s'approprier les quelques richesses qu'ils emportaient avec eux, comme les dents en or qui ornaient leurs bouches. Et je te tue un intellectuel, et je t'empale un prêtre, et je te pends, te décapite, et je te viole une jeune ou une vieille femme, et je te fais éclater la tête d'un bébé pour entendre le bruit que cela fait quand elle est projetée violemment contre un arbre... Ou bien j'aurais peut-être été mis bas, en fausse couche sur le sable du désert, tandis que ma pauvre mère aurait continué sa lente et pénible marche vers la mort, les jambes couvertes du sang qu'elle aurait éliminé en me laissant partir de ce monde où le nouveau gouvernement « Jeune-Turc » espérait tant les voir tous disparaître. Éliminés, annihilés, adieu, ou plutôt au diable, ces Arméniens, et en route pour la solution finale ! Oh ! La jolie phrase !

Der es Zor : cimetière de près d'un million et demi des miens, mes parents, mes ancêtres, volés, violés, assassinés au nom de la race, au nom de la religion, au nom de quoi, en vérité, je vous le demande ? Au nom des Enver, des Talat[1], des pachas du crime, assassins sans foi ni loi, interprétant à leur convenance le Coran qui ne justifie pourtant pas ces actes sanguinaires. Talat est le seul grand criminel qui a encore sa statue au beau milieu d'une place en Turquie.

Solution finale ? Raté mes salauds, vous ne m'avez pas eu. Et je reste, n'en déplaise encore à certains, un homme de mémoire. Je ne suis pas devenu pour autant un ennemi juré du peuple turc, et mon rêve aujourd'hui

---

1. Hommes politiques turcs, membres du parti Jeune-Turc, qui fomentèrent avec Djamal pacha les deux coups d'État de 1908 et 1909 en Turquie, et participèrent avec lui au triumvirat de 1913.

Le temps des avants

serait de visiter le pays de naissance de ma mère, mais...
mais... mais.

> *Ils sont tombés sans trop savoir pourquoi*
> *Hommes femmes et enfants qui ne voulaient que vivre*
> *Avec des gestes lourds comme des hommes ivres*
> *Mutilés, massacrés les yeux ouverts d'effroi*
> *Ils sont tombés en invoquant leur Dieu*
> *Au seuil de leur église ou le pas de leur porte*
> *En troupeaux de désert titubant en cohorte*
> *Terrassés par la soif, la faim, le fer, le feu*

VOILÀ, J'ARRIVE

Je suis né au bout du voyage de l'enfer, là où commence le paradis que l'on appelle l'émigration. Le malheur avait pris tant de place chez ceux qui avaient échappé au génocide, comme mes parents, que la plupart d'entre eux évitaient de parler des ancêtres, ou en parlaient si peu que ma complice – ma sœur Aïda – et moi n'avons réussi à reconstituer, au fil de notre vie, que par fragments le passé de la famille : pas grand-chose en vérité. « Regarde d'où l'on vient et où l'on se trouve aujourd'hui »... Par excès de pudeur, ou pour ne pas remuer de souvenirs trop douloureux, nos parents n'ont que très rarement évoqué l'histoire des centaines de milliers d'Arméniens dispersés de par le monde, de la fuite devant l'horreur jusqu'à leur établissement dans un pays d'accueil. Quelques bribes au détour de conversations entre ceux qui ont vécu et survécu aux mêmes événements ne nous ont donné qu'une vague idée de leur exode. Ce qui est certain, c'est qu'ils n'ont pas voyagé en première classe, avec des valises Vuitton remplies d'un peu de nécessaire et de beaucoup de superflu, et dans leurs portefeuilles les indispensables cartes de crédit. Aujourd'hui, lorsque je vois les pauvres balluchons des émigrés venus de tous les horizons, ficelés tant bien que mal et contenant toutes leurs possessions – un misérable bric-à-brac, un bien dérisoire, si précieux pour eux, que pourtant le dernier des brocanteurs refuserait avec dédain –, lorsque je les vois, ces brise-cœur, cela me donne, bien que je ne sois pour rien dans leur malheur, un sentiment de honte et de culpabilité.

Lorsque je vois les malheureux clandestins, venus de je ne sais où, en quête d'une vie meilleure dans notre pays qu'ils voient comme un pays de cocagne, j'ai toujours un petit pincement au cœur en imaginant le périple de mes oncles, tantes et grands-parents qui ne revinrent jamais de ce « Club Med de l'horreur ».

Comment d'autres ont-ils fait pour s'en sortir ? Dieu seul peut le dire. Tiens, justement, où était-il, lui si souvent absent dans ces moments-là ? Allah, Dieu, Jéhovah, où étiez-vous ? Quand nous avions besoin de vous, en Turquie, en Allemagne ou au Cambodge, où étiez-vous ? Allez donc savoir.

J'aimerais savoir

Si une quelconque force en ce monde
Serait capable de détruire cette race,
Cette petite tribu de gens sans importance,
Peuple aux habitudes toutes et toujours
Combattues et perdues,
Dont les structures ont été morcelées,
La littérature non lue, la musique non écoutée,
Et dont les prières sont restées sans réponses

Le temps des avants

Allez détruisez l'Arménie
Voyez si vous pouvez le faire,
Envoyez son peuple dans le désert
Sans pain sans eau,
Brûlez ses maisons et ses églises,
Voyez s'ils ne peuvent pas rire,
Chanter, et jouer encore,
Et voyez
Lorsque deux d'entre eux se rencontrent
N'importe ou dans le monde,
S'ils ne vont pas créer
Une nouvelle Arménie[1]

Aujourd'hui, la France a reconnu le génocide des Arméniens. Il aura donc fallu quatre-vingt-cinq ans pour qu'elle y consente. La raison d'État, disait-on. Enfin c'est fait mais, pour ma part, bien que je sois fier et satisfait de la décision de mon pays, je ne ferai pas de triomphalisme. Je ne me suis d'ailleurs jamais montré virulent sur la question. Pour mes parents, seule la reconnaissance importait ; les dédommagements, la restitution des territoires ou des maisons n'étaient pas des questions essentielles : ils n'avaient nullement l'intention de retourner dans ce pays, terre de trop nombreux souvenirs, certains excellents, d'autres ô combien douloureux. Bien sûr, cette reconnaissance constitue un premier grand pas, mais tant que la Turquie n'aura pas reconnu le génocide, elle restera une reconnaissance de guingois.

Ces quelques lignes sur le passé tragique des Armé-

---

1. William Saroyan, extrait de *My Name Is Aram* (1940), traduction de Charles Aznavour.

niens me paraissaient indispensables pour expliquer qui nous sommes et d'où nous venons.

> *J'ai ouvert les yeux sur un meublé triste*
> *Rue Monsieur-le-Prince au Quartier latin*
> *Dans un milieu de chanteurs et d'artistes*
> *Qu'avaient un passé, pas de lendemain*
> *Des gens merveilleux, un peu fantaisistes*
> *Qui parlaient le russe et puis l'arménien*

Cependant, quoi que certains journalistes turcs ou azéris aient pu dire ou écrire par le passé, je n'ai jamais – je dis bien jamais – défilé à Paris ou ailleurs le 24 avril pour commémorer le massacre, je n'ai pas davantage fait parvenir d'armes au Kharabag ou même organisé une collecte d'argent pour acheter des armes durant la guerre entre les Azéris et les Arméniens du Kharabag. J'ai trop de respect envers l'être humain pour me commettre dans un processus visant à blesser ou tuer des femmes et des enfants. Je préfère croire – peut-être naïvement – à la diplomatie, à la bonté, à l'intelligence et à l'honnêteté des hommes, même si la diplomatie, qui baigne dans le pétrole, n'a jusqu'ici donné que de mauvais résultats.

Ma mère, Knar Bagdassarian, avait le chic pour se trouver des filiations – elle comblait probablement un vide et la nostalgie d'une famille qu'elle n'avait pas eue. Lorsqu'elle rencontrait quelqu'un originaire de la ville où elle était née, à l'annonce du nom de famille, elle se souvenait du grand-père ou de la grand-mère. Et même s'ils n'avaient été que voisins, ils devenaient soudain presque parents. J'avais l'habitude de les appeler « mes cousins de murs » : « Ah oui, il était boulanger, ou crémier... » Ma mère était turque, puisque née en Turquie, comme je suis français. Elle était donc turque d'origine arménienne, née à Adapazari d'un père expert en tabac. Elle avait deux frères et une sœur, tous disparus, Dieu sait de quelle manière, au moment du génocide. Mon père, Mischa Aznavourian, Géorgien d'origine arménienne, était né à Akhaltzkha. Les Arméniens de Géorgie n'ont pas subi le génocide. Tous deux étaient des artistes : ma mère comédienne, mon père chanteur doté d'une voix qui fit dire à Louiguy – compositeur à succès de *Cerisier rose et pommier blanc* entre autres – qui l'entendait un jour chanter : « J'ai l'impression que chez vous la voix a sauté une génération ! » Comment mes parents se rencontrèrent-ils, où et quand se sont-ils mariés, nous n'en savons rien. C'était au temps où l'Église conservait les registres de mariage, qui tenaient lieu d'état civil. Nos églises, hélas, ont été pillées, détruites... Une chose est certaine : je n'ai jamais surpris mes parents à vilipender la Turquie moderne, jamais ils ne nous ont élevés dans la haine de ce peuple. Au contraire, je les ai toujours entendus dire que la Turquie était un beau pays, que les femmes étaient ravissantes, que leur cuisine était la meilleure de tout le Moyen-Orient, et que, dans le fond, nous avions beaucoup d'affinités avec ce peuple. Si le génocide n'avait pas eu lieu – ou au moins avait été reconnu –, le contentieux ne serait pas aujourd'hui si profondément ancré dans la mémoire des deuxième et troisième générations des nôtres.

Charles Aznavour

Lettre à un ami turc

*Tu as une épine dans le pied
Mon frère
J'en ai une dans le cœur,
Pour toi
Comme pour moi
Elle rend les choses difficiles,
Inconfortables*

*La rose a des épines
Si l'on n'y prend garde
Une goutte de sang peut perler
Au bout du doigt, mais
Si l'on fait attention
Elle fait don de sa beauté,
Embellit et parfume nos jours
Allant même
Jusqu'à flatter notre palais
Par ses douceurs.*

*J'aime les roses
Leurs épines existent
Nous n'y pouvons rien
Mon frère...
Si tu décidais d'extraire
L'épine que j'ai au cœur
Celle que tu as dans le pied
Disparaîtrait d'elle-même
Et nous serions toi et moi
Libérés
Et frères*[1]...

---

1. Charles Aznavour, 1997.

Le temps des avants

Pourchassés, malgré le passeport géorgien de mon père, mes parents réussirent à embarquer d'Istanbul sur un bateau italien. Ma mère se trouvait déjà à bord lorsqu'un militaire zélé, faisant fi du passeport, barra la route de mon père en entendant parler la langue haïe. C'est le commandant qui vint à son secours en hurlant que le bateau était territoire international, et que l'on ne pouvait en aucun cas empêcher un passager d'y embarquer. Une riche Américaine d'origine arménienne avait proposé de payer le voyage de tous les rescapés qui avaient eu la chance de se hisser à bord. Le bateau prit la mer et débarqua les Arméniens et les Grecs à Salonique, où ma sœur vint au monde. On lui donna, pour remercier l'Italie, le nom d'un opéra italien – *Aïda* –, en fait un prénom égyptien. Un an s'écoula, le temps d'apprendre le grec, et, le mirage américain en tête, mes parents et ma sœur arrivèrent à Paris, *via* Marseille je suppose, où on leur accorda un passeport Nansen, une sorte de permis de séjour qu'il fallait renouveler souvent. Puis ce furent des jours d'attente à l'ambassade des États-Unis dans l'espoir d'obtenir un visa, le fameux visa qui permettrait d'atteindre la terre promise, le pays des opportunités, où chacun peut tenter sa chance et devenir peut-être riche et puissant.

APATRIDES

Toutes les gares se ressemblent
Et tous les ports crèvent d'ennui
Toutes les routes se rassemblent
Pour mener vers l'infini
Dans la cohue de l'existence
Se trouve toujours un passant
Qui n'a pas eu de ligne de chance
Et qui devient un émigrant

« Vous voulez émigrer aux USA ? Vous y avez des amis, des parents, de l'argent ? Quelle est votre religion ? Vous parlez l'anglais ? Il vous faudra attendre, le quota pour les Arméniens est complet cette année. Remplissez ce formulaire, on vous fera savoir quand vous pourrez partir si, *of course*, votre dossier est accepté. »

Un an d'espoir dans un logement exigu du boulevard Brune, un an d'espoir et de privations, de files d'attente à la préfecture de police, un an de difficultés à communiquer – l'arménien, ça ne se parle pas dans les arrondissements parisiens. « Et puis Arménien, qu'est-ce que c'est ? Vous êtes russe, juif, arabe ? Quoi alors ? Apatride avec un passeport Nansen ? Sans patrie alors, étrangers quoi, des gens que nous avons la bonté de recevoir chez nous ! Parfait, alors ne nous emmerdez pas, attendez, asseyez-vous sur ce banc avec les autres et fermez-la, on vous appellera. Ici, à la préfecture, on a autre chose à faire qu'à nous occuper des indigents. Votre femme est enceinte ? Et alors, elle n'est pas la seule au monde... » Et vlan, on vous ferme le guichet au nez, revenez demain, et demain, ce sera encore demain, et ainsi de suite pendant des semaines, car il manque toujours un papier, une attestation, un tampon pour le renouvellement.

Mais c'est beau Paris, particulièrement au printemps. Il n'y a pas que le fonctionnaire de la préfecture, il y a surtout les voisins, plus gentils, plus compréhensifs, et les autres émigrants, les Juifs, les Polonais, les Italiens, les Russes et bien sûr les Arméniens. On s'épaule, on se comprend, on s'échange des tuyaux, on se rend des services. Après tout, ne ramons-nous pas dans la même galère ?

Le visa tant espéré arriva enfin ; mais mes parents n'avaient plus envie de partir. Ma mère était prête à accoucher, et le pays leur plaisait. Mon père gagnait sa vie à chanter dans les bals et les soirées d'émigrants de toutes nationalités – il chantait bien, en russe, en arménien. Puis il fallut trouver où accoucher pour un prix modique, dans un hôpital pour indigentes. Clinique Tarnier, rue d'Assas, avec quelques semaines de retard – comme au spectacle, il faut savoir se faire désirer –, le 22 mai 1924, je fis mon entrée sur la planète terre. Trois kilos six cents – faut le faire ! « Comment voulez-vous l'appeler ? Shâhnourh ? Comment vous dites, Shâhnourh ? » C'en était trop pour l'infirmière qui ne savait déjà pas où donner de la tête. « Bon, Charles, ça vous va ? C'est tout de même plus civilisé. Bon allez d'accord, va pour Charles... » Quel pot ! Aujourd'hui, si elle savait, l'infirmière, elle me réclamerait un droit d'auteur sur mon nom, un impôt de plus ! Ouf ! Je l'ai échappé belle.

Mischa attendit trois jours – il fallait bien fêter ma venue – avant de se rendre à la mairie du VIe arrondissement déclarer l'arrivée de Charles. Une chance qu'il s'en soit souvenu ! Car au moment de faire établir la carte de séjour, mon père avait oublié le nom de ma mère – Bagdassarian –, et il avait donné le premier nom qui lui était venu à l'esprit : Papazian. Ce qui faisait dire à ma pauvre mère : « Merci, tu as réussi à enterrer mes parents une seconde fois ! »

Il est des phrases qui vous restent en mémoire...

Il prendra ta bouche
Il prendra ta couche
Et m'enterrera
Pour la seconde fois

Agrandie par ma venue, la famille était donc composée de mon père, ma mère, ma sœur, la grand-mère de ma mère, seule survivante de cette branche de la famille, et moi. Nous nous installâmes dans une pièce d'environ 20 m^2 au deuxième étage d'un meublé, au 36 rue Monsieur-le-Prince, en plein cœur du Quartier latin, dans un immeuble qui appartenait à M. et Mme Mathieu. Une pièce sombre avec un coin toilette, composé d'une espèce de commode bancale sur laquelle il y avait une cuvette et un broc à eau ; à côté, une sorte d'alcôve où se trouvait le lit de mes parents avec un rideau qu'ils tiraient à l'heure du coucher, « comme au théâtre ». Tu parles d'une intimité ! Mon arrière-grand-mère dormait sur un divan défoncé, ma sœur Aïda et moi, tête-bêche dans un petit lit pliant en fer que l'on déployait le soir venu. La chambre était agrémentée – quel agrément ! – d'un poêle Godin qui faisait office de chauffage et de cuisinière. On prenait l'eau sur le palier, et les W-C se trouvaient à l'étage au-dessus, le luxe et le confort quoi ! La pièce était si petite qu'un jour Aïda s'assit sur le poêle ; heureusement, elle ne se brûla pas trop gravement ! Nous nous amusions sur le palier de l'étage où il y avait une vieille banquette de bistrot en moleskine dans un piteux état. Je me souviens qu'avec mon père nous y restions souvent assis comme si c'était notre salon, et y mâchions avec délectation ce que nous appelions du « sam sam gomme ».

Oh oh ! Mais n'allons pas trop vite. C'est de moi qu'il s'agit. Voyons, où en étais-je ? Ah oui ! Me voilà donc hurlant et vociférant, donnant de la voix, et gratuitement encore, dans cet établissement du VIe arrondissement. Cette voix n'attira l'attention de personne, sauf celle de ma mère, et c'est ainsi que je fis mon premier bide, suivi plus tard de nombreux autres, mais ça, c'est une autre paire de gifles, j'aurai tout le temps de vous en parler par la suite.

À cette époque, notre grand-père paternel – que ma sœur Aïda avait surnommé « Aznavor baba », surnom qu'il garda jusqu'à la fin de ses jours –, flanqué de sa maîtresse, une opulente Prussienne qui l'avait détourné de sa femme et de ses enfants, arriva à son tour à Paris. Pourquoi ? Facile à deviner : fuir sa femme et le regard

Le temps des avants

des autres, vu sa position enviable de chef cuisinier du gouverneur de Tiflis, capitale de la Géorgie, et pour ne pas avoir à divorcer – chose difficile et mal vue en ce temps-là. Sans doute aussi parce que les révolutionnaires communistes forçaient les employés des riches ou des puissants à balayer la rue sous les insultes et les quolibets. Le couple s'était déclaré mari et femme en débarquant en France. Ça simplifiait les choses ! Mais comment ont-ils fait pour atterrir là et nous retrouver ? Personne ne peut le dire. N'étant pas Arméniens de Turquie, ils faisaient partie de ces privilégiés qui n'eurent pas à subir la furie meurtrière des valets des « Jeunes-Turcs ». L'Aznavor baba devait posséder un joli bas de laine, puisque à peine installé à Paris il se porta acquéreur d'un restaurant, qu'il baptisa Restaurant caucase, un des premiers restaurants de cuisine russe en France, au 3 rue Champollion, à deux pas de la Sorbonne. L'ouverture de l'établissement coïncidait exactement avec la date de mon déventrissage sur notre planète. Je suis donc pour ainsi dire né dans les cuisines d'un restaurant.

Le grand-père avait un caractère irascible, « le piano du cuisinier doit le rendre un peu nerveux ». Sa Teutonne en faisait les frais ; peut-être qu'en son for intérieur il lui en voulait de l'avoir poussé à abandonner sa famille, à une époque où l'Histoire s'avérait douloureuse dans ce coin du monde. Quand il avait un besoin urgent de libérer sa tension nerveuse, il disait d'une voix contenue en pointant du doigt le sol du restaurant : « *Bâtvâl* », ce qui veut dire « cave » en russe. Elle, en bonne Allemande obéissante, soulevait la porte de la trappe qui y menait et descendait tête basse, suivie de son homme qui lui administrait une bonne et solide raclée. Après quoi, calmé, il retournait à ses fourneaux ; nous autres étions ravis. Elle le méritait, Élisabeth Christopher de son vrai nom. Elle était née en Russie dans une de ces familles prussiennes parties s'y installer à la suite de la Grande Catherine ; elle baragouinait l'arménien, se débrouillait en russe, mais parlait un allemand impeccable. Dans la famille, elle n'aimait que moi et m'adressait toujours la parole en allemand. Lorsque la Wehrmacht envahit la France, elle alla proposer ses services à l'ambassade d'Allemagne où on l'employa à faire le ménage à la Kommandantur. *Heil Hitler !*, un coup de torchon par-ci, *Heil Hitler !*, un coup de balai par-là, *Deutschland über alles...* Quelle honte pour mes parents qui militaient pour la cause communiste ! À la mort de mon grand-père, elle partit retrouver ses racines à Berlin – les racines sont faites pour être sous terre –, et elle a dû, la pauvre, finir sous les bombardements alliés car nous n'avons plus jamais entendu parler d'elle.

Un bien curieux cousin

Tout le monde n'a pas la chance d'avoir un fakir dans la famille. Un cousin de ma mère, le fakir Tahra Bey, eut son heure de gloire durant les années qui précédèrent et suivent la guerre. Pendant son spectacle, il s'allongeait sur une planche à clous, se transperçait la joue et le corps avec une longue aiguille, et prétendait pouvoir saigner sur commande. Il persuadait le public que la mer allait envahir la salle, créant ainsi un instant de panique. Lorsque certains des spectateurs cherchaient à fuir, il calmait les esprits grâce à son pouvoir de persuasion : la mer se retirait, et le calme revenait sur l'assistance. Son numéro phare était celui de catalepsie : il s'étendait dans un cercueil rempli de sable, on clouait le couvercle, puis on l'immergeait au fond d'un lac ou dans la mer pendant quarante-cinq minutes, après quoi on le ramenait sur terre. Il endormait aussi les gens, ma mère m'avait raconté que, lorsqu'il était enfant, il avait voulu l'endormir, mais finalement c'est lui qui s'était endormi. Tahra était une véritable célébrité, mais aussi un cavaleur, le type même de l'homme à femmes. On lui prêtait de nombreuses aventures avec des vedettes de son époque. Pour arrondir ses fins de mois, il faisait des horoscopes, et vendait des petites fioles d'un liquide aux vertus prétendument magiques.

Très jeune, Tahra avait été en Inde pour étudier son art, notamment celui d'endormir les gens. Il se servait de son regard noir, profond et dérangeant, la barbe qu'il avait laissée pousser lui donnait l'aspect d'un sage aux antipodes de la vie de bambochard qu'il menait chaque nuit. Mes parents l'avaient retrouvé à Salonique au lendemain du génocide arménien. Mon père, sans emploi, s'était vu engagé comme secrétaire du cousin. Il préparait les enveloppes qui renfermaient les mystérieux talismans porteurs de gloire et de fortune. À Salonique, Tahra avait trouvé le parfait pigeon en la personne d'un commissaire du cru : il lui avait fait croire qu'un trésor se trouvait caché aux environs de son lieu de naissance, et qu'il fallait faire des fouilles pour mettre la main dessus. Avec ses hypothétiques fouilles, il arrondissait ses fins de semaines qui en avaient bien besoin. Il vécut ainsi six bons mois de la crédulité du fonctionnaire avant d'être obligé de quitter la ville sous peine de perdre sa liberté. Mon père lui fit un jour remarquer que le contenu magique des fioles était épuisé. « Va faire pipi dedans, ça fera l'affaire », lui répondit Tahra.

Ce Tahra n'était ni mage ni devin. C'était un artiste et un bon vivant. À son sujet, un journaliste – son prénom m'échappe, mais son nom de famille était Heuzé – avait écrit un livre intitulé *Fakir, Fumiste et compagnie*. Mais cela n'avait pas fait de tort à Tahra : le porteur de rêves, qu'il soit fakir, fumiste, artiste ou poète, est toujours le bienvenu.

Mais revenons, si vous le voulez bien, à mes parents, à ma vie, à la suite, quoi ! Tout en continuant à chanter, mon père, très bien payé lors des manifestations organisées par des associations d'émigrants nostalgiques, russes ou arméniennes, entra tout d'abord au service du sien, ce qui nous permit de déménager dans un meublé plus confortable, au 73 de la rue Saint-Jacques, tenu par des gens adorables. La propriétaire, Mme Petit, originaire du Limousin, son chien Toto – il prenait au petit déjeuner un grand bol de café au lait avec du pain trempé –, sa sœur Liliane – la sœur de Mme Petit, pas celle du chien –, et son mari, M. Rigolo, nous avaient pour ainsi dire adoptés. Nous, les enfants, étions plus souvent dans la loge qu'à notre étage, et je jouais avec les gosses du quartier à dévaler les rues sur des planches montées sur roulements à billes, à la grande frayeur des promeneurs.

Ma mère travaillait aussi, elle faisait de la couture ou des broderies pour des maisons du quartier ou celles du faubourg Saint-Honoré. Mes parents réussirent ainsi à rassembler la somme qui permit à mon père de se mettre à son compte et d'ouvrir à son tour un Restaurant caucase rue de la Huchette, là où se trouve aujourd'hui le théâtre de la Huchette. Curieux, le destin quand même : mes parents, tous deux artistes, se virent obligés, ne maîtrisant pas encore suffisamment la langue du pays d'adoption, de faire de la restauration et de la couture pour joindre les deux bouts. Et des années plus tard, après sa fermeture, le restaurant fut transformé en théâtre, tandis qu'Aïda et moi adoptâmes ce qui aurait dû être la profession de nos parents. C'est ainsi que la boucle fut bouclée.

MES JARDINS D'ENFANCE

Le théâtre arménien

> *Mes jardins d'enfance furent des coulisses de théâtre*
> *Mes classes secondaires les rues de Paris*
> *Mes enseignants les événements de la vie quotidienne*

À New York, The Yiddish Theater avait pignon sur rue dans la 2ᵉ Avenue. C'est là que nombre d'acteurs de cinéma ont fait leurs classes. Il n'existait rien de semblable en France, ni pour les Juifs ni pour les Arméniens. Pourtant, parmi les apatrides, il y avait de nombreux acteurs et chanteurs de talent qui ne parlaient pas bien la langue et qui avaient dû, pour la survie de leur famille, accepter un emploi quelconque. Mais la scène les démangeait ; aussi, deux fois par mois, l'un ou l'autre de ces acteurs se transformait en entrepreneur de spectacle. Le processus était toujours le même : le directeur de troupe occasionnel prenait un scénario et faisait le tour des acteurs frustrés pour leur proposer un rôle dans la prochaine production – si l'on pouvait appeler ça une production. Dans les années 1935-1939, on jouait beaucoup de pièces nouvelles, surtout des comédies. L'auteur le plus intéressant s'appelait Krikor Vahan, et je me demande souvent ce que sont devenus les manuscrits de ses œuvres, qui pourraient être reprises aujourd'hui en Arménie, et peut-être même, une fois traduites, jouées dans des théâtres parisiens.

On se réunissait chez l'un ou l'autre des acteurs pour distribuer les rôles, parler des costumes que les épouses devaient confectionner, puis on prenait date pour les répétitions qui se tenaient après les heures de travail, encore chez l'un ou l'autre de ces acteurs-tailleurs, acteurs-manutentionnaires ou linotypistes. Le théâtre était choisi en fonction des disponibilités de l'entrepreneur, en l'occurrence la salle des Sociétés savantes près de l'Odéon, quand le budget était maigre. Cette salle disposait d'une scène à deux décors fixes, composés de petits panneaux de métal que l'on retournait pour avoir d'un côté un intérieur aux couleurs pisseuses et de l'autre un jardin dont les verts étaient totalement délavés. Lorsqu'on avait un peu plus de moyens, les représentations se déroulaient dans la salle de la Mutualité, près de la place Maubert ; et si c'était une pièce française classique traduite en arménien, en prose ou en vers, elle avait lieu dans la salle d'Iéna, non loin du métro du même nom. Les répétitions étaient toujours très mouvementées, chacun des protagonistes se rappelant certains détails de la mise en scène originale. Le jour de la représentation, le lever du rideau était prévu à neuf heures. Le public arrivait progressivement et s'installait ; si la salle n'était pas pleine à neuf heures trente, la représentation commençait à neuf heures quarante-cinq. Personne ne s'impatientait car c'était l'occasion de retrouvailles. Seuls les acteurs, en coulisses, étaient nerveux, et lorsque le rideau se levait enfin, tout était prêt : les épouses avaient préparé les repas que les acteurs étaient censés manger durant la représentation – dans la majorité des pièces arméniennes, il y a un moment où l'on boit et mange. Et tandis que les acteurs se grimaient – à l'époque, on ne disait pas encore « maquiller » –, les hommes qui passaient près de la table grappillaient qui un dolma, qui un baklava sous les protestations de leurs épouses qui s'étaient donné tant de mal, imposé tant de privations pour que la table soit riche et copieuse. Ainsi, durant la scène du repas, les assiettes étaient pour ainsi dire déjà vides, et les acteurs devaient vraiment faire semblant de boire et de manger !

À la fin de la représentation, en coulisses, on comptait la recette. Mais comme la vente était faite par les acteurs eux-mêmes et quelques-uns de leurs amis, elle se révélait, bien que la salle fût pleine, souvent catastrophique. Les acteurs qui devaient subvenir aux besoins de leurs familles et boucler des fins de semaine difficiles se servaient dans la recette des billets vendus de la main à la main, pensant sincèrement pouvoir rendre la somme empruntée avant le jour de la représentation. Ce n'était malheureusement pas toujours chose facile. Venait alors le moment des grandes explications, des cris et des lamentations ; on raclait les fonds de poches pour régler les frais de location de la salle et on se quittait en jurant que, cette fois-ci, c'était vraiment la dernière fois. Jusqu'à ce que quelqu'un propose une nouvelle pièce, et tous répétaient de nouveau avec fièvre et bonheur, et tout repartait pour un tour.

J'ai toujours gardé dans mon cœur une infinie tendresse pour ces comédiens et ces chanteurs frustrés, mais enthousiastes, gourmands d'applaudissements et de contacts avec le public. Ce sont probablement tous ces acteurs, chanteurs et musiciens qui m'ont donné l'envie de faire de la scène. Il y avait dans leurs yeux une lueur particulière faite de joie et d'orgueil. C'est sans doute en découvrant tout ce qu'ils avaient enduré – leurs peines, leur détresse –, avant de trouver cette terre d'accueil qu'est la France, où ils eurent enfin le bonheur de jouer à nouveau ensemble, dans leur langue natale, que l'enfant que j'étais a compris que leur destin, sur scène, serait aussi le sien.

En scène en avant-première

J'ai fait ma première apparition devant un public d'une manière impromptue. Nul ne m'y avait poussé. Mes parents ne pouvaient rester longtemps loin d'une scène, pas plus que les autres acteurs arméniens ; aussi avaient-ils formé une sorte de troupe qui, tant bien que mal, donnait des opérettes arméniennes. Les soirs de représentation, mes parents, qui n'avaient pas les moyens de nous offrir des nurses anglaises ou suédoises, nous laissaient, Aïda et moi, traîner librement dans les coulisses. Un soir – je devais avoir trois ans –, le spectacle n'avait pas encore commencé, j'entrouvris le rideau d'avant-scène et me retrouvai face au public. J'eus alors l'idée de débiter une récitation en arménien. Au bruit des applaudissements, les artistes dans les loges, pensant que le public s'impatientait, paniquèrent, jusqu'au moment où quelqu'un vint les rassurer. Il y avait juste une attraction supplémentaire qui, mon Dieu, ne se passait pas trop mal. Ce fut la seule prestation en arménien de ma vie sur une scène ; ce fut aussi la première fois que je pris plaisir à être applaudi. Je suppose que ce soir-là, sur la scène de la salle des Sociétés savantes, devant un public d'émigrants, j'attrapai le virus qui depuis ne m'a plus jamais quitté.

Ce métier c'est le pire et c'est le meilleur
On a beau s'en défendre, il nous tient et nous hante
Que l'on soit comédien, danseur ou que l'on chante
Ce métier, c'est toujours ce qui nous tient à cœur

Première école

Première école rue Gît-le-Cœur où je n'entrais jamais sans avoir fait une visite à la petite épicerie au coin du trottoir d'en face, pour y faire ma provision de rouleaux de réglisse et de roudoudous. On y vendait aussi des billes transparentes et multicolores, avec lesquelles mes camarades et moi faisions des tournois épiques. À l'époque, j'avais six ans, il me fallait traverser la place Saint-Michel pour rejoindre mon école. Un petit garçon noir de sept ans mon aîné qui fréquentait la même école que moi m'y conduisait. Mon père lui offrait toujours une banane. Il pensait peut-être que tous les petits garçons de couleur devaient en manger. Je suppose que cela était dû à la publicité Banania qui représentait sur ses boîtes de chocolat en poudre un tirailleur sénégalais tout sourire mangeant une banane. Je n'avais jamais plus eu de ses nouvelles depuis, et Aïda et moi nous demandions souvent ce qu'il avait bien pu devenir, quand, en 1997, lors de mon passage au palais des Congrès à Paris, on me fit savoir qu'un M. Alexandre Coloneaux s'était présenté à l'entrée des artistes et qu'il désirait me rencontrer si possible. Aïda se tenait près de moi et, tout à coup, son nom fit *tilt* dans nos esprits. Je vis arriver un monsieur d'environ quatre-vingts ans qui souriait. J'étais tellement surpris que je n'ai pu dire grand-chose, mais à l'entracte, le contrecoup passé, j'envoyai quelqu'un dans la salle retrouver Alexandre et l'inviter à me rejoindre à la fin du spectacle. Il fut donc non pas mon premier camarade de classe, vu notre différence d'âge, mais mon premier camarade d'école.

Ma première maîtresse, puisque c'est ainsi qu'on les nommait, s'appelait Mlle Jeanne et logeait au dernier étage de l'établissement. Elle avait un faible pour moi et m'invitait souvent à croquer quelques biscuits dans son petit logement. Les autres classes étaient faites par M. et Mme Guette. Lui aimait ma manière de réciter les fables de La Fontaine et avait prédit à mes parents que je ferais sûrement une carrière d'acteur. L'école était une école dite libre, proche de l'église Saint-Séverin. Attiré par l'atmosphère feutrée et théâtrale du lieu, bien que n'étant pas de confession catholique, j'avais pris l'habitude de servir la messe chaque matin avant d'aller en classe. Enfant de chœur : premier costume, première mise en scène classique et millénaire, dans un rôle ô combien secondaire, mais tout de même !

La Huchette

Mon père avait une véritable passion pour la musique tzigane et particulièrement celle des Tziganes hongrois. Il fit donc venir spécialement de Budapest un orchestre de douze musiciens et chanteurs, qui occupait une

Le temps des avants

grande partie du restaurant. La salle était de taille moyenne, le prix du repas modique, et mon père nourrissait un petit nombre d'étudiants d'origine arménienne venus d'un peu partout, particulièrement d'Abyssinie, faire des études de médecine, et dont les parents oubliaient ou n'étaient pas toujours en mesure de subvenir à leurs besoins. Pour toutes ces raisons, même quand toutes les tables étaient prises, l'ambiance était extraordinaire ; mais la recette restait maigre et insuffisante. Nous gagnions juste de quoi faire tourner l'affaire sans jamais mettre un centime de côté. Ce qui devait arriver arriva : la dépression des années 1930 força mon père à mettre la clef sous la porte. Néanmoins, avec un optimisme à toute épreuve, il prit la gérance d'un café rue du Cardinal-Lemoine, et nous installa dans un logement pas très loin de là, rue des Fossés-Saint-Bernard. Je venais d'atteindre mes neuf ans et quittais à regret l'école de la rue Gît-le-Cœur ; coup de chance, juste en face du café se trouvait une école mixte du spectacle. Nos parents nous y inscrivirent. Quand le destin le veut bien, il s'arrange à votre insu pour vous mettre sur la bonne voie. Allez, osons le proverbe : « À quelque chose malheur est bon », nous avions perdu le restaurant, nous étions à quatre sous près, mais nous atterrissions juste en face de l'école grâce à laquelle toute ma vie et, de ce fait, celle de ma famille aussi, allaient changer.

LE TEMPS DES CULOTTES COURTES

Première audition

Un jour de septembre 1933, je ne pourrais pas dire d'où me vint cette idée mais je décidai, sans en avertir mes parents, de prendre la plume pour proposer mes services à M. Pierre Humble, le directeur animateur du théâtre du Petit Monde, qui produisait des spectacles pour les enfants les jeudis et jours de fêtes. Bonjour les fautes d'orthographe, mais après tout, je ne postulais pas à l'Académie française. J'attendis impatiemment une réponse qui ne tarda pas, et qui me fixait un rendez-vous pour une audition. Je choisis une des partitions de piano qui traînaient à la maison, et demandai à ma mère de m'accompagner. Il n'y avait rien de plus terrifiant que les auditions enfantines, surtout pour ma mère qui se trouvait soudain devant le fait accompli. Arrivée sur place, confrontée à une faune de mères jacasseuses qui déclaraient à qui voulait l'entendre – et même à qui ne le voulait pas –, à haute et inintelligente voix, combien leur rejeton était doué ou talentueux, ma mère ne savait où se cacher ; quant à moi, je me payai le premier grand trac de ma vie. Lorsque vint mon tour, je donnai au pianiste ma partition, lui expliquai ce que j'allais faire et, du pied, lui indiquai le tempo sans lequel ma danse caucasienne ne pouvait être exécutée. Silence, intro, et sans un regard pour les autres, je me mis à exécuter « la danse russe », comme on dit en France. J'effectuai mes *tchitchotka* sans la moindre difficulté. À la fin de mon numéro, j'entendis : « Merci, laissez-nous votre adresse, on vous écrira », et, têtes basses, ma mère et moi reprîmes à pied le chemin du retour, sans grand espoir. Deux semaines plus tard, je recevais une lettre tapée à la machine, signée à l'encre rouge de la main même de Pierre Humble, qui commençait par « Cher petit Caucasien » et me donnait une date pour une première apparition sur scène avec la somme qui devait correspondre à mon cachet. À la maison, ce fut le branle-bas de combat : il me fallait un costume, un *tcherkesska* – l'habit des cosaques, garni de cartouchières –, la ceinture argentée, le *khantchal* – poignard courbe serti de pierres prétendues précieuses, accroché sur le côté –, et, bien sûr, les bottes souples sans semelle qui permettent de se tenir sur les pointes comme pieds nus. Ma mère se mit au travail pour confectionner le costume, et mon père retrouva dans une malle les accessoires indispensables à ma prestation. C'est ainsi que, le dernier jeudi avant Noël de l'année 1933, je faisais mes premiers « pas de danse » sur la scène du vieux Trocadéro. Si l'on doit parler de carrière, cette date de 1933 en marque le début puisque c'est la première fois que je fus rétribué pour mon travail. Par la suite, je me suis souvent produit au théâtre du Petit Monde, dans d'autres troupes, celle de Roland Pilain, ou celle de Mme Doriel, toujours comme danseur dans la partie divertissement. Mais c'est dans la partie comédie que je rêvais d'apparaître.

À l'école, oui, mais du spectacle

Nous étions donc installés dans notre nouveau quartier où, dès le lundi suivant, Aïda et moi traversâmes la rue pour nous rendre à l'école. Qu'avait-elle de particulier cette école, qu'est-ce qui la différenciait des autres ? Eh bien, pas grand-chose, sinon que les enfants qui se destinaient à la profession d'acteur, danseur ou musicien pouvaient y suivre leurs études tout en apprenant leur future profession. Lorsqu'un enfant jouait le soir au théâtre – la loi qui protège les enfants du spectacle n'existait pas encore –, il n'était pas tenu de se présenter en classe le lendemain matin. De même, lorsqu'un élève avait des répétitions l'après-midi, il n'assistait aux cours que le matin. Nombre d'enfants acteurs, qui par la suite firent des carrières théâtrales ou cinématographiques dans les années 1930, sortaient de l'école du spectacle dirigée par Raymond Rognoni, sociétaire de la Comédie Française, secondé par Mme Maréchale, avec, comme institutrices, Mmes Essertier et Chabaud, et Mlle Velutini. Sous le préau, deux fois par semaine, il y avait un cours de danse classique donné par M. Guy Lainé. La cantine y était bonne, et encore aujourd'hui il m'arrive en fermant les yeux de retrouver l'odeur de la soupe au pain que souvent nous avions au menu.

C'est dans le cadre de l'école du spectacle que mon cœur a battu pour la première fois. Elle était blonde aux yeux clairs – déjà ! –, venait du Brésil et se nommait Graziella Fursman. J'avais douze ans, elle devait en avoir seize ou dix-sept, et, si nos regards se croisèrent, ce fut tout à fait par hasard. Puis elle est retournée dans son pays. Je n'ai pas souffert du tout car, à cet âge, je suppose que les amours muettes et platoniques ne sont pas faites pour durer...

Souvent, un metteur en scène se présentait à la recherche d'un enfant pour un rôle dans une pièce, une revue ou même pour le cinéma. Garçons et filles s'alignaient alors contre le mur au fond de la cour, et l'homme nous passait en revue, nous interrogeait. Un jour, arrivé à ma hauteur, il me posa cette question :
« Tu sais prendre des accents ?
— Moi je prends, ou apprends, tout ce que vous voulez.
— C'est celui d'un Africain que je veux. »
Je fis alors sauter les r des quelques mots que je prononçais.
« Bien, me dit-il, tu te présentes lundi matin au studio des Champs-Élysées. J'aurai peut-être un rôle pour toi. »
Il me parlait comme s'il était persuadé que j'avais déjà fait du théâtre, puisque j'étais inscrit à cette école. Ce n'est pas moi qui allais le contredire, et c'est ainsi que j'obtins mon premier emploi, après celui de danseur caucasien, dans un théâtre de comédie. Peinturluré de noir, je jouais le personnage de Siki dans une pièce allemande, un succès de l'autre côté du Rhin, *Émile et les détectives* d'Erick Kästner. Malheureusement, en France, elle ne survécut pas à plus de trente représentations. La pièce fit long feu, et le café de mon père ne nous permit pas de faire fortune non plus, loin de là. Une fois encore, nous repartîmes avec armes et bagages, cette fois pour un logement au 2 de la rue de Béarn à deux pas de la

Le temps des avants

place des Vosges, un petit appartement sombre, avec un plafond très bas. Mes petits camarades de rue étaient presque tous juifs. Juif, qu'est-ce que c'est ? Mon père nous expliqua que c'est une religion. Ah bon ! Et, peu à peu, reçu dans les familles, je me familiarisai avec leur mode de vie pas tellement différent de celui des Arméniens, et j'y captai encore un accent.

À l'école du spectacle, j'apprenais les petits secrets du métier, où aller, comment trouver des rôles. On se passait des tuyaux ; quand il y avait audition au théâtre Marigny et au théâtre de la Madeleine, par exemple, je me rendais aux deux. À Marigny, Pierre Fresnay avait le projet de mettre en scène une pièce d'Édouard Bourdet, *Margot*, avec une distribution éblouissante : Yvonne Printemps, Jacques Dumesnil, Maddy Berry, Sylvie, en tout cinquante-quatre acteurs et actrices, de quoi faire rêver les metteurs en scène d'aujourd'hui ! Après audition, j'obtins le rôle d'Henri de Navarre enfant, futur Henri IV. Jeanne d'Albret, ma mère, était interprétée par la grande Sylvie. À la Madeleine, mon rôle était moins prestigieux : je jouais un enfant de chœur dans une pièce de Shakespeare, *Beaucoup de bruit pour rien* – c'était le cas de le dire ! Henri IV au premier acte à Marigny, enfant de chœur – grandeur et décadence : ma participation était plus près d'une figuration que d'un grand rôle – à la Madeleine au second, les deux théâtres étant proches l'un de l'autre, j'acceptai les deux contrats, ce qui me permit de rapporter à la famille de quoi surmonter nos nouvelles difficultés. J'allais d'un lieu à l'autre à pied, même le soir, lorsque je revenais chez nous. Prendre un taxi eût été une trop forte dépense, et les rues de Paris étaient sûres. J'étais tellement heureux de travailler et si fier de gagner de quoi aider ma famille que, même par mauvais temps, je rentrais guilleret à la maison. À ce moment – nous étions en 1935 –, j'avais tout juste onze ans mais je me sentais responsable. Je prélevais quelques francs sur les sommes gagnées et donnais le reste à ma mère qui gérait nos finances.

Prior et les Cigalounettes

Ma sœur Aïda, qui devait avoir douze ou treize ans je crois, avait décroché un engagement chez un chanteur de Marseille, une vedette régionale du nom de Prior, qui organisait des tournées à travers la France jusqu'en Belgique, interprétant des chansons avec son accent du Midi.

> *Devant les portes provençales*
> *Les poules viennent picorer*
> *Avec les poussins apeurés*
> *Qui sous le grand soleil s'étalent !*

En Belgique, dans un fort accent méridional, il racontait des histoires belges et, après chacune, y allait de ce petit refrain :

> *Ah oui Godfordek voyez-vous*
> *Elles sont très bonnes à Bruxelles*
> *De la rue Royale à Ixelles*
> *On en raconte c'est fou c'est fou*

Avec sa femme Mina, ex-danseuse orientale, ils avaient réuni une petite troupe d'enfants artistes, qui

Le temps des avants

jouaient chacun d'un instrument. Aïda était au piano. Elle a toujours été bonne pianiste et possède un sens musical qui m'a de tout temps été très utile. Cette petite troupe assurait la première partie du spectacle, puis accompagnait la vedette en seconde ; tout cela était très sympathique. Outre son métier, Prior possédait une petite édition de musique dont les bureaux se tenaient dans l'appartement en dessous du sien, 61 faubourg Saint-Martin, dans le quartier des éditeurs, et qui servait en quelque sorte de bourse du travail. Les artistes en mal de contrat qui voulaient cachetonner restaient des heures entières au café Batifol dans l'attente d'un imprésario ou d'un tourneur. Nous étions habillés tout en blanc avec une ceinture rouge, comme l'étaient les tambourinaires dans le Midi. Les affiches annonçaient « Prior et les Cigalounettes ». Moi, auprès de ces enfants-là, je faisais figure de classique, je fréquentais de plus hautes sphères. Après mes deux engagements à Marigny et à la Madeleine, j'en trouvais encore un après audition au théâtre de l'Odéon, dans une pièce de Victor Margueritte, *L'Enfant*.

Puis, un beau jour, je me suis retrouvé sans engagement. Aïda fit savoir aux Prior que je pouvais rejoindre la troupe. Il me fallut monter un numéro : j'imitais passablement Mayol, Charlie Chaplin et quelques autres. J'aurais bien voulu y ajouter Maurice Chevalier, mais ce numéro était dévolu au chouchou de Mina Prior, le fils d'un clown anglais qui avait laissé tomber sa famille française pour retourner dans son île et refaire sa vie. Le chouchou s'appelait Harry Scanlon et se taillait, grâce à son imitation, le plus beau succès de la première partie. En seconde partie, pour accompagner la vedette, je jouais du métallophone, Harry de la batterie, Kiss Nascimbeni du violon, Bruno, le plus âgé de nous tous, était à l'accordéon, et Tony Ovio à la guitare. Il y avait encore Palmyre, la sœur de Bruno, Guiguiche et Jackie Luciani, qui avait eu un rôle dans le film *Zouzou* avec Joséphine Baker, mais je ne me souviens plus de quels instruments elles jouaient. Le père de Bruno nous enseignait la musique. Il avait un accent piémontais très prononcé : « *Dou rré mi fa choul la chi dou.* »

L'ambiance était formidable : on arrivait le matin pour tout préparer pour le spectacle, on donnait aussi un coup de main pour les envois de partition de musique aux chefs d'orchestre, on s'occupait des costumes, des accessoires, cela en dehors des jours de représentation. Puis on partait en tournée dans une grande voiture, une Renault conduite par Prior qui, lorsqu'il dépassait le quarante kilomètres à l'heure, suscitait les hurlements de Mina : « Pierrot, tu es fou, tu veux nous tuer, tu roules comme un forcené ! Pense un peu aux enfants ! » Les enfants à l'arrière avaient mal au cœur, vomissaient, se plaignaient. Alors on s'arrêtait, on pique-niquait, on chantait, on était heureux... C'était une véritable vie de famille, en marge de la nôtre. Les Prior payaient nos parents et nous donnaient à tous suffisamment d'argent de poche pour que nous puissions nous acheter des sucreries ou d'autres petites choses dont nous avions envie. L'été, Prior louait la mairie de Quinson dans les Basses-Alpes, et nous passions de merveilleuses vacances dans ce ravissant petit village. Il y a quelques années, j'ai voulu revoir Quinson ; le village n'avait pas changé, l'épicière-mercière était bien sûr beaucoup plus âgée – comme moi –, mais je l'ai tout de suite reconnue, le curé à la retraite vivait toujours là.

Le temps des avants

Allez vaï Marseille
À l'ombre ou au soleil
Bois ton pastis et chante
Ces refrains de Scotto
Qui t'habillaient si bien
Va donner des conseils
Aux joueurs de pétanque
Parle haut parle fort
Et conteste le point
Mais à l'heure où l'amour
Tel un vent de Provence
Mi-léger mi-violent
Vient perturber tes jours
Allez vaï Marseille
Va courtiser Mireille
Elle t'attend brûlante
Et fais-lui des enfants
Qui auront ton accent
Marseille

La Provence, c'est grâce aux tournées et aux vacances en compagnie du couple Prior que j'ai commencé à l'aimer. J'ai aimé le climat, le comportement souvent excessif mais ô combien chaleureux des gens, les pommes de terre que nous allions déterrer, la messe où Bruno jouait de l'accordéon – comme il ne connaissait pas la musique liturgique, il jouait simplement des morceaux à la mode, mais beaucoup plus lentement. Ça faisait l'affaire, et nul ne s'en plaignait. J'ai aimé aussi le parfum de la lavande dont nous tressions, avec des rubans de couleur, des petits paniers que nos parents disposaient dans les armoires pour parfumer le linge, la cuisine relevée du pays pas trop éloignée de celle de chez nous, le *chichi fregi* qui se présentait comme le boudin et se vendait à l'aune... On le quittait toujours avec regret ce Midi, mais heureux pourtant de repartir sur les routes, de remonter sur scène, sachant qu'on allait y revenir l'été suivant.

C'était le temps des étés d'autrefois, quand on était joyeux de partir en vacances à la campagne, souvent seulement à quelques kilomètres de Paris, à Saint-Brice ou à Meudon. On était franchement heureux avec des petits riens.

> *Notre parcours est semé de fantaisie*
> *De rires clairs s'élançant vers le matin*
> *Rien ne nous sert de nous compliquer la vie*
> *On est heureux avec des riens*
> *Tout en marchant si par hasard je fredonne*
> *Ta voix se mêle à ma voix pour le refrain*
> *Rythmée par le bruit de nos pas qui résonnent*
> *On est heureux avec des riens*

Le temps des avants

1936. Le Parti communiste organisait des piqueniques où Waldeck Rochet[1] y allait de son petit discours ; les films russes étaient à la mode. Chaque dimanche matin, au théâtre Pigalle, il y avait des projections de productions soviétiques. On assistait aux deux séances – emportant pour la circonstance des cabas remplis de victuailles et de quoi boire –, pour voir *Maxime*, *La Jeunesse de Maxime*, *Le Cuirassé*

---

1. Homme politique français (1905-1983), député communiste de 1936 à 1939, il succéda à Maurice Thorez comme secrétaire du Parti communiste français en 1964.

Le temps des avants

Potemkine, *Lénine en octobre*, *La Grève*, et combien d'autres films, de propagande bien sûr. Mais nous n'y pensions pas, nous aimions surtout le jeu des acteurs. Nous y avons vu aussi *Beppo*, le premier film arménien. C'était le temps où l'on croyait au paradis soviétique qui nous faisait espérer un monde nouveau, où l'on entonnait les chants révolutionnaires, où l'on se réunissait à la Jeunesse arménienne de France (JAF) dont Méliné – future Manouchian – était la secrétaire, et Missac Manouchian un membre actif. On fréquentait des bals organisés par les Arméniens où mon père était invité à chanter – il avait le chic pour faire pleurer les dames de l'assistance. Aïda et moi y allions aussi de notre numéro. L'orchestre qui animait la soirée n'était pas toujours un orchestre arménien ; quoi qu'il en fût, il se devait de connaître les morceaux de musique qui permettaient aux couples de danser les danses folkloriques du pays. Il y avait toujours une personne qui filmait une partie de la soirée et, miracle !, avant la fin du bal, revenait projeter son film muet en gris et blanc sur un drap qui tenait lieu d'écran.

À cette période, la communauté arménienne n'était pas encore totalement intégrée. C'était nouveau, ces moments de retrouvailles, de rires et de larmes. Ça peut sembler puéril aujourd'hui, mais ça faisait chaud au cœur de se retrouver entre rescapés. C'était formidable, c'était avant. Cet avant que l'on appelle le bon temps, l'avant de tous les malheurs, de toutes les tempêtes, l'avant des fuites, de l'exode, des privations, des délations, des haines et des règlements de comptes ; c'était le temps de l'insouciance, le temps béni d'avant la guerre.

Charles Aznavour

J'avais vingt ans une âme tendre
Toi seize avec tout à apprendre
Quand je t'écrivais des poèmes
Où tout rimait avec je t'aime
Tu étais encore écolière
C'était un peu avant la guerre

1936. Paris se soulève, Paris défile, Paris proteste, Paris réclame des congés payés, parle politique, se syndicalise plus encore, Paris rêve de prendre des vacances et finit par en obtenir le droit. Il redresse le front, se fait populaire, chante *L'Internationale*, marche à gauche, et la France lui emboîte le pas.

DES PARENTS EN CŒUR MASSIF

Nous avons eu des parents en or, qui nous faisaient confiance, nous laissant la bride sur le cou. Artistes pleins de fantaisie et néanmoins parents responsables – notre père aimait la fête et se montrait toujours optimiste –, tous deux étaient prêts à aider plus malheureux que nous. Combien de fois Aïda et moi avons dormi nos matelas posés par terre pour laisser nos sommiers à un ami de la famille qui traversait une mauvaise passe ou à des fugitifs pendant l'Occupation ! Aïda et moi acceptions ce petit sacrifice sans rechigner, cela faisait partie de la manière de vivre de la famille. Ma mère avait énormément d'humour, mon père pas mal de folie. Aïda leur ressemble, moi, je suis plus froid, plus distant peut-être, moins démonstratif. Souvent je me demande même comment j'ai pu faire ce métier où l'on se met pour ainsi dire à nu chaque soir devant un public. Il m'est souvent arrivé d'entendre Aïda me dire le matin avant d'entamer la journée : « Tu t'es réveillé Charles ou Aznavour aujourd'hui ? »

Je n'ai épaté personne dans la famille, ils étaient fiers de moi, bien sûr, mais ils n'en parlaient jamais, ils étaient fiers, et ça s'arrêtait là. Leur attitude m'empêcha d'attraper la grosse tête. Par la suite, j'ai été considéré de la même manière par ma femme Ulla et tous mes enfants, ce qui me fait parfois dire d'un air faussement courroucé : « Oh oh ! Dites ! Vous savez que vous avez affaire à une vedette internationale ! » Ah ah ah ! Cela les fait toujours partir d'un énorme éclat de rire que je ne suis jamais mécontent de déclencher.

Lorsque Aïda et moi vivions encore chez nos parents, il arrivait que mon père, après avoir passé une joyeuse soirée pas mal arrosée, rentre tard dans la nuit. Il n'entrait pas hypocritement sur la pointe des pieds, sans faire de bruit, oh que non !, au contraire, il faisait suffisamment de bruit pour réveiller toute la petite famille. Il revenait avec des partitions de chansons qu'il avait achetées à un des musiciens de la boîte de nuit de ses folies. Aïda s'installait alors au piano pour déchiffrer ce que mon père avait tant aimé en boîte, et nous chantions tous ensemble. Le lendemain matin, bonjour l'école ! Nous n'étions pas très frais sur nos bancs de classe. Mais nous étions heureux de nous savoir une famille différente de toutes celles que nous fréquentions. Les gens pensaient : « Les pauvres enfants, que vont-ils devenir ? » Eh bien, on s'en est pas trop mal tirés, n'est-ce pas ?

Si notre père était plutôt du genre panier percé, il était néanmoins assez perspicace pour laisser les cordons de la bourse à ma mère, plus économe, plus responsable, et qui savait toujours garder une petite poire pour la soif. Nous connaissions sa façon de joindre les deux bouts en fin de mois. Elle prétendait emprunter à une dame en *ian* l'argent qui manquait ; *cette chère amie-là* lui avançait prétendument la somme, insistant bien – nous précisait ma mère – sur le fait qu'il fallait impérativement la rembourser à date fixe. Cette amie-là n'a jamais existé que dans la grosse malle dont seule ma mère possédait la clef, en réalité remplie de petits bouts de tissus et de vêtements. Nul n'était dupe et parfois, lorsque j'y pense, je me dis qu'elle devait quand même savoir que nous savions. C'était donc une sorte de secret de Polichinelle.

Voilà pourquoi enfants, Aïda et moi faisions tout ce qui était en notre pouvoir pour aider nos parents. Tous les membres d'une famille de personnes déplacées sont sur le même esquif : tout le monde fait le ménage, la vaisselle, et descend la poubelle. Une fois par semaine, on faisait les parquets, les frottait très fort avec de la paille de fer sous les pieds, avant de balayer et de passer la cire. Malheur à celui qui osait s'aventurer avec des chaussures crottées avant que notre chef-d'œuvre soit sec ! Souvent, tandis qu'Aïda épluchait les légumes, chaussé de mes patins à roulettes, je traversais deux quartiers de Paris pour aller faire les courses au marché de la rue de Buci, un des moins chers de la capitale à l'époque, où l'on vous vendait treize œufs à la douzaine. Un œuf de plus gratuit, pas d'essence à mettre dans mon véhicule, c'était appréciable, non ?

Pour autant, nous n'étions jamais privés de spectacle : les pièces de théâtre arméniennes bien sûr, les bals et les pique-niques. Mais ce que nous affectionnions par-dessus tout, c'était la salle obscure. Cette passion nous était venue depuis que mon père nous avait emmenés au cinéma, muet à l'époque ; Harold Lloyd, Charles Chaplin, Ivan Mosjoukine et Gloria Swanson nous avaient éblouis. Des années plus tard, en plus des films que nous allions voir pendant nos journées d'école buissonnière et des films soviétiques du dimanche matin, nous nous rendions trois fois par semaine dans les salles de quartier qui projetaient couramment deux ou trois films par séance. Nous nous gavions d'une moyenne de huit à dix films par semaine, tous genres confondus : films d'amour, d'aventures, musicaux, d'horreur, drames français ou américains. Nous avons connu l'arrivée du film parlant et chantant ; celle de la couleur fut un événement. Les acteurs préférés d'Aïda étaient Danielle Darrieux, Charles Boyer et Harry Baur ; moi, j'admirais Jean Gabin, Michèle Morgan et puis Raimu, Jules Berry, Gary Cooper, James Cagney, Bette Davis, Pierre Fresnay, Fred Astaire et Ginger Rogers. Nous aimions aussi les merveilleux seconds rôles comme Aimos, Carette, Jean Tissier, Marguerite Moreno et Saturnin Fabre ; nous connaissions toutes les distributions, les compositeurs, les réalisateurs, nous étions incollables en matière de cinéma, et, je dois l'avouer, Aïda encore plus que moi. Ma sœur a une mémoire phénoménale de notre passé. Elle se souvient de tout : le Saint-Michel, l'Odéon, le Cluny, le Delta, les différents Rochechouart, le Gaumont, le Moulin-Rouge, le Berlitz, le Paramount, qui étaient nos salles de prédilection... Après ma rencontre avec Micheline, ma première femme, dont la mère était caissière au Marivaux et le beau-père projectionniste, nous avions nos entrées gratuites. Nous ne rations aucun film, et, souvent, nos parents nous accompagnaient. Que de plaisir éprouvé devant ce grand écran, que de bonheur ressenti dans les salles obscures grâce aux talents de tous ceux que j'ai cités et aussi d'un nombre incalculable d'autres, artistes aimés et disparus, sans oublier les auteurs et les metteurs en scène comme Carné, Duvivier, Prévert, Janson, Spaak et Companeez,

Le temps des avants

qui nous ont donné le goût du grand, du beau cinéma, poétique, sensible et intelligent, et de la musique aussi ! Mon père achetait des disques que nous écoutions sur un grand Gramophone, des tangos, des paso doble, du jazz, de la musique hongroise, Tino Rossi, Édith Piaf dans leurs tout premiers enregistrements, Jean Tranchant, Damia, Fréhel, Maurice Chevalier, Charles Trénet et tant d'autres. Le théâtre avait déjà ses classiques, le cinéma se construisait les siens, tout comme la chanson qui allait devenir un phénomène.

Aïda et moi avions droit à toutes sortes de divertissements, même la radio ! Dès mon plus jeune âge, j'avais construit de mes mains des postes à galène, dont j'avais acheté les pièces maîtresses dans un magasin spécialisé de la rue Montmartre. La galène était une sorte de pierre de charbon sur laquelle on cherchait, à l'aide d'une aiguille, l'emplacement exact de la longueur d'onde. Mon poste ne possédait pas de haut-parleur ; je me servais donc d'un casque pour recevoir les émissions radiophoniques.

Aujourd'hui, la jeune génération accède facilement à notre patrimoine artistique grâce aux nouvelles technologies qui empêchent les mémoires de s'éteindre. La mémoire de ma génération, des fanatiques des salles obscures, des amoureux de la chanson et des passionnés de théâtre, de cinéma et de musique, celle des militants qui luttent pour que ne soient pas colorisés les chefs-d'œuvre filmés en noir et blanc... Heureux enfin ces chanteurs et chanteuses, acteurs et actrices, disparus mais portés par ces inventions nouvelles, qui renaissent, conservent leur image et leur jeunesse, et continuent à garder une certaine notoriété.

BON À TOUT FAIRE

Après avoir été lecteurs assidus de *La Semaine de Suzette* pour Aïda et de *Bicot et le club des Ran tan plan* ou *Bibi Fricotin* pour moi, lorsque nous eûmes atteint l'âge de rechercher d'autres lectures plus appropriées à nos goûts, nous avions l'habitude de fréquenter les librairies théâtrales, où nous achetions, *La Petite Illustration* car elle reproduisait les textes complets des pièces de théâtre que nous avions envie de lire et d'apprendre. Nous choisissions chacun un rôle, qui nous permettait de passer des auditions, *L'Âne de Buridan*, *On purge bébé*, et pour moi, en plus, *Le Carrosse du Saint-Sacrement*. Nous faisions tout cela très sérieusement, conscients d'être déjà des professionnels. En 1936-1937, je fus engagé dans une revue marseillaise, *Ça c'est Marseille,* mise en scène par Henri Varna à l'Alcazar, rue du Faubourg-Montmartre. La vedette, Paul Berval, était un acteur connu grâce à ses rôles au cinéma. Moi, je jouais dans des sketches et, chose étrange, je faisais partie de la ligne de petites danseuses, en tutu s'il vous plaît, travelo avant la lettre. En effet, M. Varna n'aimait pas trop dépenser : pour la revue suivante, *Vive Marseille,* il estima par exemple que Berval lui coûtait trop cher et s'empara de son rôle sans complexe !

C'est au cours d'une répétition de *Ça c'est Marseille* que je croisai un jeune homme blond en uniforme qui venait proposer des chansons à la vedette, *Ma ville* et *Bateau d'amour*. Il avait pour nom Charles Trénet. Quelques mois plus tard, les ondes diffusaient les chansons du jeune poète qui bouleversèrent, tel un raz de marée, la chanson française, envoyant au placard quasi tout ce que l'on avait entendu jusque-là. Je reconnus les compositions du jeune militaire qui était venu timidement présenter ses œuvres à l'Alcazar, et devins immédiatement non pas un fan, ça ne se disait pas à l'époque, mais un admirateur inconditionnel. Il fut mon idole, mon maître malgré lui et plus tard un ami très cher.

Si les Allemands ont la réputation d'être disciplinés, les Français meilleurs amants, les Américains accros à l'argent, les Écossais près de leurs sous, pour les Arméniens, c'est : « Ah, ils sont forts en affaires », et on ajoute : « Il faut deux juifs pour battre un Arménien. » Eh bien, je ne saurais dire si c'est vrai ; peut-être sommes-nous l'exception qui confirme la règle. Je ne suis pas bon en affaires, et mon brave père l'était encore moins que moi. Après avoir déposé le bilan rue de la Huchette, mis la clef sous la porte du bistrot rue du Cardinal-Lemoine, mon père avait trouvé un bon emploi au restaurant La Méditerranée, place de l'Odéon. C'était au début de l'année 1937, année de l'Exposition internationale. Dès l'ouverture, tout le staff du restaurant alla travailler au pavillon de La Méditerranée. Aïda et moi y déjeunions gratuitement. Deux choses m'avaient frappé : les immenses et imposants pavillons

Le temps des avants

russe et allemand qui se faisaient face et semblaient se défier ; et la nouvelle invention fascinante que présentait le pavillon allemand et que plus tard on nomma la télévision. Par la suite, un cinéma près de l'église de la Madeleine, le Cinéac, mit en place au sous-sol un petit studio avec caméra et microphone : les passants pouvaient, sur le moniteur à l'entrée du cinéma, faire connaissance avec cette nouvelle technique. Aïda et moi, que l'on maquillait de vert pour les besoins de l'image, y passions souvent pour y chanter des chansons à la mode. Nous fûmes ainsi parmi les premiers Français qui ont chanté – bien qu'anonymement et gratuitement – à la télévision privée.

NOSTALGIA

Hier encore, j'avais vingt ans
Je caressais le temps
Et jouais de la vie
Comme on joue de l'amour
Et je vivais la nuit
Sans compter sur mes jours
Qui fuyaient dans le temps
J'ai tant fait de projets qui sont restés en l'air
J'ai fondé tant d'espoirs qui se sont envolés
Que je reste perdu ne sachant où aller
Les yeux cherchant le ciel, mais le cœur mis en terre

Si vous le voulez bien, je vais me permettre – comme au cinéma –, un petit moment de nostalgie. Quel que soit notre âge, le jour où nous perdons nos parents, nous devenons orphelins. Je le suis devenu à demi à la mort de ma mère, tout à fait au décès de mon père. Depuis, pas une semaine ne s'écoule sans que je ne rêve ou ne pense à mes parents. Une boule se forme dans ma gorge, et des larmes apparaissent au coin de mes yeux. Les images qui m'assaillent sont comme des photographies que j'aurais recadrées, éliminant le superflu pour n'éclairer que mes parents. Je revois ma mère sous la lampe à pétrole, pédalant sans relâche sur sa machine Singer, pressée de terminer un travail à livrer le lendemain, pour recevoir le fruit de son manque de sommeil, ce franc indispensable à la survie de sa petite famille. Francs du pain, francs de la viande, francs du loyer, francs des vêtements pour les enfants qui grandissent vite, francs des chaussures qui s'usent trop rapidement, du dentiste, des médecins – à l'époque la Sécurité sociale, on ne savait même pas ce que cela voulait dire. Et aussi quelques francs, si possible, pour des friandises, sans oublier les francs pour le cinéma, cette lampe magique qui jetait une lumière blafarde et dramatisait l'atmosphère, et le ronron de la machine qui finissait par nous endormir... Ce n'est que bien plus tard que j'ai réalisé les sacrifices que mes parents ont faits pour élever dignement leurs enfants. Souffrante ou en bonne santé, fatiguée ou non, Maman s'est attelée à la tâche. C'est la craie à la main, courant de la table de couture au mannequin, mesurant, coupant, cousant, repassant, prenant sur son sommeil, que ma mère nous a élevés.

Durant ses rares moments de tranquillité, ma mère jouait du piano ou s'adonnait à l'écriture. Jeune, elle avait fait partie de l'équipe de rédaction d'un journal arménien en Turquie, et l'envie d'écrire ne l'avait plus jamais quittée. Son rêve était de trouver une machine à écrire comportant les lettres de l'alphabet arménien. Après bien des années, lors d'une de mes tournées aux États-Unis, j'en ai déniché une. Hélas ! Maman n'a pas eu le temps de s'en servir. Elle s'en est allée avant, et la machine toute neuve est restée dans sa boîte jusqu'au

Le temps des avants

jour où ma sœur Aïda et moi l'avons offerte à une association arménienne. Voir cette machine-là, sous nos yeux, inutile, nous faisait trop mal.

Elle avait aussi un autre rêve : conduire. Je n'ai eu que trop tard les moyens de lui offrir le véhicule de ses rêves ; à cela non plus, elle n'eut pas droit. J'ai gardé pour tout cela, et nombre d'autres choses, beaucoup de tristesse. Quand je pense à ceux qui, ayant toujours leurs parents, ne gâtent pas leurs vieux jours, et qui, alors qu'ils ont les moyens, s'en débarrassent en les plaçant dans des maisons de retraite, je les plains de ne pas avoir gardé en eux les souvenirs des moments les plus tendres, les plus difficiles, ceux que l'on porte en son cœur tout au long de l'existence.

VIVRE, SURVIVRE, S'INSTRUIRE

Dans les années 1930, quand une famille n'avait pas les moyens d'envoyer son rejeton faire des études, la seule solution était d'obtenir une bourse. On s'adressait de préférence à un généreux membre de sa propre communauté. Ce qui fut fait. Un Arménien fortuné accepta de m'en accorder une à condition que ce soit pour apprendre un métier sérieux. Qu'appelle-t-on un métier sérieux ? Sûrement pas un métier artistique, ce à quoi pourtant j'aspirais : mais pas question de faire entrer un enfant de la communauté dans un milieu de mauvaise réputation et sans avenir ! Un oncle tailleur m'avait bien spécifié qu'avec sa profession, il pouvait travailler dans n'importe quel pays du monde, sans même devoir en connaître la langue. Mais je ne me voyais pas tirer l'aiguille ; pour coudre un de mes boutons, va encore, mais pas plus. Donc, histoire de profiter de ladite bourse, puisque rien de ce qu'on peut apprendre n'est perdu, quelques mois avant la déclaration de la guerre, je choisis de rentrer à l'école centrale de TSF, rue de la Lune, dans la section études de radio de la marine marchande, *Tit tââ, Tit tââ tit, tââ tââ tite tit*, etc.

C'était déjà un peu de la musique et, comme j'avais de l'oreille, ça devait aller. Il fallait que j'aie des notions de mathématiques, matière qui ne figurait pas au programme du certificat d'études primaires – mon seul diplôme. Qu'à cela ne tienne, un couple d'amis communistes convaincus – qui furent plus tard fusillés par la Gestapo après avoir été torturés pour délit de résistance, les Aslanian qui habitaient à Belleville et nous furent présentés par Missac Manouchian –, accepta de m'en enseigner en accéléré et gracieusement les rudiments. Après plusieurs semaines de cours, je passai un concours d'entrée et devins élève de l'école. Rien de très excitant, mais je fis de mon mieux. Les maths n'ont jamais été mon fort. Heureusement, le Pr Bloch était jeune et faisait passer les concours avec gentillesse et humour. Il y avait aussi le directeur, M. Poireaux, que l'on ne voyait pas souvent. Et le sous-directeur au bec-de-lièvre, une vraie teigne qui avait la gifle facile et dont plus d'un élève a gardé les traces de doigts sur le visage ! En amphi, j'espérais qu'il pose un jour sa main sur ma joue, pour le pousser et lui faire dévaler les marches, cul par-dessus tête, sous les rires humiliants et vengés de la classe. Mais cela ne s'est jamais produit et je l'ai toujours regretté.

Je ne sais pour quelle obscure raison je fus renvoyé de l'école. Je me souviens d'avoir dit alors à Georges Bacri, un camarade avec lequel nous rentrions de l'école – il demeurait dans l'immeuble en face du nôtre rue La Fayette : « Tu verras, au prix que coûtent les études, ils ne peuvent se permettre de perdre un élève. » Quatre jours plus tard, bingo ! On faisait savoir à mes parents que monsieur le directeur dans sa grande mansuétude avait reconsidéré la décision du comité de l'école et acceptait que je réintègre ma classe.

Souvent, je traversais la rue pour aller chez les parents de Georges. Il avait un frère que je crois n'avoir jamais vu jusqu'à ce que, des années plus tard, dans notre métier, j'apprenne qu'Eddy Marnay, auteur de belles chansons poétiques à succès, était ce frère. Quant à Georges, il avait changé de voie et était entré dans le monde de l'édition musicale. J'ai revu avec beaucoup de plaisir cet ami de jeunesse au palais des Congrès, en 2000.

Pour ma part, je sais que la marine marchande, en me perdant, a plutôt fait une affaire... Et moi donc ! *Tit tit tit Tâ tâ tâ Tit tit tit*[1]. J'avais besoin d'un exutoire, un dérivatif. J'aime bien la mer, mais pour m'y baigner et non pour *Tit tit tâter*. Aussi, pour oublier la rigueur de l'école de la rue de la Lune, j'accompagnais Aïda au théâtre de variétés où elle suivait les cours de comédie que donnait Jean Tissier. Là, tous partageaient la même passion du théâtre et rêvaient d'un avenir plus réjouissant que *tit tit tâ*.

L'Âne de Buridan, *Les Vignes du Seigneur*, *Le Carrosse du Saint-Sacrement*, *Seul* et les pièces plus classiques me démangeaient et je piaffai d'impatience de passer des auditions pour me retrouver sur scène. Mais la situation était tendue, le théâtre était en mauvaise passe, il fallut chercher autre chose. *Tit tit tit Tâ...* Chouette, l'école ferme.

---

1. SOS.

DRÔLE DE GUERRE, PUTAIN DE GUERRE

1939. L'Allemagne venait d'envahir la Pologne. Mon père, qui pressentait que ça commençait à sentir le roussi, et qui pensait que, dans peu de temps, les denrées indispensables risqueraient de manquer, décida que nous devions faire des provisions. Nous sommes donc partis acheter de l'huile, du sucre et du blé concassé – du boulrouth. En ces temps, le consommateur français ne savait même pas que cela existait, on ne l'avait pas encore habitué à manger des plats du Moyen-Orient. Sucre, huile, boulrouth peuvent se conserver très longtemps ; tant que l'on trouvait le nécessaire dans les magasins, ils restèrent dans les réserves pour l'éventualité des mauvais jours. Puis ce fut la « drôle de guerre ». Nous étions persuadés que, si l'Allemagne n'attaquait pas, c'était qu'elle était bien renseignée. La « cinquième colonne » avait sûrement fait son rapport. La « cinquième colonne », la « cinquième colonne », on ne parlait que de cela. Ils sont ici, ils sont là-bas, attention !, les murs ont des oreilles ! La « cinquième colonne », disait-on, avait depuis longtemps infiltré les rouages de l'État. Taisez-vous, méfiez-vous, les oreilles ennemies vous écoutent ! L'invisible, l'hypothétique « cinquième colonne » n'était pas une invention de la propagande militaire française, elle existait réellement. Ses membres étaient déjà en France depuis de nombreuses années, mêlés à la population, parlant un français parfait et sans accent, menant une vie bien à notre manière, mangeant, buvant comme nous, s'étant fait des amis de rue, de palier. Pendant l'Occupation, on les a vus ressurgir. Ayant abandonné leurs vêtements civils pour endosser l'uniforme – de préférence celui de la Gestapo –, pendant la « drôle de guerre ». Les Français pensaient : « Dieu merci, nous possédons un matériel à la pointe du progrès, et nous sommes capables de ne faire qu'une bouchée de ces "Boches", ces "Teutons", ces "têtes carrées", ces "Schleus", ces "frisés" », comme on se plaisait à les surnommer avec dédain. Puis un matin nous apprîmes l'attaque – c'était la guerre qui commençait, l'avancée des troupes allemandes que rien ne semblait pouvoir arrêter, les parachutistes qui tombaient du ciel... Nous nous serions bien passés de ce cadeau céleste. L'infranchissable ligne Maginot, foulée, humiliée ! Les vert-de-gris en marche forcée direction *die grosse Paris*. « Nous irons pendre notre linge sur la ligne Siegfried ! » Tu parles, Charles ! Mon père décida de s'engager dans l'armée française ; nous l'accompagnâmes gare d'Austerlitz : une fois le train parti, Maman, Aïda et moi restâmes un moment sur le quai comme hébétés, en larmes.

Paris s'affole, Paris panique, Paris se vide, c'est la ruée vers les gares, particulièrement vers la gare d'Austerlitz. On abandonne tout derrière soi pour fuir au plus vite. La propagande dans nos journaux nous avait bien préve-

Le temps des avants

nus : les Allemands étaient tous des sanguinaires qui coupaient les mains des adultes, tuaient les enfants, violaient les femmes. Ce fut la fuite irraisonnée. Devant les gares, ceux qui étaient venus à vélo les abandonnaient. Il y en avait des centaines, des vieux, des neufs, pour enfants, pour hommes ou femmes. Avec quelques camarades du square de Montholon, nous fîmes quelques allers-retours pour en récupérer autant que possible, attendre que le calme revienne et les vendre après les avoir repeints. Il faut bien vivre !

Avant de rejoindre son régiment, mon père nous avait bien avertis : surtout, quoi qu'il advienne, ne pas quitter Paris. Judicieux conseil quand on sait à quel point les Français qui se sont jetés sur les routes ont souffert. Avant de monter au front, mon père fut cantonné à Septfonds dans le Sud-Ouest, en compagnie de six mille autres engagés volontaires, tous russes, arméniens ou juifs. Il avait emporté avec lui son *tar*, et, ayant été affecté aux cuisines, il préparait pour la troupe des plats russes et arméniens au lieu du rata traditionnel. Le soir, à la veillée, il donnait des petits concerts en plusieurs langues, pour la plus grande joie de tous.

Puis, l'impeccable et redoutable armée d'Outre-Rhin envahit le nord de la France avant de s'abattre comme une nuée d'oiseaux prédateurs sur Paris, et rapidement sur une grande partie du pays.

Ils sont venus jambes raides et bras tendus, bardés de cuir, casqués, bottés, vêtus de vert, imposants et froids tels des robots, des dieux héros, pour dispenser l'ordre nouveau. Ils sont venus des régions froides de l'Est, arrogants dans leurs machines de guerre modernes pour occuper notre terre, nous courber l'échine, nous germaniser, nous discipliner, nous les Latins, nous le peuple vivant en roue libre, plus dilettante que guerrier. Ils sont venus nous occuper, nous civiliser, éclaircir nos cheveux et nos iris afin que nous ressemblions à l'idée qu'ils défendaient de la race pure. Nous assistions au passage des troupes d'élite remontant la rue La Fayette. Nous étions tous figés, des hommes et des femmes pleuraient debout sur les trottoirs en voyant cette colonne étrangère fouler, souiller le sol de notre capitale. Chacun rentrait chez soi la tête basse en maugréant contre ces gouvernements du mensonge. Nous étions inquiets, sans nouvelles de notre père, mais nous l'espérions vivant, en bonne santé, et prêt à rentrer à la maison.

Petit commerce

Bon, ça n'était pas tout ça, il allait surtout falloir se débrouiller. Mon père était absent, et, pour vivre, c'est connu, manger est une priorité. Mais quand on n'est pas commerçant et que l'on est sans travail, comment faire ? Je commençai par mettre la main sur un stock de tablettes de chocolat de 125 grammes – dont l'emballage devait bien peser à lui tout seul 35 grammes ! Lorsque mon stock fut épuisé, j'achetai des bas de rayonne, le genre de produit qui filait inexorablement quand on passait la main à l'intérieur, et, perché sur mon vélo, avec mes musettes pleines, j'allais me poster aux entrées de Paris, où les camions de l'armée d'Occupation bivouaquaient avant de traverser la capitale. Les Allemands, privés de ces produits depuis longtemps, se précipitaient pour les acheter. Je récoltais ainsi des marks d'Occupation et filais encore plus vite que les bas, car si nos charmants vert-de-gris avaient eu la curiosité de déballer la marchandise, je me serais retrouvé dans un camp de concentration vite fait bien fait !

Quand je n'ai plus trouvé de marchandises susceptibles d'intéresser nos occupants, il me fallut trouver un autre produit de première nécessité difficile à dénicher. Heureusement, il existait le troc : je t'échange un pneu de vélo contre un quart de beurre, un litre d'huile contre deux mètres de tissu. Mais il y avait aussi la possibilité de commercer, ce qui était très couru, des chaussures. Mon ami et imprésario Jean-Louis Marquet, lorsqu'il avait la possibilité d'en obtenir à bon prix une ou deux paires, m'appelait pour me dire qu'il avait rencontré M. Gaûchik et que ce dernier sollicitait un rendez-vous. Gaûchik veut dire chaussure en arménien ; nous utilisions ainsi comme codes des mots de notre langue maternelle ! Eh oui, cela s'appelait du marché noir, mais les années l'étant aussi, il y a prescription aujourd'hui, et ces petites ventes n'ont jamais fait de nous d'affreux profiteurs, mais simplement des petits débrouillards cherchant à survivre.

Un soir, on frappa à la porte. C'était mon père, barbu, hirsute, qui se tenait là en souriant. Il avait réussi à fausser compagnie aux vainqueurs qui cherchaient à faire prisonniers les soldats de son contingent pour les parquer dans des stalags ou les faire travailler dans des fermes et des usines en Allemagne. On déménagea une fois encore pour s'installer au 22 de la rue de Navarin, toujours dans le IXᵉ arrondissement de Paris.

Puis il y eut le pacte germano-soviétique qui divisa les rangs des communistes. Pas question chez les nôtres de pactiser avec l'ennemi. Peu à peu, les groupes de résistants se formèrent. Missac Manouchian, un des chefs, ainsi que mes parents rendirent des services en cachant chez eux des Juifs, des résistants recherchés, des Russes ou des Arméniens enrôlés de force dans la Wehrmacht, et que les communistes faisaient déserter. Ils entraient en uniforme rue de Navarin, puis repartaient comme de vulgaires civils vêtus des vêtements que nous leur avions procurés. Mon rôle était de nous débarrasser des uniformes. À la nuit tombée, j'allais les jeter dans les égouts de quartiers éloignés du nôtre, mais il m'est arrivé de cacher dans la cave des bottes en cuir de l'armée d'Occupation... Inconscience de la jeunesse : si nous avions été fouillés, nous aurions été bons pour la déportation.

D'ailleurs, la police française, envoyée par la Gestapo, vint un jour frapper à notre porte. Par bonheur, nous avions été prévenus de cette visite, et nous nous réfugiâmes, mon père et moi, dans un petit hôtel en face de notre immeuble. Nous savions que ces messieurs ne se présentaient qu'aux aurores, avant que le couvre-feu ne soit levé. Ils revinrent deux ou trois fois, puis un matin ce fut la Gestapo qui débarqua. Mon père s'enfuit alors vers Lyon chez des cousins. Un mois plus tard, le calme revenu, il réintégra la rue de Navarin.

Qu'est-il advenu de ces Arméniens, Russes, Azéris ou autres membres des Républiques soviétiques ? Nous n'en eûmes jamais de nouvelles. On raconte que les soldats qui ont été faits prisonniers ont fini leurs jours dans des goulags. Le Petit Père des peuples a eu une manière toute particulière de remercier ses enfants.

Le temps des avants

Petits métiers

La guerre avait mis la plupart des artistes au chômage. Je commençai par vendre des journaux à la criée pour tenir le coup. J'allais les chercher rue du Croissant pour les vendre en marchant – sans licence, je n'avais pas le droit d'avoir un stand – jusqu'aux Champs-Élysées, d'où je repartais avec un autre paquet de journaux. Ma seule crainte était de me retrouver tout honteux face à mes camarades de métier. Fort heureusement, cela n'arriva jamais, hormis Ray Ventura qui acheta un journal en me laissant la monnaie, mais qui ne me connaissait pas. Quand mon père obtint de nouveau sa licence pour vendre sur les marchés, nous redevînmes des marchands forains. Il ne fallait pas chômer, mais se lever de très bonne heure. L'été, ça pouvait encore aller, mais l'hiver, le saut du lit était difficile. Nous allions la veille chez Olida acheter la marchandise, du saucisson à l'ail qui, par ces temps de pénurie, se vendait très bien. N'oubliez pas qu'à l'époque, pour acheter la moindre chose, il fallait des tickets de rationnement. Dès cinq heures du matin, le petit déjeuner vite avalé, mon père enfourchait sa bicyclette, à laquelle était accrochée une petite remorque pour transporter la maigre marchandise. Je m'installais sur la barre du cadre et nous roulions aussi vite que possible pour rallier un des marchés publics en plein air de Seine-et-Marne ou de Seine-et-Oise. Notre licence ne nous permettant pas de vendre sur un marché parisien, nous nous dirigions chaque jour dans une direction différente. Nous devions arriver suffisamment tôt car les bonnes places étaient vite prises d'assaut. La plupart du temps, nous graissions la patte du responsable du lieu : on s'en tirait souvent en lui laissant un saucisson ou deux. Après avoir préparé l'étal, nous attendions de pied ferme les clients. Mon père connaissait un bon moyen pour vendre vite et bien : il sacrifiait quelques saucissons aux cris de « Goûtez, goûtez ! » et, un long couteau à la main, il offrait des tranches aux clients de passage, en quête de quoi garnir leur garde-manger. « Goûtez ! », les gens étaient ravis, aucun autre marchand ne sacrifiait ainsi sa marchandise, trop rare et trop chère. « Goûtez, goûtez ! », le commerce marchait bien, enfin quand je dis bien, nous ne gagnions pas des fortunes, juste de quoi vivre en attendant, en rêvant, en imaginant des jours meilleurs. Denrée déjà rare, le saucisson était devenu un trésor de guerre qu'on ne trouvait plus nulle part. Nous avons fait alors commerce de chaussettes, mais il fallut aussi abandonner rapidement, car elles se vendaient nettement moins bien que la charcuterie. Là, le petit jeu de « Goûtez, goûtez ! » n'était plus de mise, et les clients ne se précipitaient pas. Aussi, mon père et moi avons dû chercher du travail, lui dans la restauration et moi dans le spectacle.

Qu'est-ce qu'il ne faut pas faire pour gagner sa croûte

Bien installés, les Allemands rêvaient du « Gross Pariss, moussik, champagne, jolies matmazelles », enfin tout le tralala qui faisait depuis longtemps la réputation de notre capitale. Les cabarets ont peu à peu rouvert leurs portes. Je fus engagé au Jockey à Montparnasse où je me rendais à patins à roulettes ; je rentrais la nuit jusqu'à la rue de Navarin grâce à ce moyen de locomotion insolite à l'époque. Au début, les patrouilles allemandes, qui surveillaient ceux qui traînaient dans les

Le temps des avants

rues pour vérifier s'ils avaient leurs *ausweis*[1], me contrôlaient. Mais elles finirent par reconnaître le bruit de mes patins et, sachant que j'étais en règle, me fichèrent la paix.

J'avais à l'époque un appendice nasal qui me jouait des tours et qui aurait pu m'être fatal. Plus d'une fois, j'ai dû me présenter dans des kommandanturs de villes de province avec en main un certificat de baptême que m'avait délivré l'Église arménienne de Paris. Plus souvent encore, il me fallait montrer patte blanche, enfin quand je dis patte blanche ! Je ressortais de là libre mais humilié.

J'intégrai enfin une troupe qui présentait une revue avec de jolies jeunes dames, et nous partîmes en tournée à travers la France. Là encore, mon travail consistait à jouer des sketches, exécuter une danse apache et chanter. J'avais pour partenaire la vedette de la troupe, Sandra Dolza. J'y rencontrai Christiane, une ravissante danseuse, et, dès le premier soir, pour faire des économies – la belle excuse ! –, nous partageâmes la même chambre d'hôtel. Pour cette tournée qui devait me rapporter pas mal d'argent, j'avais besoin d'une garde-robe. Sans hésiter, mes parents vendirent leurs meubles. Hélas, quelques jours plus tard, la petite malle cabine qui renfermait toutes mes affaires se faisait – c'est le cas de le dire – la malle, et je me retrouvai avec une curieuse garde-robe achetée au « décrochez-moi-ça » du coin.

Une fois cette tournée terminée, je rejoignis une compagnie qui était animée par Jean Dasté. Aïda y jouait du piano car on chantait aussi des chansons folk-

---

1. Laissez-passer.

loriques. Après quelques répétitions, voilà que je repartais sur les routes de France avec *Les Fâcheux* de Molière et *Arlequin magicien* de Jacques Copeau. Dans le costume d'Arlequin, j'entrais en scène accroché à une corde – salut Tarzan ! –, et mon côté music-hall faisait merveille.

LOULOU GASTÉ

Je ne sais plus où ni dans quelle circonstance j'ai rencontré Jacques Jim. C'était pendant les années d'Occupation, et je me souviens qu'il travaillait à l'Olympia comme placeur et qu'il recherchait un musicien pour mettre ses textes en musique. J'ai donc composé une musique très rythmée, et Jacques et moi avons intitulé la chanson : *Y'a des hiboux dans le beffroi.* À part le titre, je ne me souviens ni d'un mot ni d'une note de cette désuète chansonnette de jeunesse. Mais, fier de ma première œuvrette, je la chantais déjà chaque soir au cabaret le Jockey dans l'indifférence la plus totale, et décidai de vaincre ma timidité en allant, patins à roulettes aux pieds, présenter ma chanson à un éditeur. Puisque j'avais entrepris de me lancer, je me suis dit : autant aller voir un des hommes les plus dans le vent, et je jetai mon dévolu sur le compositeur de nombreux succès Loulou Gasté. Il me reçut fort aimablement, pas du tout étonné de mon accoutrement singulier, celui-là même que je portais le soir pour mon tour de chant, un pantalon noir, un sweat-shirt de même couleur et des sandales que l'on appelait des « nu-pieds ». Je n'avais rien de mieux à me mettre. Ça me donnait un style « Saint-Germain-des-Prés » avant la lettre. Loulou me plaça devant un piano droit, s'installa à ma gauche et me fit signe de jouer. Je plaquai les trois premiers accords de mon introduction, les trois seuls que je connaissais : *do* mineur, *fa* mineur, *sol* majeur, et, sans plus attendre, je me mis à martyriser le piano tout en hurlant mes paroles, en battant la mesure des pieds pour mieux exprimer le rythme, tel un forcené qui voudrait défoncer le plancher. La plupart des accords sonnaient faux. Qu'à cela ne tienne, le bolide était en marche et plus je chantais, plus je jouais, plus je tapais des pieds, et plus le tempo s'accélérait. La chanson, qui aurait dû durer environ trois minutes trente fut expédiée en deux minutes quinze. Quand j'eus terminé, devant l'expression étonnée, pour ne pas dire ahurie, de Loulou et le long silence qui s'ensuivit, je proposai de présenter une autre chanson aussi rythmée que la première, composée avec Jacques Jim, *Père Noël Swing*. Loulou, sans se départir de son demi-sourire, me félicita mais me fit savoir que ce n'était pas le genre de chansons qui intéressait ses éditions. Il me reconduisit très aimablement jusqu'à la porte. Des années plus tard, assagi et un peu plus introduit dans le métier, je rencontrai de nouveau Loulou Gasté qui avait épousé Line Renaud. Celle-ci me raconta la suite de l'histoire déjà célèbre auprès de leurs amis : le locataire du dessous s'était précipité pour savoir quel genre de catastrophe était arrivé à Loulou car, sous mes coups de boutoir, son lustre de cristal avait failli se décrocher, et des morceaux de plâtre étaient même tombés sur la table de la salle à manger. Depuis, mes accords sont bien meilleurs, et je suis devenu plus raisonnable, du moins je l'espère !

ROCHE ET AZNAVOUR

Un soir de l'année 1942, Aïda, qui fréquentait le Club de la Chanson où des jeunes qui voulaient se lancer dans une carrière artistique se réunissaient pour tester auprès d'un public restreint leur tour de chant, revint accompagnée d'un jeune homme. Quand j'ouvris la porte, elle me souffla : « C'est un ami à toi, il s'appelle Jean-Louis Marquet. » Ce soir-là, n'ayant pas eu le temps de rentrer chez lui avant l'heure du couvre-feu, il resta dormir à la maison. Nous n'avions pas intérêt à nous trouver dehors après minuit : si un attentat contre l'ennemi avait lieu durant la nuit, les Allemands s'emparaient immédiatement d'une cinquantaine d'otages dans les commissariats et les fusillaient à titre d'exemple. Jean-Louis devint vite un familier de la maison. À mon tour, je fréquentai le Club dont Jean-Louis était l'un des nombreux fondateurs. J'y fis la connaissance de Pierre Saka, Lawrence Riesner et Pierre Roche. Ce club commençait à avoir un certain succès auprès de jeunes artistes. Il quitta la petite salle du IXe arrondissement pour s'installer près des Champs-Élysées, dans un très grand appartement au dernier étage d'un bel immeuble de la rue de Ponthieu.

Nous nous mîmes tous au travail pour aménager les lieux, construire une scène, une cuisine, des bureaux, afin que Zappy Max puisse donner des cours de claquettes, Jane Pierly des cours de chant et A. M. Julien des cours de maintien en scène.

À l'occasion de l'inauguration du Club en 1943, les dirigeants – Pierre Saka, Jean-Louis Marquet, Pierre Roche et Lawrence Riesner – organisèrent un grand cocktail où se rendirent Édith Piaf, Léo Marjane, André Claveau, et tout le monde des célébrités de la chanson, sans oublier la presse. Roche et moi passions nos journées dans ce Club pour nous assurer un petit revenu. Nous montions des tours de chant pour de jeunes artistes, pendant qu'il les accompagnait au piano, moi je coachais, je corrigeais ce qui n'allait pas et donnais des indications de mise en scène. Chaque soir, le Club se transformait en cabaret où l'on pouvait applaudir les élèves de la maison et de jeunes artistes venus essayer sur un petit public leurs nouveautés. Parmi notre public d'habitués, on comptait Daniel Gélin et Francis Blanche dont la mère, Mme Monta, nous régalait de babas qu'elle confectionnait dans la cuisine du Club.

À la même époque, après une audition, Aïda fut engagée comme meneuse de revue au Concert Mayol, mais la direction modifia un peu son nom : Aznavour devint Aznamour. Très pudique, elle avait insisté pour que ses tenues la recouvrent de la tête aux pieds. Du jamais vu au Concert Mayol ! Aïda prenait la suite d'un fantaisiste du nom de Jean Dréjac, qui depuis a fait fredonner la France avec ses ravissantes chansons comme *Ah, le petit vin blanc !* J'avais passé la même audition, mais on m'avait préféré une jeune et avenante personne apte à s'effeuiller pour le plus grand plaisir du public. Aujourd'hui, la télévision et la presse nous offrent chaque jour des images de femmes et d'hommes dévêtus, et on a du mal à imaginer les fantasmes qu'éveillait à cette époque un sein à peine entrevu. Lucien Rimels, qui était l'auteur et le metteur en scène des spectacles du Concert Mayol, écrivait parfois des petits sketches en vers pour ma plus grande joie. Par exemple celui-ci : quatre jeunes femmes entrent en scène, vêtues de longues robes bleu nuit, alors que s'élève la voix d'un récitant...

> *Si la nuit tous les chats sont gris*
> *La beauté reste blonde ou brune*
> *Si la lune embellit les nuits*
> *La nuit elle, embellit les lunes*

Sur cette dernière rime, les jeunes femmes lentement, très lentement, se retournaient, et laissaient découvrir, dans un découpé en forme de cœur, un délice de quatre lunes merveilleusement mises en valeur.

Naissance d'un duo

Au cours de l'année 1943, Pierre Roche, dont les parents vivaient à Presles et qui était connu dans sa région, organisa avec le concours des habitués du Club un gala à Beaumont-sur-Oise. Nous devions tous y faire notre tour de chant. Pierre, vedette du pays, était prévu en fin de programme ; Line Jack, une danseuse du Concert Mayol, avait accepté exceptionnellement, pour faire plaisir à Aïda, de tenir le rôle de speakerine. Elle venait souvent au club et entendait chanter les chansons que Pierre et moi composions pour les autres. Line, dont la spécialité était de s'effeuiller sous le regard du public et non de présenter des spectacles, s'emmêla les pinceaux et, au lieu d'annoncer Pierre Roche tout seul, annonça « Pierre Roche et Charles Aznavour ». Nous trouvâmes l'erreur amusante et, après avoir échangé un coup d'œil complice, nous allâmes tous deux sur scène interpréter trois ou quatre chansons que nous avions mises au point... pour d'autres. Le succès fut tel que nous fûmes obligés de chanter à nouveau les mêmes chansons. Après le spectacle, tous les amis du Club nous incitèrent à continuer en duo. Jean-Louis promit de nous trouver des contrats, et Pierre Ani, un cousin de Roche qui était agent de presse, de prendre soin de notre publicité. Notre premier spectacle eut lieu dans une boîte de nuit de Lille où je piquai une colère en m'apercevant que le patron, au lieu de « Roche et Aznavour » – le véritable nom de notre numéro –, avait diffusé des affiches annonçant « les deux du rythme ». Par la suite, nous avons eu droit à « Roche et Azbanour » ou « Riche et Aznavour » ou encore « Roger Aznavour » jusqu'au jour où enfin les entrepreneurs de spectacles apprirent à afficher correctement nos noms. Le duo, qui devait durer huit ans, fit ses débuts parisiens dans une boîte de nuit de la rue de Berri – à deux pas du Club de la Chanson – où se produisaient les vedettes Andrex et Nila Cara. Un soir où Andrex se trouvait être aphone – le malheur des uns fait le bonheur des autres –, Jean-Louis vint nous chercher en catastrophe au cri de : « Préparez-vous ! Vous débutez ce soir, vous faites un remplacement. Si vous réussissez, vous restez la semaine ! » Nous chantâmes effectivement jusqu'au retour de la vedette, après quoi les contrats s'enchaînèrent.

Le temps des avants

À L'Heure bleue, une boîte du quartier Pigalle, où chaque soir des nez cassés venaient en roulant des mécaniques, nous avions été engagés pour quinze jours. Après avoir planqué leurs outils de travail, revolvers et autres mitraillettes derrière le comptoir, les clients s'installaient, lugubres et silencieux. Comme si on se devait d'exhiber une gueule sombre quand on fait partie de la maf ! Ils assistaient distraitement à notre tour de chant, sans un battement de cils. Nous chantions du Charles Trénet, dont *L'Héritage infernal* où l'on me voyait sauter sur le piano et glisser à genoux sur le couvercle pour finir nez à nez avec Pierre – nez que nous avions tous deux assez prononcés – derrière son clavier, ce qui faisait un bon effet scénique. Il y avait aussi une chanson de Pierre, ainsi qu'une chanson de Johnny Hess, l'ex-partenaire de Charles Trénet, *Coco le Corsaire* dans laquelle, inspiré par le film *L'Île au trésor*, je boitais comme si j'avais une jambe de bois, avec sur l'œil un bandeau noir. Ces messieurs vêtus de sombre ne se fatiguaient jamais à applaudir, ce qui nous laissait penser qu'ils étaient totalement indifférents à notre spectacle. À la fin du contrat, au revoir et merci, nous avons été heureux de chanter. Devant un public chaleureux, nous étions déjà sur place pour honorer un autre contrat, quand nous eûmes une joyeuse surprise, si l'on peut dire : un employé de L'Heure bleue se pointa dans notre loge pour nous prier, de façon plutôt autoritaire, de reprendre notre spectacle. Ce public qui jamais n'avait daigné nous accorder même une beigne avait fait virer l'attraction qui nous remplaçait en réclamant expressément notre retour ! La proposition qui nous était faite était de celles qu'on ne pouvait doublement pas refuser puisque, en compensation, nous fûmes augmentés et même autorisés à honorer notre engagement en cours. Les voies du succès sont impénétrables...

À côté de la salle du Concert Mayol se tenait un restaurant, le Pont-Aven, qui proposait un dîner-spectacle animé par Jean Rena et Jean-Louis Marquet, devenu notre imprésario. Pierre était un fils de grand bourgeois de province ; très vite, il s'est intéressé à la musique, et ses parents, très libéraux, n'ont pas cherché à l'empêcher d'entrer dans un métier qui, à l'époque, n'était pas fait pour ce qu'on pouvait appeler un fils de famille. Il aimait le jazz, les chansons rythmées et ne s'intéressait pas aux autres expressions populaires de la musique. Il avait fait d'excellentes études et avait reçu une bonne éducation. Moi, j'étais né dans une famille bohème, je ne connaissais pas grand-chose au jazz ; la valse, le paso doble et le tango étaient les rythmes que je maîtrisais le mieux. Comme Pierre, j'avais reçu une bonne éducation, mais les études se réduisaient chez moi à leur plus simple expression. Nous avions en commun le bonheur de chanter et de rencontrer si possible de jeunes et jolies personnes. Nous nous sommes immédiatement très bien entendus, et, chose rare dans un duo, nous ne nous sommes jamais, mais vraiment jamais disputés, toujours sur la même longueur d'onde.

Jean-Louis Marquet, Pierre Roche et moi allions chercher Aïda à la fin de chaque représentation. Nous assistions au spectacle proposé. Les artistes étaient payés cent francs par soirée et recevaient en plus un sandwich. Au Pont-Aven, les nantis venaient dîner « marché noir » pour un prix encore peu élevé. Nous nous placions à l'entrée de la salle, près du piano – certains se placent près du radiateur en hiver ; nous, c'était toujours près du piano qu'on trouvait de la chaleur. Un soir, ô miracle !, un client qui nous avait entendus chanter dans une boîte nous demanda par l'intermédiaire de Jean Rena de monter sur scène. Nous nous fîmes prier. Alors, pour nous amadouer, il nous fit servir un repas, le genre de repas dont nous étions privés depuis le début de la guerre, puis il monta sur la scène pour annoncer : « Et maintenant, Jacqueline François ! » Jacqueline François était une débutante dotée d'une très belle voix, et qui connut par la suite une grande carrière internationale. Tandis qu'elle chantait, elle n'avait d'yeux que pour Jean-Louis qu'elle entreprit dès sa sortie de scène. Ils vécurent ensemble quelques années, puis restèrent amis jusqu'à la disparition de Jean-Louis. Chose rare dans notre profession : Marquet aura été son premier et unique grand amour. Le repas terminé, nous chantâmes deux ou trois chansons. Le même scénario se produisit ensuite plusieurs fois par semaine. Jean Rena s'offrait une attraction contre un dîner. Échange de bons procédés : lui n'ouvrait pas sa bourse, et nous, nous remplissions nos panses.

Micheline Rugel Fromentin

L'envie d'un bon repas nous incitait souvent à aller au Pont-Aven, quitte à pousser la chansonnette. L'estomac calé et notre numéro accompli, en attendant qu'Aïda revienne du Concert Mayol, nos regards s'attardaient sur les jeunes femmes qui se trouvaient seules. Un soir, il y avait dans la salle une jeune femme brune à laquelle j'essayais timidement de faire la cour. Elle me fit comprendre gentiment que, vue notre différence d'âge, il valait mieux ne pas insister. Après le repas, Jean Rena nous demanda à nouveau de chanter, ce que nous fîmes avec un certain succès.

Quelques jours plus tard, la jeune femme, Jeannette, revint au Pont-Aven avec sa fille, dix-sept ans, blonde et tout à fait charmante. Elle était venue passer une audition. Elle possédait une voix lyrique plus faite pour l'opéra que pour le cabaret, mais c'était la variété qui l'attirait. Sa première chanson s'intitulait *J'ai deux mots dans mon cœur*, deux mots qui allaient devenir très vite les nôtres. Je l'invitai le lendemain à m'accompagner à la foire qui se tenait sur la place de la Bastille. Dans une auto tamponneuse, alors qu'elle était toute courbatue des chocs que je lui avais fait subir, je lui déclarai ma flamme.

C'est ainsi que Micheline Rugel Fromentin est entrée dans ma vie. Comme la jeunesse est impétueuse et impatiente, je décidai de l'épouser. Nos parents trouvèrent ma demande prématurée, invoquant nos jeunes âges, je n'avais que vingt et un ans, et ma situation était, c'est le moins qu'on puisse dire, précaire. Mais, devant notre insistance, la décision fut prise d'un commun accord : Micheline viendrait s'installer chez les miens, en attendant l'âge décent du mariage. Ce genre d'arrangement était monnaie courante en Orient, nous étions donc pour ainsi dire dans la tradition. Cela permettait à nos parents de veiller à ce qu'il n'y ait pas consommation avant épousailles ! Nos fiançailles à l'ancienne durèrent ainsi près de deux années. Pendant ce temps, je partais souvent en tournée ; de son côté, Micheline apprenait des airs d'opérette en arménien – bien qu'elle ne parlât pas la langue –, elle avait un charmant accent et il lui arrivait parfois de chanter en duo avec mon père.

OH SURPRISE, J'ÉCRIS !

Chez Pierre Roche, au-dessus du square de Montholon où je vivais la plupart du temps alors que Micheline demeurait chez mes parents – deux ans de fiançailles, c'est long ! –, nous faisions la nouba chaque soir. C'est là que, suite au refus de Lawrence Riesner et de Francis Blanche de nous composer des chansons, j'entrepris d'écrire des textes, moi qui n'écrivais jusque-là que des petits poèmes et des mélodies, pour que Roche les mette en musique. Nous allions avoir ainsi un tour de chant bien à nous. Jusqu'alors, nous chantions du Johnny Hess, du Charles Trénet, du Georges Ulmer, quelques chansons du répertoire d'Édith Piaf et des succès du moment, mais nous aspirions à d'autres morceaux plus jazzy, plus swinguy. Ma première tentative devait donner naissance à :

J'ai bu
J'ai joué et j'ai tout mis
Sur le tapis
À la roulette de la vie
T'as tout gagné, moi j'ai perdu
Alors j'ai bu

Sans perdre de temps, Roche en composa la musique. La surprise fut générale auprès de nos amis, et j'étais moi-même le plus ébahi de tous : je pouvais, malgré mon manque de culture, écrire des rimes en respectant instinctivement la forme et la césure. D'autres chansons suivirent, et de duettistes nous devînmes auteurs-compositeurs-interprètes, la classe ! J'étais sur un nuage. Roche, double bachelier, se sentait incapable d'aligner deux phrases tandis que moi, avec juste un petit certif sans même une mention, j'avais l'impression d'entrer dans le cercle prestigieux des « primairo-intellos ». Les choses se savent rapidement dans notre métier : les commandes affluèrent, et, de chanteur insouciant, je devins une sorte de scribe besogneux.

Je passais le plus clair de mon temps chez Pierre où venaient régulièrement de jeunes auteurs, des compositeurs, la jeune génération des interprètes. Et, pour le bonheur des yeux, du cœur et du corps, de ravissantes jeunes filles. Nous chantions le soir dans les boîtes de nuit, nombreuses en ce temps-là à proposer un spectacle de variétés, avec vedette ou non et des jeunes qui débutaient, des chanteurs, des amuseurs, des imitateurs. La nuit, nous rentrions souvent bien accompagnés. Mais les parents de Pierre, qui avaient élu domicile à Presles, restaient propriétaires de l'appartement et pouvaient à tout moment venir un ou deux jours dans la capitale. Heureusement, Anne-Marie, la sœur de Pierre qui vivait avec eux, nous prévenait dès qu'ils prenaient la direction de la gare. C'était alors le branle-bas de combat : on se levait en catastrophe, on faisait la queue devant l'unique salle de bains tandis que nos jeunes beautés faisaient les lits et un peu de ménage, puis, frais comme des gardons sortis de la glacière, nous attendions l'arrivée des parents.

Le temps des avants

Dieu merci, ils ne se sont jamais demandé pourquoi, à une heure si matinale, il y avait tant de personnes chez leur rejeton ! Il arrivait aussi que les parents, ayant raté leur train, décidaient de rester à Presles. Alors Anne-Marie nous téléphonait une seconde fois : « Fausse alerte ! » Ni une ni deux, nous replongions sous les draps pour faire en couple une heureuse et grasse matinée.

Nous avions donc en main *J'ai bu,* notre première composition, et comme le petit comité la trouvait bonne, restait à trouver l'artiste à qui la proposer. Nous choisîmes à l'unanimité Yves Montand, qui, après son passage à l'Étoile, venait d'être consacré vedette à part entière. Nous l'admirions tous, et, après avoir obtenu un rendez-vous avec lui pour lui présenter le chef-d'œuvre, Pierre et moi le retrouvâmes dans sa loge. Il écouta attentivement avant de nous faire une proposition que je refusai formellement : encore sous l'emprise de Piaf, il acceptait de chanter notre chanson à la condition qu'elle se termine par le suicide de l'homme soûl ; ce à quoi, sous le regard effaré de Pierre, prêt à toutes les concessions pour être chanté par une aussi grande vedette, je répondis que, si tous les hommes qui se soûlent se suicidaient, la France se viderait du bon tiers de sa population, et sur ce, bye bye ! Un tel refus se reproduisit des années plus tard lorsque, en présence de Simone Signoret, je présentai à Yves *Je m'voyais déjà.* Il prétendit qu'aucune chanson sur notre métier n'avait réussi à intéresser le public. Des années plus tard, Simone m'avoua qu'ils avaient vraiment eu tort. Georges Ulmer, qui composait pourtant lui-même ses musiques sur des paroles de Géo Koger et qui était un habitué de la maison Roche, intégra *J'ai bu* à son répertoire, l'enregistra et reçut le prix du Disque de l'année pour son interprétation. Encouragés par ces débuts prometteurs, Pierre et moi nous remîmes au travail et, comme nous étions des inconditionnels de Cab Calloway, nous essayâmes un genre plus rythmé, plus jazzy. Roche swinguait sa musique, et moi je cherchais des mots qui évoquaient le genre scat[1]. Si les aînés découvraient nos chansons avec des yeux pleins d'effroi, la jeunesse scandait avec nous les rythmes dans lesquels elle se retrouvait.

> *Oublie oublie Loulou*
> *Mais oublie oublie Loulou*
> *Oublie-la donc*

Puis, en faisant un jour du lèche-vitrine – mon sport favori –, nous achetâmes chacun un feutre taupé de belle allure. Ces mots ayant frappé mon imagination, le lendemain j'écrivais :

> *Il portait un feutre taupé*
> *Il parlait par onomatopées*
> *Il buvait des cafés frappés*
> *Avec des pailles*
> *Il était très dégingandé*
> *Il fumait des Camels parfumées*
> *Il marchait à pas combinés*
> *Boulevard Raspail*

Pierre en composa immédiatement la musique sur un rythme entraînant ; elle plut à la jeunesse, privée du

---

1. Onomatopées qui swinguent.

Le temps des avants

swing américain qu'elle avait découvert des années auparavant avant que nos occupants allemands interdisent tout ce qui rappelait les pays de langue anglaise.

Puis suivirent d'autres chansons jazzy, en alternance avec des chansons plus tendres.

Il ne nous restait plus qu'à trouver des lieux pour nous produire en spectacle. Pendant l'Occupation, les moyens de locomotion étaient rares, mais pour deux larrons comme nous, rien n'était impossible. Les Allemands interdisaient que l'on se déplace vers certaines villes situées en bord de mer, comme Saint-Nazaire, Le Havre, et d'autres encore. Pourtant, il y avait justement dans ces villes des cabarets et des cinémas prêts à engager des artistes. Comme nous savions que les trains ralentissaient par prudence avant de s'engager sur les ponts – qui pouvaient avoir été minés par les Partisans –, nous prenions des engagements là où aucun artiste n'acceptait de se rendre. Par exemple, arrivés au dernier pont avant Le Havre, nous avons profité du ralentissement pour sauter du train, trouver un moyen de locomotion quelconque – tramway, charrette, voiture gazogène – et, de là, nous nous rendîmes sur le lieu de notre engagement. Comme l'artiste qui nous suivait dans le programme ne parvenait pas toujours à passer la ligne de démarcation, il nous arrivait de rester deux semaines au lieu d'une dans le même établissement. À Saumur, nous sommes même restés trois semaines. Puis nous partîmes – à bicyclette, bien sûr, et une pour deux – pour Angers, remplacer Damia, une des grandes chanteuses réalistes françaises, qui ne pouvait honorer son contrat. De Saumur, ça faisait une trotte ; mais la perspective de toucher la même somme qu'une grande vedette, ça motive ! Il fallait des autorisations pour aller d'une région à l'autre, et, si la plupart des artistes étaient effrayés à l'idée d'être arrêtés, nous n'avions, Roche et moi, qu'une peur : celle d'être sans travail. Il faut dire aussi que notre inconscience nous servait de moteur.

MANOUCHIAN

Missac Manouchian, avant de devenir un héros de la Résistance, était surtout connu dans la communauté arménienne pour ses poèmes. Il venait souvent chez nous avec sa femme Méliné discuter avec mes parents de théâtre, de poésie et parfois de certaines actions entreprises contre des collaborateurs trop zélés, des hauts personnages de l'armée d'Occupation ou de la Kommandantur. C'était des conversations à voix basse, comme si les murs pouvaient comprendre l'arménien. Missac adorait aussi jouer aux échecs : c'est lui qui m'en apprit les premiers rudiments.

En 1944, Manouchian et son groupe ont été arrêtés par la Gestapo. Des affiches reproduites à des milliers d'exemplaires ont été placardées sur tous les murs de la capitale et de France ; dans des médaillons, on voyait les visages patibulaires de ceux que l'on appelait les « étrangers ». Il était évident qu'ils avaient été frappés et torturés. Nous apprîmes d'ailleurs que Missac avait quatorze fractures des os du visage. Méliné se réfugia chez nous, paniquée. Anxieux, nous attendions des nouvelles : elles s'avéreront définitivement mauvaises puisque ces résistants que les Allemands appelaient « terroristes » furent passés par les armes.

> *C'est la lutte finale*
> *Groupons-nous et demain*
> *L'internationale*
> *Sera le genre humain*

Mon Dieu, que de désillusions...

Le pacte germano-soviétique avait détruit quelques-uns de nos plus grands espoirs et de nos plus belles illusions. On militait pour « les lendemains qui chantent », ça a surtout été les lendemains qui déchantent : les soviets devaient nous ouvrir les portes du paradis, ils ont plutôt réussi à organiser admirablement l'enfer. Des rumeurs de plus en plus nombreuses circulaient sur le comportement du Parti, particulièrement dans l'affaire de ces résistants FTP-MOI que les Allemands avaient réussi à capturer ; des coins d'ombres subsistent encore. Aujourd'hui, alors que le Parti communiste français fait son possible pour se forger une nouvelle image et qu'il n'est plus à la botte de l'Union soviétique, pourquoi ne pas clarifier l'affaire, ô combien nébuleuse et confuse, de l'Affiche rouge[1] qui n'est, dit-on, pas en son honneur ?

---

1. Placardée sur les murs de Paris en 1944, l'Affiche rouge montrait dix des vingt-quatre membres des FTP-MOI (francs-tireurs partisans/main d'œuvre immigrée) arrêtés par les nazis. Ils furent tous exécutés après un simulacre de procès militaire. Cette affiche a servi d'outil de propagande aux Allemands et à Vichy, assimilant ces combattants à des terroristes étrangers.

Louis Aragon a écrit un très beau poème qu'il a simplement intitulé *L'Affiche rouge*.

Le temps des avants

Après l'exécution du groupe de Missac Manouchian, nous étions tous très inquiets car, lorsque Missac avait besoin d'un collaborateur extérieur au groupe qui n'était pas encore repéré, il faisait appel aux femmes arméniennes, dont ma mère, pour faire entre autres circuler des armes dans une voiture d'enfant, avant et après un attentat, afin que tout ait disparu si l'un des résistants se faisait arrêter par les nazis.

Longtemps après l'appel du 18 juin, que je n'ai pas eu la chance de capter sur « Les Français parlent aux Français » que diffusait la BBC, la jeunesse, dont nous étions, se promenait dans la rue en cognant deux morceaux de bambous : Deux Gaulle, deux Gaulle ! Quelques-uns de nos camarades eurent des ennuis avec des adorateurs des nouveaux dieux ; quant à moi, je reçus un bon coup de pied aux fesses d'un militaire allemand dans le métro, parce que j'expliquais avec véhémence à Jean-Louis Marquet qu'il était temps qu'il réussisse à nous décrocher un contrat dans un music-hall où nous serions la « vedette américaine ». C'était l'époque où l'on parlait beaucoup de débarquement. Le militaire en vert-de-gris ne pouvait pas se douter que l'expression « vedette américaine » désignait tout simplement l'artiste qui passe en fin de première partie. Le coup de pied n'eut pas de suite grave, et je n'ai pas fait le voyage pour le *Arbeit* en Allemagne.

ON SE LIBÈRE

Radio Londres, « Les Français parlent aux Français », de Gaulle, la Libération... On accroche les drapeaux aux fenêtres, ils vont arriver, ils arrivent... Attention ! Ça n'est pas encore eux... Si si, les voilà ! Et l'on accroche à nouveau les drapeaux, le tricolore, celui des Alliés. Août 1944, Paris est dans la rue : c'est la joie des uns, la peur des autres, les uniformes alliés sur les trottoirs de la capitale, les tanks défilant, les collabos, des miliciens pourchassés, attrapés, corrigés, jugés souvent à la va-vite. Avec Aïda et Micheline, plantés sur le bord du trottoir de la rue La Fayette, nous manifestions notre joie aux Alliés, ils nous envoyaient à la volée du chocolat et du chewing-gum – enfin quand je dis « nous », en vérité, c'était à Micheline et à Aïda –, que je jetais dans ma musette. Je les échangeais contre d'autres choses dont nous avions été privées depuis tant d'années, et dont j'étais friand.

Pour se venger de nos misères, on a tondu des femmes, pendu des collabos à des becs de gaz, parfois arbitrairement, pourchassé des miliciens, fait un sort à des commerçants enrichis grâce au marché noir, emprisonné Sacha Guitry simplement parce qu'il était célèbre, réglé des comptes personnels, vendu des voisins, on a joué les juges parfois à tort et à travers, on a, on a, on a, mais surtout nettoyé les dernières traces vert-de-gris qui salissaient nos villes et nos campagnes.

Nous voilà libérés, on peut passer aux choses belles et simples de la vie. D'un côté l'horreur, de l'autre la folie et le bonheur, l'attente et l'espoir du retour des prisonniers. Ces militaires qui découvraient Paris, la ville mythique, il fallait les distraire. « *Oh la la jolies mam' zelles* », Pigalle, cabarets, Moulin-Rouge, french cancan, enfin tout ce folklore qui fascine et fait rêver les hommes du monde entier. Les boîtes de nuit rouvraient leurs portes, il fallait des attractions supplémentaires, des filles dévêtues, du rythme...

Le temps de l'Occupation ne m'a pas laissé une bonne impression ; l'après-Libération ne m'a pas semblé très reluisante non plus. Dans tout cela, comme Pierre et moi n'avions aucun compte à régler, nous faisions la fête en compagnie de gens comme Georges Ulmer, Francis Blanche, et les amis du Club de la chanson, et surtout, étant donné que les lieux de spectacles faisaient leur ouverture, nous cherchions à faire notre métier et à gagner notre vie. Trouver des contrats. Nous guettions les auditions dans le quartier Pigalle, où on trouvait la plus forte concentration de militaires alliés, festoyant, commerçant, se soûlant à volonté. Notre audition pour un monsieur Bardy, qui devint un des grands propriétaires de boîtes de Pigalle, s'avéra concluante. Bardy demanda quel était notre prix pour trois jours, je répondis trois mille. Par jour ?, me demanda-t-il. Sans hésitation, je répondis bien sûr ! Chacun ? Je lançai à tout

Le temps des avants

hasard : oui oui... Ainsi, notre cachet qui devait être de trois mille francs pour trois jours se transforma en dix-huit mille francs, une fortune !

Nous voilà libérés ! On peut désormais penser aux choses belles et simples de la vie. Alors nous avons publié les bans, et la date de notre mariage fut enfin décidée. J'allai à l'église arménienne, 15 rue Jean-Goujon dans le VIIIe arrondissement, pour fixer les modalités. La famille Aznavourian était déjà très connue dans la communauté, et j'avouai à l'évêque que mes moyens ne me permettaient de demander qu'une simple bénédiction. Il eut une idée géniale : si je reportais d'une semaine la date de la cérémonie, je pourrais profiter de la somptueuse décoration florale prévue par le fils Beck, héritier de la célèbre maison pour philatélistes place de la Madeleine, qui se mariait juste avant moi ce jour-là et qui s'était offert une cérémonie luxueuse. Micheline et moi nous mariâmes comme des gens fortunés. À la sortie, je n'avais que cinquante francs en poche, juste de quoi nous payer un taxi. Après une petite réception chez mes parents, nous emménageâmes au 8 de la rue Louvois, dans une chambre qui avait été mise à notre disposition par la famille Parseghian, des cousins de ma mère dont nous étions très proches : Simon, Robert, Armand, Nelly, la famille Papazian et les enfants, Catherine, Shaké, Minas. La chambre se trouvait au dernier étage, sans eau ni commodité, donnant sur un couloir. Nous faisions notre toilette dans les W-C, sur le palier. Nous avions quand même une cheminée, et, lorsque les avions survolaient l'immeuble, ils faisaient trembler les quelques meubles que nous possédions. Mais nous

Charles Aznavour

étions jeunes et amoureux, c'était la bohème, et la bohème, vous savez, ça voulait dire : « on est heureux ».

Nous avions vingt ans toi et moi
Quand on a sous le même toit
Combattu la misère ensemble
Nous étions encore presqu'enfants
Et l'on disait en nous voyant :
« Regardez comme ils se ressemblent. »

Nous avons la main dans la main
Surmonté les coups du destin
Et résolu bien des problèmes
De ventre vide en privation
Tu te nourrissais d'illusions
Il te suffisait que je t'aime

LA CONTREBASSE

Roche et Aznavour, qu'étions-nous exactement, sinon deux jeunes, fous de musique et de scène ? Roche, accro de musique swing, et moi, comme on le sait, passionné de valse, de tango et de paso doble que je dansais fougueusement. J'en connaissais toutes les paroles, même en espagnol, que je ne parlais pourtant pas du tout ! À nos débuts, bien qu'on trouvât à Paris et dans sa périphérie des petits music-halls tels que l'Excelsior porte d'Italie, le casino du pont de Charenton, le casino Saint-Martin, ainsi que d'autres dans des villes de province, nous chantions essentiellement dans des cabarets. Nous gagnions gentiment notre vie, mais nous n'avions pas intérêt à cumuler les jours de relâche. Contrairement à la cigale, c'est pendant la saison estivale que nous risquions le plus d'être dépourvus. L'été qui suivit la fin de la guerre, les casinos du bord de mer cherchèrent timidement à rouvrir leurs portes, et Pierre et moi étions inquiets de ne pas trouver de contrats. C'est alors qu'un ami, Tony Andal, qui cherchait désespérément un pianiste pour compléter son quintette, vint trouver Roche en le suppliant de le dépanner. Sans pianiste, il ne pouvait tenir son engagement pour un petit ensemble au casino de Saint-Raphaël qui rouvrait ses portes sans avoir totalement réparé les dégâts du débarquement. Il s'agissait d'un contrat pour toute la saison d'été. La proposition fit saliver Roche, mais il se trouvait confronté à un dilemme : qu'allait-on faire de moi ? Le budget de Tony était trop serré pour payer un chanteur d'orchestre. « Si encore tu jouais de la contrebasse !, me dit-il. Je n'ai encore engagé personne. » Je répondis *illico* : « Facile, il suffit que je travaille un peu. J'ai appris le violon quand j'étais petit, ça devrait marcher, d'autant que j'ai une excellente oreille musicale. » Tony n'était pas convaincu. Roche le rassura : « Tu verras, tout se passera très bien. Nous avons trois semaines devant nous pour le mettre au point. » Le contrat fut signé ; me restait à présent à apprendre à jouer de la contrebasse en quatrième vitesse. Moi qui n'avais pas touché un violon depuis dix ans – je n'étais pas un danger pour Isaac Stern –, pensez, la contrebasse ! Pierre me dit : « Je vais te donner les basses de quelques chansons américaines ; tu verras, ça n'est pas sorcier ! » Musicien est un métier, pas une affaire d'amateur, et le jour où j'ai tenu une contrebasse entre les bras, je m'en suis rendu compte. Mais bon, à l'après-guerre comme à l'après-guerre, il fallait y aller ! Et j'y suis allé, en me rassurant ainsi : vu ma taille et mon poids – je pesais environ cinquante kilos –, et la taille de l'instrument dont je me servirais comme d'un paravent, je me promettais bien de passer inaperçu.

Nous avons donc loué la plus grosse contrebasse qui soit, et, comme un forcené, je commençai mon apprentissage de bassiste, pire qu'un amateur. J'appris par cœur cinq morceaux : *I can't give you anything but love, Long ago and far away, Bye Bye Blackbird, Oh Lady be good,* et *Star dust*. Avec ce bagage musical réduit à sa plus simple expression, nous nous sommes installés, Roche, en compagnie de sa dernière conquête Lydia, d'origine ukrainienne, et moi avec Aïda et Micheline, dans une charmante pension de famille proche du casino, et en avant la fanfare ! Le premier soir, je jouai de la contrebasse avec fougue, je remplaçai Pierre au piano pour les tangos et chantai timidement quelques refrains, car cela n'était pas prévu dans mon contrat. Tout s'annonçait très bien. Lorsque le directeur se trouvait dans la salle, on jouait les morceaux américains ; jusqu'au jour où il s'aperçut que les morceaux étaient toujours les mêmes. Il nous fallut donc trouver une solution. Un soir – il y a un bon Dieu pour les mauvais musiciens –, un client passablement éméché perdit l'équilibre et s'accrocha désespérément à la contrebasse qui se trouvait sur la petite estrade. Ils tombèrent tous deux enlacés sur le plancher de la piste de danse sous les rires des couples de danseurs, lui indemne, la contrebasse avec les côtes cassées. Que pouvais-je espérer de mieux ? Pas de luthier à moins de cinquante kilomètres... Nous fîmes le voyage jusqu'à lui, le brave homme nous ayant promis de la réparer le plus rapidement possible. Nous n'en demandions pas tant, et j'eus toutes les peines du monde à lui faire comprendre que nous n'étions pas, mais vraiment pas, pressés...

Un mois plus tard, on me transporta à l'hôpital pour m'opérer d'urgence d'une appendicite péritonite avancée. Il n'y avait sur place qu'un chirurgien de garde qui n'avait pas, je ne sais pour quelle raison, le droit d'opérer. Étant donné l'urgence, je signai une décharge qui l'autorisait à m'ouvrir ; il fit si bien qu'on ne remarque presque pas la cicatrice. Durant ma convalescence, la contrebasse, qui avait regagné le bercail, fut entreposée dans une arrière-salle où elle sommeilla sagement jusqu'à la fin de notre contrat. Et c'est en toute légitimité – j'étais trop faible pour tenir un si lourd instrument – que je terminai notre contrat comme chanteur d'orchestre officiel du casino.

UNE ET UN FONT TOI

En 1947, nous chantions au Palladium, un établissement situé près de la place de la Bastille. Nous avions entièrement composé notre tour de chant, Pierre la musique, et moi les paroles. *Le Feutre taupé*, *Départ express*, *J'ai bu* furent nos plus grands succès de scène. Le 21 mai de cette année, on m'annonça entre deux chansons : « C'est une fille. » À peine le tour de chant terminé, je me précipitai à l'hôpital pour faire connaissance avec cette jolie petite boule de chair rose, à qui nous avons donné le prénom de Patricia, auquel nous ajoutâmes plus tard un prénom arménien, Seda.

Je sais qu'un jour viendra
Car la vie le commande
Ce jour que j'appréhende
Où tu nous quitteras
Je sais qu'un jour viendra
Où triste et solitaire
En soutenant ta mère
Et en traînant mes pas
Je rentrerai chez nous

Charles Aznavour

Dans un chez nous désert
Je rentrerai chez nous
Où tu ne seras pas

Y a-t-il situation plus stupide qu'un jeune père au chevet du lit d'hôpital de sa jeune épouse où près d'elle une petite chose vient de s'éveiller à la vie ? Le stupide se tient tout drôle, malhabile, ne sachant que dire et que faire, oubliant presque sa femme, n'ayant d'yeux que pour son premier bébé... Et lorsque l'infirmière le lui colle soudain dans les bras, le nouveau papa devient plus embarrassé encore, il rougit, balbutie, cherche à changer la position du bébé tandis que la petite boule remue comme un ver de terre, ne sachant trop comment s'y prendre ou que faire de cette forme fragile. Eh bien, ce beau jour de mai, j'étais ce jeune père stupide, et des années plus tard, par trois fois encore, j'ai ressenti ce même bonheur mais avec plus d'assurance.

LE COMPLEXE D'ÉDITH

Je ne suis pas de ceux qui conservent tout, je n'ai gardé que les lettres que m'envoyèrent mes amis et ceux que j'admirais. Malgré cela, il s'est accumulé dans mes placards et mes tiroirs un million de choses inutiles, par exemple les télégrammes que j'ai reçus à l'occasion de mes premières parisiennes – c'était avant l'arrivée du fax qui n'engendre pas chez moi la même émotion. Ces jours-ci, après avoir décidé une fois de plus de faire le vide de tout ce qui me semble désormais totalement futile, j'ai retrouvé un nombre impressionnant de ces télégrammes. J'ai commencé à les passer au broyeur lorsque mon regard est tombé sur celui qu'Édith Piaf me fit parvenir des États-Unis où elle se produisait au Versailles, une boîte qui se trouvait East Fiftieth Street. C'était à l'occasion de ma première « première » importante à l'Alhambra, celle qui devait faire de moi une vraie vedette ou bien montrer que j'avais tort d'insister, donnant raison aux médias qui me traînaient dans la boue.

Sur fond de papier bleu couleur paquet de Gauloises, sur lequel étaient collées trois bandes blanches, se détachaient en noir ces quelques mots : « Suis certaine de ton triomphe », « Regrette être loin », « T'embrasse très fort », signé « Édith ». Ce télégramme-là, j'ai longuement hésité avant de le passer dans la machine à broyer les souvenirs. Puis je me suis dit que je n'avais pas besoin d'un morceau de papier pour les raviver. Édith, je l'ai toujours gardée bien présente dans mon cœur.

Unique. Elle était unique, avec un cœur gros comme le rocher de Gibraltar, un caractère mi-cochon mi-sainte Thérèse, c'était Mademoiselle Contradiction faite femme. Lorsque vous entriez dans son cercle, vous ne pouviez plus en sortir, elle vous ensorcelait, elle faisait sien ce que vous aviez dit la veille, soutenait qu'elle en avait eu l'idée, et, plongeant dans vos yeux son beau regard clair, elle se serait fait tuer plutôt que d'en démordre. Croyant ce qu'elle avait décidé de croire, elle restait accrochée de toute sa petite taille à ses positions, cette tornade de charme, de génie et de mauvaise foi, de défauts et de qualités. J'ai partagé avec elle jusqu'à la fin de ses jours une sorte d'amitié amoureuse, de fraternité complice sans jamais partager son lit. Je suis entré dans son étrange univers un soir de l'année 1946, et le cours de mon existence a changé. Les petits ruisseaux se jettent dans les rivières ; moi, je me suis jeté à cœur ouvert dans ce torrent furieux et fascinant, fait pour bouleverser un jeune homme qui, jusqu'à ce jour, n'avait pas encore rencontré un personnage d'une telle dimension.

La grande rencontre

Ce jour-là, nous avions, Roche et moi, un engagement pour chanter deux chansons dans une émission

Le temps des avants

radiophonique en public et animée par Pierre Cour et Francis Blanche. Cela devait se passer dans la salle Washington, rue Washington. Comme cette salle n'avait pas d'entrée de coulisses, tous les intervenants devaient ainsi, en attendant leur tour, rester assis derrière la scène avant l'entrée du public.

Nous ouvrions la soirée, mais, curieusement, le piano de Pierre était installé tout au fond de la scène car un orchestre occupait le premier plan. Quant à moi, je devais chanter en avant sur le proscenium[1]. Tout cela était contraire aux exigences d'un numéro de duettistes, qui plus est un numéro d'ouverture ! Une fois entré en scène, après l'annonce, j'en ai pris plein la gueule en découvrant, au premier rang, Édith Piaf et Charles Trénet, deux monstres sacrés accompagnés par le prince des éditeurs, Raoul Breton – Charles rentrait des États-Unis et devait donner quelques conseils à Édith qui devait s'y rendre pour la première fois quelques semaines plus tard.

On attaqua avec *Départ express*, puis *Le Feutre taupé*. Mes yeux ne quittaient pas le premier rang ; moi qui tremblais déjà passablement lorsque je me trouvais devant un public, j'avais la jambe droite qui jouait les Parkinson. Après quelques mesures, Édith me fit un sourire et un signe du doigt, le même qu'à la fin de *La Vie en rose*, et qui signifiait : « Après l'émission, venez me voir. » Je n'y manquai pas. Charles Trénet nous félicita chaleureusement ; pensez, il s'y connaissait en duo, lui qui avait débuté avec Johnny Hess sous le nom de « Charles et Johnny ». Raoul Breton m'invita à passer le voir, 3 rue Rossini dans le IXe arrondissement de Paris, pour éventuellement parler d'édition ; Piaf me donna

---

1. L'avant-scène.

rendez-vous chez elle après l'émission, rue La Boétie, tout à côté, et quand je lui demandai : « Avec mon partenaire ? », elle me répondit : « Quel partenaire ? » Elle n'avait même pas remarqué Roche, sacrifié à l'hôtel de « à l'impossible nul n'est tenu » de la radio en public. « Bon, me dit-elle, amène-le aussi, celui-là. »

Nous nous sommes pointés Roche et moi dans un vaste appartement, au fond d'une cour, qui semblait attendre un hypothétique déménageur. Ici, on ne s'encombrait pas de meubles ; quelques fauteuils dont un en cuir noir d'où la vedette, une fois assise, avait beaucoup de mal à s'extirper toute seule – il fallait chaque fois qu'une main amie l'aide à en sortir –, quelques malheureuses chaises sans style, un grand piano à queue noir, divers objets, des disques et des livres à même le sol, un *pick-up*, sur le piano, des textes et des partitions, et, j'allais l'oublier, un grand tapis rouge qui couvrait le plancher de cette grande pièce vide. Roche entra très à l'aise, moi pas du tout. Je sentais que l'on avait parlé de nous avant notre arrivée. Les regards goguenards transperçaient ma timidité chronique. Il y avait là ses auteurs et compositeurs Henri Conté, Michel Emer et Marguerite Monnot, sa secrétaire Faou, son pianiste André Chauvigny, Juliette et Marcel Achard, et l'amoureux du moment, Jean-Louis Jaubert, un des Compagnons de la chanson, qui s'éclipsa avec le consentement d'Édith. Et, bien sûr, elle, Édith, maîtresse des lieux, centre de tous les intérêts, moineau fragile cachant un appétit d'amour et d'amitié de grand prédateur, de quoi vous figer à tout jamais, très fort, trop fort, surtout qu'on me regarde, me juge, me jauge, me soupèse : est-ce le suivant ? Fera-t-il le poids, combien de temps tiendra-t-il, le malheureux ? Ça chuchote, ça complote, ça rit sous cape, puis les conversations suivent et changent, on parle de tout et de rien, un tiers amour, un tiers chanson, et avec un dernier petit tiers entreprise de démolition. La conversation s'arrêta un instant sur Jacqueline François qui venait d'entamer une brillante carrière. Édith se vantait de lui avoir donné un conseil déterminant : abandonner le genre réaliste pour devenir chanteuse de charme, ce qui était vrai. J'en profitai timidement pour dire qu'elle était une amie intime. Ce qui fit son effet. Est-ce que je la sautais ? Je ravalai ma salive et choisis mes mots : « Non, elle est amoureuse, elle a des transports avec Jean-Louis Marquet, celui-là même qui s'occupe de nos affaires. » Des transports ? Ce fut l'éclat de rire général, il a bien dit « des transports » ?! J'avais l'impression de me trouver à la cour de Louis XIV, mis en joue par les courtisans. Édith me dit alors : « Tu veux dire des rapports ? » Oui, enfin, c'est la même chose ! Elle se tourna vers les autres et lança : « Il a raison, c'est juste une manière poétique de le dire ! » Ma tête devait ressembler à une tomate trop mûre. Terriblement mal à l'aise, je balbutiai : « Je vous ai déposé une chanson hier. » « Ah oui », fit-elle ; et quelqu'un d'ironiser : « Et il écrit aussi, de la musique bien sûr ? » Non, des paroles. Des paroles ? Ils étaient à nouveau prêts à me chahuter quand Édith prit mon parti : « Oui, et plutôt bien même, enfin disons que sa façon d'écrire est intéressante, pas comme les autres. »

L'atmosphère changea tout à coup : j'écrivais, j'étais donc peut-être des leurs. Je fus assailli de questions : d'où je venais, pourquoi, comment la chanson, l'écriture, je parlais, je répondais, je me sentais un peu plus à l'aise, puis vint le moment magique où j'expliquai que je chantais et que je faisais la manche dans les rues d'Enghien ; qu'avec mes premiers sous ainsi récoltés je m'étais payé une bicyclette d'occasion, et qu'ensuite j'avais fréquenté les bals musettes parisiens. Là, la reine de la ruche imposa le silence : je venais de prononcer des mots d'une importance capitale à ses yeux. « Tu connais le Bal à Jo, le Petit Balcon ? » Elle énumérait tous les lieux qu'elle avait fréquentés avant que sa carrière la porte vers un monde qui n'était pas le sien. Elle gardait de son passé de la rue une belle nostalgie, et regrettait de ne plus fréquenter les bistrots populaires et les bals musettes depuis fort longtemps. Soudain, elle retrouva son langage d'origine, celui de la rue :

« Alors, tu guinches le trois temps ? »

Je répondis de même :

« Je veux, oui !

— À l'endroit, à l'envers ?

— Dans une assiette !

— Ben, mon salaud, on va voir ça ! »

Elle demanda à Michel Emer et à Henri Conté de rouler le tapis, Marguerite Monnot s'installa au piano, et les valses musettes s'enchaînèrent ; puis vinrent les paso doble et encore les valses. Elle avait du souffle, la dame, elle était infatigable, et puis têtue avec ça ! Elle voulait me prouver que c'était elle qui commandait, que l'on ne s'arrêterait que lorsque la patronne l'aurait décidé. Il y eut tout à coup entre nous comme le rapport du mec et de la fille : nul ne voulait accepter la défaite, plutôt crever ! Elle s'accrochait, je forçais le pas, je la portais presque, elle ne s'avouait pas vaincue, quand enfin, le plus naturellement du monde, bien qu'à bout de souffle, elle lança d'un ton définitif : « Rien à redire, c'est un vrai. »

J'avais l'impression de recevoir mes papiers d'adoption. Juliette Achard, qui adorait le tango, me demanda si je dansais aussi le tango. Je fis signe que oui. Édith intervint : « Pas ce soir, Juliette, une autre fois. » On n'enlève pas les joujoux de la dame aussi facilement que ça !

Comme Jaubert, Roche s'était éclipsé très tôt. J'allais devoir rentrer à mon tour près de la place Pigalle, à pied, mais, cette nuit, j'avais le pas léger, d'autant qu'Édith m'avait demandé de l'appeler par son prénom et m'avait affublé d'un petit surnom tendre, à sa manière : « Tu seras mon petit génie con. » Elle m'avait donné rendez-vous le lendemain après-midi pour parler chanson. Roche était convié aussi, c'était donc du sérieux. Il y avait une seule ombre au tableau : j'étais marié et père d'un enfant. Édith n'aimait que les hommes et les femmes célibataires. Elle les voulait en exclusivité. La Mante était croyante et religieuse, mais pas partageuse, particulièrement lorsqu'il s'agissait d'amour et d'amitié.

Le lendemain, j'étais à l'heure et seul au rendez-vous, Roche, qui se couchait aux aurores, n'était pas réveillé. Je dus attendre qu'Édith se lève car c'était un oiseau de nuit. Comme elle s'endormait très tard, il lui fallait, pour récupérer et être en forme, dormir longtemps. Elle arriva enfin, en pantoufles et en chemise de nuit, ébouriffée, le nez luisant d'avoir tapissé ses narines toujours trop sèches de « vaseloche » comme elle disait :

« Ah, tu es là !

— Oui, madame.

— Appelle-moi Édith, je t'ai dit.

— Bien madame... enfin, Édith.

— Bon, j'ai décidé de vous donner une chance, nous partons en tournée avec les Compagnons de la chanson qui tiennent ma première partie, vous passerez en lever de rideau et toi, après l'entracte, tu m'annonceras.

— Je dirai quoi ?

— C'est tout simple :

> *Un seul nom*
> *Et dans ce nom*
> *Toute la chanson*
> *Édith Piaf ! !*

Tu t'en souviendras ?

— Pas de danger que j'oublie, plutôt crever. »

Et là, je fis le faux pas, celui qu'il ne fallait surtout pas faire avec elle et que je n'ai jamais reproduit par la suite, je demandai :

« Et combien serons-nous payés ? »

La lionne me foudroya du regard à m'enterrer vivant, puis, très énervée, explosa :

« Bougre de petit minable ! Il t'est offert de partir en tournée avec Édith Piaf, et tout ce que tu trouves à dire, c'est "combien ?" ! »

Je m'attendais à tout mais pas à cette tempête, je balbutiai :

« J'ai une famille à nourrir et...

— Quand on a ton âge et qu'on fait ce métier, on reste célibataire. Est-ce que je suis mariée, moi ? Bon, pour les ronds, tu verras bien.

— Merci.

— Merci oui, ou merci non ?

— Merci oui, pour moi, mais faut que je demande à mon partenaire.

— Au don Juan de coulisses ! »

Elle avait l'œil, la dame, et avait tout de suite remarqué que Pierre avait le sien rivé sur la secrétaire.
« Il est où d'ailleurs ?
— Il dort.
— S'il veut travailler avec moi, il faut qu'il apprenne à se lever de bonne heure. Bon, le train part pour Roubaix après-demain à huit heures vingt. Soyez là, j'ai horreur des gens qui prennent les trains en marche. »

Tournée à boire et à chanter

La veille du départ, pour être plus près de la gare, je décidai de dormir chez Pierre, square de Montholon, à dix minutes à pied. Le soir, comme Micheline chantait dans un cabaret, nous l'y accompagnâmes. Après son tour de chant, nous allâmes souper dans un lieu agréable, et ce n'est que vers trois heures du matin que nous rentrâmes chez Pierre.
« Pierre, réveille-toi ! Nous allons rater le train ! Pierre, réveille-toi ! Nous allons tout rater ! »
Et nous avons tout raté : quand nous sommes arrivés à la gare, le train ne nous avait pas attendus, la catastrophe, quoi ! Pour une fois que la SNCF était à l'heure, la chance était partie sur les rails, nous laissant tout penauds sur le quai. Mais je n'avais pas l'intention de la laisser passer. En 1946, la SNCF n'avait pas encore réparé toutes les lignes et tous les ponts que la Résistance avait fait sauter pendant la guerre. Les trains prenaient parfois un peu de retard çà et là. Nous avons réussi à attraper un convoi en partance pour Lille, qui, par bonheur, arriva à l'heure à destination. De là, nous avons sauté dans un tramway qui nous mena à Roubaix,

puis nous nous sommes dirigés vers la gare. Le train dans lequel se trouvaient Édith et les Compagnons avait, lui, du retard. Installés à la terrasse d'une brasserie face à la sortie de la gare, nous guettions l'arrivée du groupe.

Édith, nous a-t-on dit par la suite, avait été furieuse durant tout le voyage, jurant que jamais plus elle ne voudrait entendre parler des deux petits minables que nous étions, quand tout à coup, nous voyant attablés devant nos bières, elle éclata de son extraordinaire rire, et se joignit à nous pour trinquer. Elle nous expliqua une fois encore le déroulement du spectacle : nous entrerions donc en scène et chanterions nos quelques chansons, puis Édith entrerait à son tour pour présenter les Compagnons – je ne crois pas qu'aucune vedette de ce calibre, ni avant ni après elle, ait fait une telle chose. En effet, entrer en scène avant son heure pour présenter un groupe, c'est briser l'impact de son apparition en seconde partie. Mais Édith, elle, n'en avait cure, et cela ne changeait rien au succès qu'elle avait. Après l'entracte, c'était à mon tour de présenter Piaf. Elle s'occupait en coulisses des éclairages pour les Compagnons, et m'apprit comment assurer celui de son propre numéro.

C'est cette formule que nous répétâmes du nord de la France à la Suisse pour une tournée de deux semaines. Notre premier spectacle à Zurich fit salle comble, en revanche, à Genève comme dans les autres villes de Suisse romande, la recette fut misérable, et nous nous retrouvâmes avec des ennuis de trésorerie. Édith me dit : « Toi comme moi, on peut se démerder ; la rue, on a connu, mais les autres, va falloir les nourrir. » Rien qu'à l'idée de voir les Compagnons, ces jeunes garçons de

Le temps des avants

bonne famille, faire la manche pour gagner de quoi ne pas mourir de faim, Édith éclatait de rire.

Dès le départ, les Compagnons n'étaient pas très enclins à nous fréquenter Pierre et moi. L'intérêt que nous portions aux jupons qui passaient choquait leur éducation boy-scout. Nous étions quant à nous persuadés qu'ils étaient tous puceaux, mis à part Jean-Louis qui partageait le lit de la vedette, bien sûr. Il est vrai qu'ils n'avaient pas de temps libre à consacrer aux filles. Une fois arrivés dans une ville et les bagages déposés à l'hôtel, ils se précipitaient au théâtre pour répéter de nouveaux sketches, de nouvelles chansons. Étant donné les difficultés d'argent, nous avions droit à des chambres pour deux ou quatre personnes. Dès le départ, je me retrouvai en compagnie de Fred Mella, et une amitié commença à naître. Depuis ce jour, nous sommes restés les meilleurs amis du monde. Fred plaisait aux filles, mais il était très timide ; aussi, un soir, avec Pierre, nous décidâmes de le déniaiser en introduisant dans la chambre une charmante créature à qui il plaisait énormément. Pour le laisser seul avec elle, nous partîmes même faire la foire en ville. À notre retour, Fred avait le regard brillant, l'attitude conquérante du jeune homme sûr de lui qui vient de passer – avec succès – sa licence d'homme. D'accord, on choquait les Compagnons, mais on amusait beaucoup Édith. Nous n'étions jamais les derniers à plaisanter, à boire plus que de raison, et à trouver de jolies compagnes.

Le contrat suivant, c'était la Belgique, Bruxelles puis Liège, d'où Édith et ses neuf garçons prenaient le train pour Stockholm pour chanter au Berns. À juste titre,

Jean-Louis n'avait aucune confiance en nous : il voulait absolument qu'Édith reste sobre, ce qui était déjà difficile sans nous et impossible en notre compagnie. Elle était prête à tous les abus d'alcool, bière, vin, porto ; on l'avait sacrée grande prêtresse, et on lui vouait un culte en vidant des verres. Tout était bon pour embrouiller Jean-Louis qui cherchait à veiller au grain. Vint le soir du départ. *Alcooliquement* parlant, Édith, Pierre et moi étions à point, les lèvres lourdes, la prononciation plus lente, l'éclat de rire facile. Arrivés à la gare, Édith se pencha à mon oreille pour me demander si j'avais fait le nécessaire. Pensez donc, tout était en ordre : Pierre et moi avions visité son wagon-couchette et discrètement dissimulé des bouteilles de bière sous son oreiller, dans les poches de sa fourrure, dans le porte-bagages et sous son matelas. Le train démarra quand, soudain, je me rendis compte qu'Édith avait pris une très grande place dans mon existence. Je n'étais pas amoureux, mais pire, je me sentais dépendant d'elle. Quelques jours passèrent, et j'appris qu'il en était de même pour elle. Cela se traduisit par un télégramme simple : « Je n'aurais jamais cru que tu me manquerais autant », suivi de : « Ta petite sœur de la rue, Édith ».

Pierre et moi restâmes encore quelques jours à Liège. Heureusement, pour atténuer notre sentiment d'être orphelins, nous sympathisâmes avec une famille d'artistes de cirque, les Valente : Maria, qui présentait un numéro musical très original, son mari, son fils et sa jeune fille qui répondait au prénom de Catherine. Catherine devait avoir quinze ans à tout casser, elle aimait danser, et nous n'avons fait que ça. Je crois même lui avoir appris à danser le *jiter bug* dont j'étais à l'époque un fervent adepte.

Le temps des avants

La Miss

Après chacun de nos contrats, nous revenions à Paris. Le petit demi-sang, Seda Patricia, commençait à parloter l'arménien en même temps que le français. Micheline n'avait pas vraiment la fibre maternelle, elle aimait bien sa fille mais n'était pas mécontente de voir sa belle-sœur ou sa belle-famille en prendre soin. Avec elle, je passais beaucoup de temps chez Pierre Roche, dont l'appartement ne désemplissait pas, et dont le téléphone sonnait de plus en plus souvent pour des demandes de chansons. Raoul Breton nous accordait une avance de trois mille francs pour chacun des titres que nous lui présentions. Alors, pensez, on en livrait deux ou trois par semaine, qu'il proposait aux orchestres dont celui de Jacques Hélian par exemple, ou à des interprètes sous contrat avec une maison de disques. Un jour, j'écrivis un texte qui portait le titre : *Trois Filles à marier*. Nous avions un besoin urgent d'argent. Raoul trouva la chanson trop courte ; je me précipitai chez Pierre et la chanson devint : *Quatre Filles à marier*. Trop courte encore ! À la vitesse grand V, on obtint : *Cinq Filles à marier*. Ouf ! Nous aurions terminé la semaine sans un sou.

> *Je n'ai qu'un sou*
> *Rien qu'un petit sou*
> *Un petit sou rond*
> *Tout rond*
> *Percé d'un trou*
> *La belle affaire*
> *Que peut-on faire*
> *D'un sou, d'un sou*

Un jour, quel jour ? Un jour comme tous les autres jours, le téléphone sonna. Une voix féminine un peu éraillée, un accent traînant très faubourien : « Ici Mistinguett, j'aimerais que vous passiez chez moi pour parler chansons. » Nos camarades imitateurs s'amusaient souvent à prendre la voix de quelqu'un de connu au téléphone pour nous faire des plaisanteries. Je pris le combiné : « Arrête tes conneries ! » Elle insista, et Roche me demanda : « Qui est-ce ? » Je répondis sans mettre la main sur le téléphone : « Une idiote qui veut nous faire marcher. » Pierre prit l'appareil : c'était bien la Miss !

On la retrouva le lendemain chez elle, boulevard des Capucines, dans un grand appartement au-dessus de l'Olympia. Après qu'elle nous eut précisé ce qu'elle attendait de nous, elle ouvrit une immense armoire normande bourrée de disques : « Voilà, vous puisez làdedans, et vous me faites une chanson dans le même genre. » Ce n'était pas notre manière de voir. Alors Pierre s'installa au piano et je me mis à lui chanter une chanson que nous avions composée, *Bal du faubourg*, dont le refrain était en mode mineur et le couplet en mode majeur. Après avoir écouté, elle nous dit : « C'est très bien, mais il faut que toute la chanson soit en majeur, car, nous dit-elle en soulignant du geste ce qu'elle voulait nous faire comprendre, le mineur, ça fait tomber les joues tandis que le majeur, ça les remonte. »

C'était quelqu'un, la Miss, un personnage haut en couleur. Elle faisait partie des monstres sacrés, des artistes populaires adulés du public, avec de gros défauts et d'énormes qualités. C'était une femme comme on n'en trouve plus dans notre métier, monstre de travail, monstre de talent, un monstrueux charisme... Un soir,

Le temps des avants

elle nous invita à dîner chez elle avec quelques-uns de ses amis. Chacun devait apporter quelque chose. Nous, on se cassa d'un gigot, denrée chère compte tenu de nos moyens, d'autres avaient apporté le vin, le fromage... Au moment du plat de résistance, elle annonça tout haut : « Je n'ai pas fait cuire la viande, c'est trop lourd le soir avant d'aller dormir. » Les autres, qui connaissaient le sens de l'économie de la vedette, pour ne pas dire son avarice, nous regardèrent l'air goguenard.

De même, de temps en temps, il fallait monter au grenier où elle passait en revue tous les costumes qu'elle avait portés dans ses spectacles et qu'elle avait gardés depuis ses débuts. Une fois, deux fois, ça va, mais par la suite, on laissait les autres monter et passer des heures dans la poussière. Elle avait aussi pour habitude de faire semblant de ne jamais se souvenir du nom des autres vedettes, elle disait par exemple : « Comment s'appelle-t-elle déjà, cette jeune chanteuse qui a une si grande et belle voix mais qui n'est pas belle... Pi pi pi... » Quelqu'un disait : « Piaf. » « Oui oui, c'est ça, Piaf », répétait-elle ; ou alors : « Ne venez pas demain, je vais à l'ABC pour la rentrée du petit. » Le petit, c'était tout simplement Maurice Chevalier. Elle ne ratait jamais les rentrées de Maurice ou d'Édith, mais pour cette dernière, ça lui aurait écorché la bouche de prononcer son nom.

De boîtes en boîtes...

Entre vaches maigres et vaches grasses, il y avait les galères, les boîtes où l'on se mettait à chanter quand les clients se pointaient, souvent déjà bourrés et bruyants, entre minuit et cinq heures du matin ; nous attendions affalés sur les banquettes vides, somnolant, bâillant, que le client, je devrais dire le gogo, se présente à l'entrée. Le portier appuyait alors sur un bouton de sonnette dissimulé, une sonnerie retentissait dans l'établissement, et la Belle au bois dormant reprenait vie, l'orchestre attaquait un morceau entraînant, les employés se mettaient au garde-à-vous, les artistes affichaient un sourire niais, tandis que les entraîneuses se faisaient plus aguichantes et tendres que jamais. Allumeuses en diable pour mieux accueillir, ou plutôt cueillir le client ! Une fausse folle gaieté s'emparait du club, et pour mieux retenir le quidam et les siens, on envoyait le *floor show* se prostituer sur la piste de danse, souvent pour quatre ou six personnes seulement, plus intéressées par les cuisses et les fesses que les rimes et les notes. Il y régnait ainsi une ambiance hésitante, entre petit bal minable et salon funéraire, les folles nuits, quoi.

De telles boîtes, nous en avons connu quelques-unes ! Pourquoi acceptions-nous de nous y produire ? Simplement parce que l'agent qui nous proposait le contrat nous assurait, moyennant commission, que nous allions travailler dans un établissement de première classe – première classe, mon œil ! Et par-dessus le marché, nous apprenions en arrivant sur les lieux que nous devions rester dans l'établissement de vingt-deux heures à cinq heures du matin, sans avoir le droit d'adresser un mot aux artistes entraîneuses. Encore heureux de n'être pas astreints à consommer, avec pour bonus le pourcentage sur le bouchon ! La pire boîte que nous ayons connue fut celle d'Anvers, le Casbah ou Alger, je ne m'en souviens plus, mais comme galère, on ne pouvait espérer mieux. Par la suite, nous avons souvent travaillé dans des boîtes de nuit, tout en veillant à ce que notre contrat

Le temps des avants

ne stipule pas que nous devions faire acte de présence, comme des entraîneuses, de dix heures du soir à l'heure de la fermeture. Enfin, après cette expérience, bref retour à Paris avant mon premier contrat à Marseille.

Notre unique engagement marseillais consistait à présenter notre numéro au théâtre des Variétés, dans une revue de Ded Rysel qui avait réussi, sans notre participation, à tenir cinq cents représentations à Paris. Le premier soir, un spectateur qui n'avait pas détesté le spectacle vint nous féliciter en ajoutant tristement avec un accent du cru : « Ah, c'est fin, c'est vraiment très fin ! » Ce que nous traduisîmes sans accent par : « Alors, ça va pas marcher. » De fait, on ne tint pas la semaine car la recette justement était fine, vraiment très fine.

Coucou nous voilà !

Édith partie pour les États-Unis, Pierre et moi voulions lui faire la surprise de débarquer à New York sans crier gare, et de nous installer au premier rang du Versailles pour voir la tête qu'elle ferait en nous découvrant. Mais cela s'est passé tout autrement.

Lors de ce deuxième voyage, Édith devait se produire une nouvelle fois au Versailles. C'était la grande année où Cerdan devait combattre contre Tony Zale, le tenant du titre dans sa catégorie. Nous avons comme il se doit fêté ce départ, quand, entre deux verres, elle me lança : « Dommage que tu ne viennes pas avec nous. » Je répondis du tac au tac : « Impossible n'est pas français et encore moins franco-arménien. » « Chiche ! », dit-elle. Le lendemain de son départ, je me rendis dans le bureau de Raoul Breton avec deux chansons que Pierre et moi venions d'écrire, dont *C'est un gars* qu'Édith devait enregistrer à son retour à Paris. « Combien ? », demanda-t-il. J'avais bien fait mes comptes : deux allers pour New York, quelques dollars, le temps de voir venir avant de trouver du travail, nous ne doutions franchement de rien : cent quatre-vingt mille francs – anciens bien sûr. Raoul se mit à tousser – il toussait toujours quand on lui demandait une avance : « Cent quatre-vingt mille francs d'avance, c'est une somme importante ! Je n'accorde jamais plus de deux ou trois mille francs par chanson, et ceci aux auteurs les plus connus. » « Oui, mais c'est pour aller retrouver Édith, enfin si vous ne pouvez pas, on peut aller chez Beuscher ! » Pas question pour Raoul de laisser partir chez un concurrent des auteurs qu'il considérait comme siens. C'est donc à regret qu'il nous accorda cette avance. Une fois nos valises bouclées, j'allai au carreau du Temple acheter une paire de chaussures en python et à la banque changer nos francs contre des dollars : j'étais fin prêt à prendre l'Amérique à bras-le-corps.

LA CHARRETTE DU PÈRE

Nous voilà donc partis pour les Amériques – c'est mieux dit de cette manière. À nous Broadway, le jazz, les comédies musicales, lieux que nous ne connaissions qu'à travers les films américains, et peut-être même Hollywood – tu parles, Charles ! nous ne doutions de rien. Il est vrai que nous étions jeunes et insouciants, pour ne pas dire inconscients. Je fis un petit calcul mental : mes parents étaient arrivés en France afin de s'embarquer pour l'Amérique en septembre 1923, nous étions en septembre 1948, donc vingt-cinq ans plus tard, presque jour pour jour, j'étais en partance pour cette terre promise. Non plus comme émigrant mais comme touriste, pas à fond de cale d'un quelconque rafiot minable et délabré mais en avion – excuscz du peu –, et pas totalement à l'aventure puisque Édith devait nous accueillir à l'arrivée. Un problème se posait pourtant : comment les miens allaient-ils survivre le temps que je trouve du travail et leur fasse parvenir de l'argent ? Mon père pensait prendre une petite échoppe à Saint-Ouen au marché aux puces. Il était persuadé que tout se passerait bien d'autant que le père de Micheline, qui tenait déjà une boutique rue des Rosiers, pourrait être de bon conseil.

Ce qui fut dit... Nous choisîmes le marché Malik. À partir de ce jour, mon père commença à fréquenter la salle des ventes de la rue Drouot pour mettre la main sur des tas de choses hétéroclites à bon prix, qui se vendaient au panier. On y trouvait de tout, vaisselle, draps, lampes, que sais-je, de tout, quoi ! Quand il avait fait le plein de marchandise, il louait une charrette et, harnaché comme un mulet, il partait de la rue Drouot pour rejoindre les Puces, soufflant, suant, peinant mais toujours déterminé. Il fallait la tirer, cette putain de charrette pleine, il fallait la monter, la butte Montmartre, et la redescendre en freinant de toutes ses forces. Je l'aidais de mon mieux en poussant à l'arrière, mais j'avais mal pour lui à l'idée que, lorsque je serais parti, il lui faudrait la tirer seul. Mais qu'est-ce qu'on ne ferait pas pour subvenir aux besoins d'une famille et élever ses enfants. Abandonnant tout orgueil, on passait de la scène à la rue, des ors au terrible quotidien, enfouissant au fond de notre cœur et de notre misère les espoirs et les rêves de jeunesse faits dans ces pays dont on parlait la langue, où l'on avait des voisins, des cousins, des amis aujourd'hui disparus ou dispersés de par le monde, les souvenirs des jours tristes ou heureux. L'image de mon père et de la charrette, je ne l'ai jamais oubliée ; elle me fait encore mal lorsque j'y pense. Mais mon père, lui, sa charrette, il la tirait naturellement, avec optimisme ; il savait que l'on s'en sortirait, et on s'en est sorti.

J'allai donc acheter les billets pour notre voyage, mais voilà, tous les vols directs étaient complets. On nous proposa deux places pour Amsterdam d'où nous pourrions, nous dit-on, trouver des sièges libres sur KLM pour la suite de notre périple. Nous voilà partis pour Amsterdam où nous pensions obtenir immédiatement une correspondance pour New York. Hélas, nous arrivâmes en pleine époque du couronnement de la reine Juliana : pas de places libres avant longtemps. La compagnie nous installa dans un hôtel en ville ; un jour, deux jours, nos dollars commençaient à fondre. Chaque jour, nous nous rendions à l'aéroport de Schiphol avec armes et bagages, dans l'espoir de voler enfin. Entre-temps, je proposai à Roche d'aller voir sa famille au château : il m'avait affirmé en effet être par sa mère – une Châtillon de Coligny – un lointain, très lointain petit cousin de la famille royale d'Orange. Imperturbable, il me rétorqua : « Tu n'y penses pas, un jour comme aujourd'hui ! » La ville était en liesse, toute la Hollande semblait s'y être donné rendez-vous. Dans cette joie immense, je devais être le seul à faire la tronche. Enfin, on nous trouva deux places pour l'Amérique, et, après une quinzaine d'heures de vol plus une escale à Gander, j'aperçus par le hublot la statue de la Liberté. Comme Rastignac, je ne pus m'empêcher de dire triomphalement : « Amérique, à nous trois ! »

Au poste d'immigration, on nous regarda avec suspicion. Ils sont fous, ces Français ! Le temps des hippies n'était pas encore venu, la jeunesse ne voyageait pas encore comme elle le fera des années plus tard. Qu'est-ce que c'était que ces deux énergumènes farfelus débarquant aux USA sans argent et surtout sans visa ni billet de retour ? On avait tout simplement oublié que, pour visiter ce pays, il fallait un visa ou un contrat de travail, et nous ne possédions ni l'un ni l'autre. Nous étions devant les autorités de l'aéroport, ne comprenant rien à ce que ces fonctionnaires nous demandaient. Je dis à Pierre : « Toi qui as fait de l'anglais au collège, tu ne pourrais pas me dire ce qu'ils racontent ? » Sans se départir de son flegme, Pierre rétorqua : « Ils ne parlent pas anglais mais américain, et, ça, on ne l'a pas appris en classe. » Moi, j'ignorais qu'il existait une différence. Finalement, on nous trouva une interprète.

« Vous ne saviez pas qu'il fallait un visa pour entrer aux États-Unis ?

— Si nous l'avions su, nous aurions fait les démarches nécessaires.

— Vous avez un billet de retour ?

— Non.

— Pourquoi êtes-vous ici ?

— Sommes venus rejoindre Édith Piaf. »

Elle n'avait pas l'air de connaître Édith, nouvellement venue en Amérique.

« Où est-elle ?

— À New York.

— C'est grand, New York, elle a bien une adresse ?

— Nous ne savons pas, mais nous connaissons le nom de son imprésario, M. Fisher. »

Dans le *telephon book*, les Fisher étaient fichés par dizaines. Notre traductrice, qui faisait partie des autorités douanières de l'aéroport, fit tout ce qui était en son pouvoir pour nous être agréable. Enfin, elle trouva le bon Fisher, qui lui apprit que Mme Piaf se produisait ces jours-ci au Canada, et qu'elle ne pouvait rien pour nous avant son retour. Nous restâmes dans les locaux de la douane quelques heures ; plus personne ne se souciait de nous, quand un grand colosse noir nous fit signe de le suivre et nous pria de monter dans une longue limousine sombre, qui ressemblait à un fourgon mortuaire. Nous avons cru un moment qu'on allait nous traiter en VIP. Que nenni ! Je remarquai, une fois dans la voiture, qu'elle ne possédait pas de poignées intérieures. Nous étions comme dans les films de gangsters, enfermés, piégés, prisonniers. Après avoir roulé une bonne demi-heure – nous contemplions avec tristesse les lointaines lumières de New York –, la voiture s'engagea sur un ferry. La statue de la Liberté était devant nous, nous la dépassâmes pour arriver à Ellis Island, l'île où l'on parquait les clandestins venus de partout, dans une longue pièce où dormaient une quarantaine de personnes. On nous désigna deux lits en fer, et nous nous endormîmes malgré le concert de ronflements sonores de nos codétenus. Au réveil, je me trouvais dans une véritable tour de Babel : ça parlait toutes les langues en dehors de l'anglais, yiddish, polonais, italien, grec, certains vivaient là depuis des mois et s'accommodaient de leur situation, préférant attendre très longtemps s'il le fallait pour être finalement admis à résider aux États-Unis plutôt que d'être renvoyés dans leur pays d'origine et retrouver la misère. Pas de cellule, des lits corrects, des douches, une alimentation saine et abondante que l'on allait chercher à la queue leu leu en portant un plateau, des gardes indifférents, pas brutaux. Le pactole, quoi ! On passait la journée à se tourner les pouces, lorsque Pierre découvrit dans un coin un vieux piano fermé à clef. Nous demandâmes s'il ne nous était pas possible de nous en servir. Qu'à cela ne tienne, ça ne posait aucun problème. À peine le couvercle ouvert, des cafards en sortirent en rangs serrés. Pierre jouait, nous chantions. Un petit public se rassembla peu à peu, et certains, venus d'Europe, commençaient à nous parler français. Le troisième jour, nous fûmes convoqués et conduits dans le même genre de limousine jusqu'à New York pour y être entendus par un juge assisté d'une interprète. Et tout recommença : « Pourquoi êtes-vous ici ? Avez-vous l'intention d'attenter à la vie du Président – comme si, s'il m'en était venu l'intention, j'aurais été assez stupide pour le leur dire. Appartenez-vous à un parti politique ? Quel est votre métier ?

— Nous écrivons des chansons. »

À l'époque, Pierre Grimblat nous avait engagés, Pierre et moi ainsi qu'un jeune comique inconnu et répondant au nom de Bourvil, pour chanter dans des émissions radiophoniques dont il était le producteur. Grimblat et moi avions, pour notre seul plaisir, traduit les chansons d'une comédie musicale américaine qui faisait grand bruit à New York, *Finian's Rainbow*. Le juge me demanda de lui en chanter quelques mesures, ce que je fis avec plaisir. Le sourire aux lèvres, il nous accorda un permis de séjour de trois mois avec obligation de venir le faire prolonger régulièrement jusqu'au jour où nous aurions trouvé du travail. Preuve fut ainsi faite que la musique adoucit non seulement les mœurs mais aussi les juges. Nous retournâmes à Ellis Island récupérer nos valises avant de quitter l'île sous les encouragements chaleureux et les applaudissements des autres « prisonniers ». Un taxi, dont les amortisseurs avaient rendu l'âme, nous laissa à Times Square avec armes et bagages. Wouah ! C'était beaucoup mieux qu'au cinéma, ça brillait de partout, il y avait des odeurs de sucre comme à Luna Park. Un immense panneau publicitaire de quatre étages de hauteur représentait une gigantesque tête d'homme fumant et rejetant sa fumée. La place fourmillait de vendeurs ambulants qui proposaient des hot dogs, des chapeaux de cow-boy et des képis de soldats de la guerre de Sécession ; une grande machine Coca-Cola attira notre attention : pour cinq *cents*, vous pouviez obtenir automatiquement la boisson fraîche – genre de machine que nous ne possédions pas encore en Europe ; des théâtres et des cinémas entouraient la place, à l'affiche desquels on trouvait ici Nat « King » Cole, là Artie Shaw et son orchestre et surtout des films cinq fois par jour... On en prenait plein les yeux et les oreilles car des haut-parleurs, devant les magasins de musique, diffusaient non-stop les derniers succès du hit-parade.

Nous entrâmes dans un petit hôtel de la 44e rue, le Langwell, où nous louâmes chacun une chambre pour la modique somme de sept dollars par semaine, que bien sûr nous possédions tout juste. Un Français s'approcha de nous : il se nommait Lucien Jarraud, était acrobate et avait monté avec son partenaire un numéro : « les Crick and Croc ». Il vint à notre secours, le gérant de l'hôtel ne parlant pas notre langue. Lucien parvint à convaincre l'homme de nous faire crédit jusqu'à ce que nous trouvions du travail. L'hôtel était majoritairement occupé par des Européens, tous dans le show business, qui payaient avec plus ou moins de retard, mais sans exception, leurs notes ; le gérant accepta de nous faire confiance. Ça n'était pas un palace : c'était bruyant, les murs étaient d'un rose pisseux, plusieurs couches de peinture superposées, agglutinées faisaient des cloques sur les murs, le lavabo était plus gris que blanc, le lit complètement défoncé, mais qu'importait, on était à New York, ce dont on avait rêvé pendant toutes les années d'Occupation. C'était le pays où le spectacle était roi, où vivaient tous les artistes que nous admirions et que nous admirons encore. Nous nourrissions l'espoir d'y faire notre trou ; une nouvelle vie commençait, s'annonçait belle, l'avenir nous souriait, nous étions jeunes et pleins d'espoir, bientôt nous dormirions dans des palaces. Nous ne doutions franchement de rien : que pouvait-on demander de mieux ? Il ne nous restait que quelques dollars, mais nous avions la foi. Le soir même, nous les dépensâmes en partie pour acheter deux places dans un cinéma de Broadway qui présentait, avant le film l'orchestre d'Artie Shaw. Nous fîmes ensuite une orgie de hot dogs sur Times Square, avant de nous écrouler de fatigue.

Le lendemain, nous fonçâmes vers le Carnegie Hall pour écouter un concert magistral de jazz avec Stan Kenton et son orchestre, sa chanteuse June Christie, l'étonnant trompettiste Maynard Fergusson, sur les arrangements de Pete Rugolo. Un autre soir où nous allions voir les Rockettes au Radio City Music Hall, une jeune femme en tenue d'infirmière s'approcha de moi dans le hall du cinéma, tandis que Pierre achetait les tickets d'entrée. Grand seigneur, je sortis un dollar de ma poche, pensant qu'elle faisait la quête pour une œuvre de bienfaisance. Elle me parla – je ne comprenais bien sûr pas un mot –, refusa mon dollar en m'entraînant vers d'autres personnes vêtues de blanc, puis releva ma manche et me ponctionna une bonne pinte de sang avant même que j'aie pu dire ouf. Je venais apparemment d'accepter de donner mon sang – pour je ne sais quelle cause ! Un peu groggy, je pris tout de même un extrême plaisir au spectacle. En sortant, un homme m'aborda et, montrant mes chaussures en python, me demanda : « *How much ?* » Il voulait les acheter. Elles étaient toutes neuves et faisaient beaucoup d'effet. Après avoir longuement marchandé, j'en obtins cinquante dollars. Nous allâmes à l'hôtel qui ne se trouvait pas très loin, et je changeai de chaussures. Il repartit ravi, et moi plus riche de cinquante billets verts. Grâce à cette somme, pendant trois ou quatre jours, Pierre et moi nous prîmes pour des millionnaires, avant de nous retrouver avec les finances à zéro. Heureusement, nos amis français de l'hôtel nous conviaient à des réceptions aux buffets bien garnis et où les boissons ne manquaient pas ; Lucien et moi en profitions largement.

Lors d'une de ces soirées, Roche disparut ; nous le cherchâmes en vain un jour, deux jours... Ce n'était pas tant que l'on s'inquiétait pour sa personne, mais c'était lui notre trésorier, et tout ce qui nous restait se trouvait au fond de sa poche. Nous étions inquiets, mais on se doutait bien de ce qui pouvait retenir notre aristocrate. Après avoir épuisé nos maigres ressources, que nous avions reconstituées en rendant les bouteilles vides de Coca-Cola à la consigne – ce qui nous permit d'aller chez Martin boire une bière à dix cents et puiser dans les petits hors-d'œuvre que l'on proposait avec, c'est-à-dire des petits carrés de fromage et de bretzels –, il ne nous restait plus qu'à attendre en écoutant les gargouillis de nos estomacs. Enfin, la sonnerie du téléphone retentit : « Tu te fous de nous ! Où es-tu ? Que fais-tu ? » « Vous verrez, venez me rejoindre ! » Il nous donna une adresse vers la 70ᵉ rue. Tu parles ! À pied, ça faisait une trotte, mais, si la faim peut déplacer des montagnes, elle peut faire courir deux crevards même fatigués. Nous arrivâmes dans un somptueux appartement où notre Pierre nous reçut en robe de chambre de soie, nous présenta sa belle et riche compagne et nous ouvrit la porte du réfrigérateur bourré à craquer. Les morfals ne se firent pas prier pour se précipiter sur la nourriture, puis pour se vautrer dans les profonds et moelleux canapés, avant de s'endormir comme des malotrus.

Enfin, Édith revint du Canada. Nous allâmes immédiatement à sa rencontre. Elle était très surprise : « Qu'est-ce que vous fichez ici ? » « On est venus vous retrouver, pari tenu ! » Ça la fit un peu rire mais pas trop. Enfin, elle se radoucit et nous dit : « Bon, on va essayer de vous trouver de l'argent. »

En attendant de trouver un contrat, mon Assimil en main, je mis au point le dialogue que j'imaginais avoir avec le grand éditeur dont nous avait parlé Raoul Breton. C'est ainsi que nous nous présentâmes chez Lou Levi. Nous fûmes reçus par une charmante secrétaire qui nous introduisit dans le bureau de Lou. La conversation s'annonça chaotique, je répondais à l'aveuglette à ses questions jusqu'au moment où il me demanda : « *And how about the* Marquise *?* » À l'époque, je ne savais pas que Raoul avait surnommé son épouse la Marquise, j'imaginais qu'il voulait parler de la chanson *Tout va très bien, madame la marquise*, et je lui dis : « *She is dead* ». Il me regarda, interdit : « *Dead ?* » « *Yes, dead.* » À partir de ce moment, je commençai à m'embrouiller et ne pus prononcer un mot intelligible de plus. Il fit alors venir son bras droit, Sal Chiantia, qui, Dieu merci, parlait le français, et découvrit le quiproquo. Lou nous prit immédiatement en sympathie, et, après les avoir écoutées, nous acheta deux chansons avec une très belle avance en beaux billets vert espérance.

Le temps des avants

Parapluie de Suzanne

> *Les pépins tristes compagnons*
> *Comme d'immenses champignons*
> *Sortent un par un des maisons*
> *Il pleut*
> *Et toute la ville est mouillée*
> *Les maisons se sont enrhumées*
> *Les gouttières ont la goutte au nez*
> *Il pleut*

Les Compagnons de la chanson ont interprété cette chanson que Pierre et moi avions écrite, et, coïncidence, c'est sur une histoire de parapluie que j'ai fait la connaissance de Suzanne Avon, celle qui devait devenir l'épouse – nous ne le savions pas encore – de Fred Mella. Ils sont aujourd'hui, et depuis plus de cinquante ans, mes amis les plus chers.

Je frappai à la porte de la chambre de Fred. Il ouvrit : une silhouette furtive se cacha précipitamment dans la salle de bains. Mais, comme je l'avais entr'aperçue, elle revint dans la chambre, un peu gênée, car elle était venue de son Montréal natal à New York rejoindre son Fred à l'insu de sa famille et de tous. Comme nous partions pour Montréal, Suzanne avait peur que je dévoile leur secret. Vous pensez, moi, je suis une tombe, surtout quand il s'agit d'histoire d'amour ! Par exemple, je ne pose jamais à quelqu'un du métier des questions du type : « Comment va ta femme ou ton mari ? » Tout va si vite chez nous, vous savez. Il m'est tout de même arrivé de demander à un septuagénaire triomphant au bras d'une jolie nymphette : « Ta fille ? » La gaffe, c'était sa nouvelle fiancée ! Suzanne repartie pour Montréal,

Charles Aznavour

Fred s'aperçut qu'elle avait oublié son parapluie et me pria de le lui porter, ce que j'acceptai avec empressement. Fort heureusement, lorsque je lui rendis son parapluie le soir même de notre première à Montréal, il pleuvait à verse. C'était comme si je lui prêtais mon parapluie, les apparences étaient sauves.

LES NEIGES D'ANTAN

Des lacs, des plaines
Des montagnes, des bois
Mes souvenirs m'entraînent...

Roche et moi étions arrivés à Montréal recommandés par Édith Piaf, moitié parce qu'elle pensait que nous avions du talent et que notre numéro y serait apprécié, moitié pour se débarrasser de nous et se consacrer en toute liberté à Marcel Cerdan, son grand amour du moment.

Marcel

Édith était plutôt du genre à vivre cloîtrée. Ça n'était pas parce qu'elle n'aimait pas la foule, mais disons qu'elle n'aimait pas trop sortir. Elle ne sortait pas de son capharnaüm habituel, ou de celui qu'elle se créait en tournée. C'était loin d'être une sportive, la marche, la natation, le ski ne faisaient pas partie de son univers. Marcel Cerdan, lui, était tout le contraire. Il aimait faire du footing, prendre l'air, et préférait la compagnie et les conversations d'hommes. Il acceptait gentiment de lire les livres que son pygmalion d'Édith lui recommandait, d'écouter sur ses conseils des disques, mais ce n'était pas sa tasse de thé. Lorsqu'il avait besoin d'un grand bol d'air, de s'échapper des coulisses d'un théâtre ou des salons feutrés de la vedette, où l'on ne parlait pour ainsi dire que de musique, il venait parfois passer un moment avec nous « Roche & Aznavour », et Fred Mella. Un jour où nous étions à l'hôtel Langwell dans la 44e rue à New York, allez donc savoir pourquoi, Fred et moi avons enfilé les gants pour tenter notre chance contre le grand Marcel. Il riait de nous voir nous débattre comme des petits diables à essayer de le toucher du bout des gants ; lui n'avait qu'à tendre le poing pour nous tenir à distance. N'ayant pas réussi à vaincre – je devrais dire à frôler le champion du monde –, nous avons entamé un match Fred Mella contre Charles Aznavour dans la chambre d'hôtel qui nous servait de ring. Ça n'a pas été bien loin : j'ai donné malencontreusement un coup sur la tempe de Fred, qui lui a détérioré le tympan, le rendant momentanément sourd. Dieu merci, quelques jours plus tard, il recouvrait l'ouïe. J'aurais beaucoup regretté de priver les Compagnons de la chanson et surtout le public du talent de mon ami Fred. D'un commun accord, nous avons dès lors décidé de nous en tenir à ce que nous savions faire le mieux : chanter.

Nous débarquâmes donc à Dorval, un aéroport flambant neuf. C'était en 1948. J'aurais su apprécier, à la descente de l'avion, une flambée de cheminée, saisis que nous étions par un froid auquel nous n'étions pas accoutumés, un froid à vous glacer toutes les parties du corps, à vous faire reprendre l'avion pour repartir immédiatement vers un endroit plus chaud, n'importe où sur la planète. Mais déjà, au poste d'immigration, nous commençâmes à nous réchauffer. *Primo* les Canadiens savent très bien chauffer leurs locaux, *secundo*, l'accueil à notre arrivée fut très chaleureux : « Vous êtes français, de Paris ? » Oui, justement, nous étions les deux – j'insiste là-dessus car tout Français, même venant du fin fond de sa campagne, sans avoir jamais mis un pied dans la capitale, se prétendait de Paris, ce qui lui donnait une meilleure image. Nous fûmes immédiatement pris en charge par Roy Cooper, l'imprésario avec lequel nous allions travailler durant notre séjour canadien et les propriétaires du Quartier latin, M. et Mme Longtin, qui furent, m'a-t-on dit, chanteurs lyriques avant d'ouvrir cette boîte dans l'ouest de Montréal, en plein quartier anglais. La voiture était chauffée – le rêve ! Pensez qu'en France le chauffage dans les voitures était encore considéré comme un grand luxe. On nous mena à nos chambres dans un *tourist room* au coin de Sherbrooke et de Mountain Street, à deux pas du lieu où nous devions nous produire pendant quinze jours, à raison de deux spectacles par soir. Ces deux semaines se transformèrent d'ailleurs en quatre le soir de notre premier show car la salle était comble : le Tout-Montréal était présent pour écouter les protégés de Piaf. Le nom magique garantissait le savoir-faire. Il y avait là des chanteurs d'expression française, des auteurs, des poètes, des gens de radio, la presse bien sûr, et – ce qui nous enchantait –, un vivier de jeunes femmes plus jolies les unes que les autres. Notre tour de chant mêlait des chansons tendres et des chansons très rythmées, ce qui était nouveau en France mais monnaie courante au « Canada ». On ne faisait pas encore en France la différence entre Canada et Québec, de Gaulle n'avait pas encore lancé son « Vive le Québec libre ! ». Après les cinquante-cinq minutes que dura notre tour de chant, le public était encore plus chaleureux, l'atmosphère survoltée ; c'était la première fois que des artistes français chantaient autre chose que la chanson traditionnelle importée par André Dassari ou Georges Guétary, alors que nous étions plus proches de Charles Trénet et de certains Américains. Nous eûmes beaucoup de mal à quitter la scène tant les applaudissements étaient denses et enthousiastes. J'étais en eaux, ma chemise ressemblait à une serpillière. Après le premier show, on nous voulait à toutes les tables : en une soirée, nous fîmes connaissance avec tout le gratin du monde artistique francophone du pays. Nous n'avions jamais connu un tel succès de notre vie. Le lendemain, en fin de matinée, petite conférence de presse. Quand je dis petite, toute la presse francophone était présente. C'était la première fois que ça nous arrivait ; il ne fallait pas se montrer impressionnés mais répondre à des dizaines de questions, sur nous, sur la France, sur Piaf... Celle qui nous surprit le plus fut : « Qu'est-ce que vous pensez du Canada ? » Oh oh ! les gars, attendez, on vient à peine d'arriver, laissez-nous voir avant de juger. Au début, nous faisions souvent répéter les questions ; l'accent, auquel nous n'étions pas habitués, nous surprenait. Mais rapidement, il nous devint familier, et nous avons fini par lui trouver un très grand charme.

Le lendemain, nous avons été pris en charge par la famille Deyglun. Le père, originaire de France, était un auteur connu et reconnu, la mère, Janine Sutto, une comédienne célèbre, et les enfants, des jeunes gens charmants. Des amitiés se nouèrent, et, petit à petit, les Deyglun nous introduisirent dans l'establishment de Montréal. Nous y rencontrâmes de jeunes beautés qui renforcèrent notre attachement à ce pays. Notre réputation de joyeux cavaleurs ne tarda pas à se répandre dans Montréal, à telle enseigne que Suzanne Avon, un peu bégueule à cette époque, refusait d'admettre, lorsqu'on la questionnait à notre sujet, qu'elle nous connaissait, craignant que cela nuise à sa réputation.

Notre spectacle avait fait parler de nous auprès des propriétaires de boîtes de l'est de la ville – les quartiers francophones –, parmi lesquels on comptait des interdits de séjour en France recyclés dans l'exploitation de clubs, avec en seconde main d'autres activités moins recommandables. Certains, nostalgiques, avaient ouvert des bals musettes. Ils faisaient venir de France des accordéonistes célèbres comme Fredo Gardoni ou Émile Prud'homme. Parmi ces propriétaires donc, il y avait les frères Martin : Marius, qui possédait La Ceinture fléchée sur la rue Sainte-Catherine, et Edmond, qui tenait, en compagnie de son frère et de Vic Cotroni, le Faisan doré sur la rue Saint-Laurent. Ces personnages, au demeurant fort sympathiques, n'étaient pas exactement, bien que catholiques, des enfants de chœur, loin de là. Un soir, Edmond, le plus artiste « de la gang », se pointa au Quartier latin pour voir ce qu'il pouvait tirer de ces deux énergumènes. Immédiatement, il nous proposa un contrat longue durée dans sa boîte, où il voulait nous voir débuter trois semaines et demie plus tard. Nous voulions avant tout visiter l'établissement. Rendez-vous fut pris pour le lendemain où, après un plantureux déjeuner chez Edmond, nous partîmes en reconnaissance : une sorte de hangar en forme de dancing, au premier étage une salle dénuée de charme, sans goût, d'immenses fresques d'une laideur inimaginable accrochées aux murs, représentant des têtes de forçats aux mines patibulaires, des Chéri-Bibi par dizaines, et au milieu une immense piste de danse entourée de cordons de velours, comme un long ring de boxe. L'endroit ressemblait plus à un bouge qu'à un cabaret. Quand je dis à Edmond qu'il nous était impossible de nous produire sur cette scène, qui n'en était pas une, ses sourcils se levèrent en accents circonflexes, d'autant qu'il avait doublé la somme que nous touchions au Quartier latin. « Réfléchissez, nous conseilla-t-il, vous aurez sept cents personnes devant vous à chaque spectacle, alors que, là où vous jouez en ce moment, la salle en accueille au maximum deux cent cinquante. » Ce n'était pas exactement un argument pour nous qui privilégiions toujours l'aspect artistique avant les questions d'argent ; quoique, vu le cachet qu'il nous proposait... « Que vous faut-il, alors ? » Je lui expliquai, car Roche était déjà en train de s'entretenir plus loin avec une charmante créature qui travaillait au bar, qu'il fallait couper la piste en deux, accrocher un rideau circulaire pour dissimuler le fond de cet espace inutile et immense, et créer ainsi un semblant d'intimité. À cela, il devait ajouter un rideau d'avant-scène, deux projecteurs avec des couleurs, indispensables pour l'ambiance des chansons, et aussi deux *spots poursuites* pour mieux éclairer les artistes. Tout cet attirail profiterait aussi aux autres puisqu'il y avait au programme les artistes québécois les plus populaires, tels que Jacques Normand, Lise Roy, Gilles Pellerin, auxquels par la suite se joignirent Monique Leyrac, Jean Rafa, un amuseur venu de Paris, et plus tard encore Fernand Gignac qui devait avoir quinze ans au plus.

Le temps des avants

Compte tenu de ces aménagements, nous ne pouvions pas débuter à la date proposée, mais seulement plus tard, quand les travaux auraient été effectués. Et puis, par-dessus le marché, nous avions un contrat pour le Café Society Down Town à New York. Si Edmond Martin acceptait toutes ces conditions, c'est qu'il était homme de décision : il se révéla être cet homme, donna son accord et différa la date d'ouverture.

AU VILLAGE SANS PRÉTENTION

Les quelques semaines que nous avons passées à New York nous avaient permis de rencontrer tous les artistes français qui y travaillaient. Florence et Frédéric formaient un couple de danseurs avec lequel nous avions sympathisé. Frédéric Apkar, d'origine arménienne, très pointu en matière de show business – par la suite, il a d'ailleurs fait une très belle carrière de producteur à Las Vegas –, sachant que nous cherchions à nous produire en ville, nous avait obtenu une audition au Café Society Down Town, et nous décrochâmes un contrat pour trois semaines durant la période des fêtes. Donc, à la fin de notre série de représentations au Quartier latin de Montréal, nous avons pris le train pour New York, « palais de nos chimères et de nos illusions », afin d'honorer notre engagement. Nous nous apprêtions à nous allonger sur nos couchettes dissimulées par un rideau, lorsque le train ralentit. C'était la douane qui montait à bord pour vérifier les passeports des voyageurs. Bien sûr, il fallait un visa pour entrer en Amérique, et le nôtre était déjà périmé. Sans discuter plus avant, on nous débarqua en rase campagne avec nos bagages loin de tout lieu habité ; et nous

nous retrouvâmes comme deux nigauds, transis de froid, les pieds dans la neige, nous demandant comment nous allions bien pouvoir faire. Y aurait-il un bon Dieu pour les jeunes fous imprévoyants ? Probablement. Il y en avait justement un de passage avec sa voiture qui nous mena jusqu'à une sorte d'épicerie au milieu de nulle part où nous pûmes boire une boisson brûlante, manger un « chien chaud », nous réchauffer un peu les os et surtout appeler en catastrophe Edmond Martin, qui vint lui-même nous chercher. Le lendemain, branle-bas de combat, nous dûmes en quatrième vitesse nous procurer des visas. Edmond fit encore une fois jouer ses relations pour que nous ne perdions pas de temps ; et, deux jours plus tard, nous débutions au Café Society Down Town dans le mythique Greenwich Village, quartier des artistes et des musiciens : la seule boîte où l'on présentait dans le même spectacle des artistes noirs et des artistes blancs – en vedette, une jeune chanteuse ayant vendu énormément de disques, Paty Page, et un humoriste que l'on vit par la suite dans de nombreux films musicaux ou comiques, Jack Guilford. C'était la période des fêtes de Noël et du jour de l'an, les gens avaient envie de s'amuser plus que de coutume. Nous étions présentés comme des artistes français de première catégorie. À cette époque, les Français connaissaient un très grand succès aux États-Unis : Jean Sablon, Charles Trénet, Édith Piaf, Les Compagnons de la chanson – dont Ed Sullivan, le présentateur de l'émission de variétés télévisée la plus populaire, n'a jamais pu prononcer le nom et qui annonçait « *And now ladies en gentlemen, les Champignons de la chanson.* » Le poste CKVL[1] proposait

---

1. En Amérique du Nord, les stations de radio sont identifiées par des lettres.

Le temps des avants

même une nouvelle formule : foin des chansons de langue anglaise pour une fois ! Jack Tietloman, en homme avisé, voyant que le courant était en train de s'inverser, donnait toute sa place à la chanson française. Ça s'appelait le « quart d'heure de la chanson française », et on entendait à longueur de journée tout ce qui se chantait en France, Édith Piaf, Lina Margy, Lucienne Delyle, Charles Trénet, Maurice Chevalier, Luis Mariano, Georges Ulmer, Yves Montand, Tohama, une chanteuse belge très populaire, championne du disque, tant en France qu'en Belgique et au Canada, des dizaines d'autres, et aussi Line Renaud avec sa *Cabane au Canada*, qui vexait un tantinet le Canadien fier de sa ville moderne et dont la réaction était : « On voye bien qu'elle n'est jamais venue pelleter par icite l'hivar ! » Une nouvelle révolution française se préparait, cette fois sur le continent outre-Atlantique, révolution en dentelle brandissant une armée de rimes et de notes.

La France tenait donc le haut de l'affiche à travers toute la ville, en vedette, tandis que nous n'avions droit qu'à cinq chansons, pas une de plus : le spectacle était minuté car la salle devait se vider pour laisser les spectateurs du premier show sortir et permettre à ceux qui voulaient assister au second de s'installer. Le soir de Noël, une jeune et jolie femme se précipita sur moi et m'embrassa à pleine bouche, un baiser à me couper le souffle, sans me demander mon avis ; puis, dans un grand soupir, elle lança un langoureux : « *Oh, French Kiss* ! », et disparut à tout jamais.

Notre tour de chant était constitué de chansons que nous avions écrites, auxquelles nous avions ajouté un grand succès de Georges Ulmer, *Pigalle*. On ne bouleversait pas les foules, mais nous les amusions suffisamment pour que notre contrat fût prolongé de trois à cinq semaines. Les deux dernières semaines, nous eûmes la chance d'avoir comme vedette du spectacle la merveilleuse Sarah Vaughan que nous écoutions chaque soir religieusement. Galvanisés par la très bonne critique, nous refusions les petits contrats qu'on nous proposait. Ce fut là une erreur car nous n'eûmes pas d'autres propositions. Il était donc grand temps de retourner à Montréal qui nous tendait les bras.

RETOUR AU NEW BERCAIL

Vous parlez d'un chantier : il y avait des ouvriers partout ! Martin avait parié que tout serait prêt pour le jour de l'ouverture et avait l'intention de gagner son pari ! Et je te cloue, et je te casse, et je te transporte, et je t'accroche, le vieux bal musette était en train de se transformer en music-hall de quartier, mais de taille américaine. De grands gaillards bâtis comme des érables centenaires travaillaient d'arrache-pied pour donner au Faisan la possibilité d'être opérationnel à la date prévue. Le dernier rideau fut accroché, et le Faisan doré, sis au premier étage d'un immeuble sur Saint-Laurent coin Sainte-Catherine, était prêt à nous voir débuter. Roche et moi commençâmes notre véritable carrière dans la Belle Province. « Il y a, disait Edmond, dans toutes les villes une clientèle particulière qui ne fréquente aucune boîte. C'est celle-là que je veux attirer. » Franchement, il ne doutait de rien : sa boîte était située dans un quartier très populaire, et j'étais persuadé qu'il ne verrait jamais dans son établissement d'autres clients que les habituels nez cassés. J'appris à ne plus faire de prévisions hâtives. Dès le premier spectacle en effet, toutes les tables étaient occupées, le champagne avait remplacé la bière, on croisait des fourrures de prix, des toilettes du soir, des poitrines et des bras couverts de bijoux de valeur. Edmond avait posté ses nez cassés tout autour de la salle. Aucune autre bande de voyous n'était autorisée à entrer et à côtoyer ceux de la « haute » – des intellectuels, des étudiants, des futurs avocats, des médecins, ceux qui, par la suite, devinrent les ministres et les responsables de la province, comme René Lévesque par exemple. La soirée fut un triomphe. Edmond, pour une fois, but du lait, enfin du petit.

Le deuxième spectacle remporta autant de succès, cette fois devant un public populaire. C'était bien parti. Nous cherchions avec Jacques Normand à faire autre chose que des numéros de music-hall ; nous décidâmes de faire un finale avec toute la troupe. C'est ainsi que chaque semaine, en compagnie des artistes canadiens, nous changions le finale du spectacle et interprétions ensemble un très long pot-pourri de tous les succès français du moment, pour le plus grand plaisir des spectateurs qui reprenaient les refrains en chœur avec nous. Entre chaque show, nous étions invités à boire en compagnie de clients devenus à la longue des amis ; certains même nous envoyaient un verre que nous buvions sur scène durant la séquence du pot-pourri. À ce train-là, nous ingurgitions facilement entre vingt-cinq et trente whiskies par soirée. Roche et moi tenions très bien l'alcool, là était le danger. S'il m'arrivait de sentir les battements de mon cœur s'accélérer, je mettais cela sur le compte de l'effort intensif que nous fournissions. Mes camarades commençaient pourtant à s'inquiéter et me conseillèrent d'aller consulter un médecin français septuagénaire installé depuis très longtemps à Montréal. Le

Le temps des avants

Dr Dufeutrel me posa des questions sur mon travail, mes heures de sommeil, ce que je mangeais et buvais, sans faire de commentaires. Après m'avoir ausculté sommairement, il ouvrit une très grande armoire dans laquelle étaient alignées des dizaines de boutcilles de liqueurs et d'alcools de toutes marques et de toutes compositions et m'offrit de l'accompagner pour le verre de l'amitié entre Français. Je goûtai pour la première fois la crème de banane, une horrible boisson sirupeuse. Lorsque je posai mon verre vide, il me dit en me regardant droit dans les yeux : « Si vous voulez vivre vieux et en bonne santé, ce verre doit être le dernier. » « Pour combien de temps ? » « Pour laver vos artères de tout l'alcool qui les pollue, il faut bien compter trois ans. » Je n'ai pas bu un verre d'alcool pendant trois ans. J'ai même refusé les bonbons ou les chocolats qui contenaient de la liqueur, mais trois ans après... Ça, c'est encore une autre histoire !

L'Hymne à l'amour

Ce matin-là, tous les médias consacraient leurs manchettes et leurs articles à un seul événement, mais de taille : la chute de l'avion de Marcel Cerdan pendant qu'Édith l'attendait impatiemment à New York. Je me trouvais à Montréal lorsque j'appris la nouvelle et, sachant que dans une situation comme celle-ci elle aurait besoin du soutien de tous ses amis, je demandai quelques jours de relâche pour gagner New York au plus vite. Un climat funèbre régnait dans la suite d'Édith, où tout son entourage était réuni ; elle était enfermée dans sa chambre dans le noir complet depuis deux jours et refusait de sortir, de manger ou de boire quelque chose. Durant ces deux jours, le Versailles n'ouvrit pas ses portes ; au troisième jour, elle finit par apparaître, marchant comme une somnambule : elle s'était elle-même coupé les cheveux court, très court, on aurait dit Jeanne au bûcher. Très pâle mais déterminée, elle se dirigea d'abord vers Robert Chauvigny, son chef d'orchestre et orchestrateur, et lui demanda d'arranger une nouvelle chanson qu'elle tenait à interpréter le soir même.

La salle du Versailles était pleine à craquer, plus une place libre, on avait même dû ajouter des chaises, entre lesquelles les serveurs avaient du mal à passer. La nouvelle de la mort de Marcel, le grand amour de Piaf, avait fait la une de tous les journaux. Il y avait donc, en plus des admirateurs d'Édith, une foule de curieux qui n'avaient jamais entendu parler du petit moineau du pavé parisien répondant au curieux nom de Piaf. L'atmosphère était étrange, plus feutrée, les gens dans la salle chuchotaient presque. On baissa la lumière, et un profond silence s'installa, dramatique et angoissant. Édith fit son entrée, pâle mais solide ; elle interpréta tout d'abord quelques chansons de son répertoire habituel, puis l'orchestre joua une très courte introduction, et la voix puissante, brûlante et émouvante d'Édith s'éleva sur ces mots :

> *Le ciel bleu sur nous peut s'effondrer*
> *Et la terre peut bien s'écrouler*
> *Que m'importe si tu m'aimes*
> *Je me fous du monde entier*

L'Hymne à l'amour, l'hymne à son grand amour disparu mais toujours présent, qu'elle dédiait implicitement à Marcel. Sa voix venue des tripes et du cœur pétrifia l'assistance ; le personnel, les spectateurs, même ceux qui ne comprenaient pas un mot de français, tous étaient bouleversés, des femmes pleuraient, des hommes aussi. À la fin de la chanson, un silence de plomb s'installa, le temps semblait s'être figé, puis d'un seul élan, la salle entière se trouva debout pour une *standing ovation* si forte, si longue, qu'on devait l'entendre et la ressentir jusque sur Times Square. Ovation pour Piaf et, pourquoi le nier, pour Cerdan aussi, tandis que nous, les proches, les amis, les inconditionnels, du petit balcon du cabaret derrière les projecteurs où nous étions placés, tous sans exception avions le visage couvert de larmes.

Nos cousins québécois

À Montréal où nous sommes restés deux ans et demi, Roche et moi étions deux jeunes fous en escale, se conduisant comme des marins en bordée. Et des aventures, j'en ai connu quelques-unes ; à cet âge, c'était normal, mais je n'ai gardé le souvenir que d'une jeune personne, Monique Leyrac. Elle avait combien, dix-sept ans peut-être... Brune avec des nattes, elle ressemblait à une Indienne sortie de sa réserve. Rien à voir avec les histoires longues et déchirantes aux ruptures dramatiques. Ce fut quelque chose de simple, un moment agréable de ma vie. Nous travaillions dans le même établissement, ce qui nous rapprochait de façon légère mais charmante. Nous donnions deux spectacles par soir, trois les samedis et les dimanches – une matinée, deux soirées – et pas de jour de relâche. Nous terminions très tard, presque au petit jour. La tradition voulait que nous allions finir la nuit dans un *spaghetti house,* ou dans un restaurant chinois aux portes de la ville, le Ruby Foo's, où se retrouvait tout le show biz francophone du Québec. Les Anglais ne se commettaient pas avec cette nouvelle race qui grignotait lentement mais sûrement le gagne-roast-beef-hamburger anglo-américain, qui avait jusque-là mainmise sur toutes les boîtes de Montréal. Nous commencions à percevoir le talent de Monique, et nous l'écoutions chanter avec un très tendre intérêt. Depuis, grâce à une carrière éblouissante de comédienne et de chanteuse, elle est devenue un des personnages phares de la culture québécoise.

Nous étions parfaitement intégrés dans la Province, travaillant l'été à Québec, l'hiver à Montréal, en compagnie de Jacques Normand qui était devenu « mon cousin québécois » et qui l'est resté jusqu'à sa disparition. Nous participions à des émissions radiophoniques – il en était, avec Roger Baulu, une des stars incontestées –, ainsi qu'à des galas dans le fin fond de la Province. Je continuais à écrire des textes. Je n'avais pas l'intention de quitter le numéro avec Roche, mais l'écriture me démangeait. Mon partenaire, lui, papillonnait de fleur en fleur, et son taux de conquête moyen était bien supérieur au mien. À mes yeux, il y avait un temps pour chaque chose. J'avais fait venir Aïda, engagée à La Ceinture fléchée chez Marius Martin, et Micheline, avec par la suite l'intention d'accueillir mes parents qui, en attendant, élevaient notre fille Seda Patricia dans la pure tradition franco-arménienne. Le pays plut à Micheline, mais

Le temps des avants

elle n'avait qu'un désir : retourner en France. Paris lui manquait. À mon tour, malgré les facilités que nous offrait ce pays et le succès qui ne nous lâchait pas, je ressentis fortement le mal de mon pavé. Roche se moquait de moi : « Nous irons à Paris en vacances, fortune faite, et tu verras que tu voudras revenir dare-dare là où nous avons bâti une autre vie. » Lui, pour la première fois peut-être, semblait être amoureux d'une jeune personne qui, depuis peu, était rentrée dans la troupe du Faisan doré et dans son cœur. Il faut croire que c'était du sérieux puisque je me suis rapidement retrouvé habillé en pingouin avec un chapeau haut de forme sur la tête dans une église où un prêtre bénissait l'union de M. Pierre Roche, parfait spécimen du département de l'Oise, avec Jocelyne Deslongchamps, Québécoise pure laine, pour le meilleur et pour... le spectacle ? Par la suite, Jocelyne se produisit en France et au Canada sous le nom d'Aglaé. Pour leur voyage de noces, je les accompagnai à Paris, où, dès la descente du bateau, retrouvant mon pays, mes parents, mes amis, mon quartier, le métier que j'avais connu, et Édith, je décidai de ne pas retourner au Canada, laissant Roche et sa jeune épouse repartir seuls, un peu froissés par ma décision. Mais il ne me fit aucun reproche. Comme je l'ai écrit, il y avait de la noblesse chez Roche.

Après huit ans de numéro de duettistes sans heurt et sans aucune dispute, c'est avec un pincement au cœur que nous mettions un terme à une collaboration fructueuse de Paris à New York, puis au Canada, passant très rapidement du statut de maudits Français inconnus à celui de Français agréés et reconnus amicalement et *francophilement.*

Charles Aznavour

Nous nous reverrons un jour ou l'autre
Si vous y tenez autant que moi
Prenons rendez-vous
Un jour n'importe où
Je promets que j'y serai sans faute
À Noël comme à la Pentecôte
À Rio de Janeiro ou à Moscou
Plus on est de fou
Plus on rit de tout
Nous nous reverrons un jour ou l'autre
J'y tiens beaucoup

À LA CASE DÉPART

Vous me croirez ou non, je suis timide, en tout cas un brin complexé, à tel point qu'à mon retour en France, dans les années 1950, je me cachais derrière des lunettes noires pour mieux taper exécrablement sur le piano – ça s'est amélioré depuis... du moins je l'espère ! – et présenter mes chansons aux artistes qui venaient chercher chez Raoul Breton la future chanson à succès. Je fumais aussi cigarette sur cigarette : à peine étais-je arrivé à l'extrême bout de l'une que j'en allumais une autre. Ma voix était celle des nuits de brouillard londonien, des histoires de Conan Doyle, du son des disques 78 tours ayant tellement tourné qu'ils semblaient prêts à rendre l'âme. Raoul Breton, qui me présentait comme le dernier génie attaché à la maison – le premier étant Charles Trénet –, recevait les artistes dans le petit bureau au piano bleu qui trône toujours dans la maison et sur lequel Charles Trénet, Mireille accompagnée de Jean Nohain, Gilbert Bécaud ont composé un bon nombre des chansons qui ont fait le bonheur des oreilles des mélomanes et des autres. Ces interprètes devaient devenir les voyageurs de commerce de mes œuvrettes : je venais de rentrer du Canada, Micheline et moi avions décidé d'un commun accord et sans perdre de temps de nous séparer, Pierre Roche et Aglaé étaient repartis pour Montréal et, quoique Édith Piaf m'ait adopté et accepté comme résident permanent de son capharnaüm, je me sentais artistiquement orphelin. On n'oublie pas une vie de duettiste aussi facilement que je l'avais cru.

Mon premier client

> *Je reviens*
> *Vers ceux que j'aime*
> *Je reviens*
> *Toujours le même*
> *Vers ce coin*
> *De ma tendre bohème*
> *Je reviens*
> *À folle allure*
> *Je reviens*
> *Je vous assure*
> *De plus loin*
> *Que m'avait porté l'aventure*
> *Je n'ai ni*
> *Connu la gloire*
> *Ni amassé l'or*
> *Mais je suis*
> *Par la mémoire*
> *Riche comme un lord*
> *Je reviens*
> *De ces voyages*
> *Je reviens*
> *Un peu plus sage*
> *Juste assez*
> *Pour ne plus m'en aller*

Le temps des avants

Léo Fuld, mon premier client – appelons-le comme ça – franchit le seuil des éditions Raoul Breton, encore tout auréolé de sa naissante gloire parisienne et de son triomphe à l'Alhambra music-hall. Inconnu du public français, pas beaucoup plus connu de la communauté juive, le bouche à oreille l'avait déjà rendu presque célèbre. Son tour de chant se composait surtout de chansons en yiddish et en hébreu. Il était originaire de Hollande, mais vivait aux États-Unis. Les « goyim » n'étaient pas non plus insensibles à son talent. Au début de ces années 1950, nous restions réticents, pas tout à fait guéris des années de guerre. Mais eux, ceux qui avaient souffert plus que les autres, meurtris dans leur chair et dans leur foi, qui conservaient les séquelles des souffrances endurées dans les camps de concentration, ceux qui avaient perdu la plupart des leurs, et se tenaient à l'ombre comme honteux de ce qu'il leur était arrivé, ces survivants du pire, fragilisés, qui ne s'exprimaient pas encore tout à fait librement, craignant d'assumer leur judéité comme si des uniformes noirs de la Gestapo pouvaient encore surgir à tout moment, reconnaissaient en lui un porte-parole. De Belleville, de République, du Marais, du marché aux puces de Saint-Ouen, du carreau du Temple, de la Bastille, de la petite banlieue comme des beaux quartiers, ils vinrent en masse pour voir et entendre le premier artiste juif engagé qui chantait non pour une fête religieuse, mais pour la scène internationale, leur permettant ainsi de retrouver leur fierté blessée. Ils auraient payé n'importe quel prix pour être présents et pouvoir enfin se réjouir ensemble sans avoir peur de dire : « Léo Fuld, c'est un des nôtres. » Les places se vendaient même au marché noir.

Avide des scènes de music-hall, j'avais été me fondre

dans cette foule où certains spectateurs me tapaient sur l'épaule, persuadés que j'étais un des leurs. Je l'étais d'ailleurs non par la religion, mais dans la communion : n'avions-nous pas aussi connu en d'autres lieux et en d'autres temps un destin tragique ?

Donc, ce jour-là, Léo Fuld avait franchi le seuil de la mythique maison Raoul Breton, où je me rendais chaque jour, qu'il pleuve ou qu'il vente. Abrité derrière une paire de lunettes noires, une Gauloises éternellement fichée à la commissure des lèvres jaunies par la nicotine, Raoul, qui le connaissait de son séjour en Amérique, le reçut et le présenta à toute l'équipe. Léo était venu demander l'autorisation de traduire quelques chansons de Charles Trénet pour les interpréter en Israël, depuis peu une nation. Puis Raoul le fit entrer dans le petit bureau. Je me montrais à l'époque tellement timide que les gens étaient persuadés que je faisais la gueule. Raoul me poussa à faire écouter quelques-unes de mes compositions à son visiteur. Je tapai tant bien que mal sur ce malheureux piano et chantai trois ou quatre de mes chansons, dont *Parce que*. Léo les jugea intéressantes et voulut m'entendre face à un public pour se rendre compte de l'effet qu'elles produisaient. En ces temps si peu glorieux, je jouais chaque soir dans une boîte qui présentait des jeunes et jolies dames très légèrement vêtues, le Crazy Horse. Fernand Raynaud et moi passions entre les numéros de strip-tease. Comme nous faisions ce que nous appelions plusieurs « messes » par soir pour arrondir nos fins de mois, le premier arrivé demandait à l'autre : « Comment est le public ce soir ? » Car, curieusement, quand ça marchait pour l'un, ça marchait pour l'autre. D'autant qu'une fois sur deux une voix forte et vulgaire, trébuchant sur les bulles de champagne, hurlait : « À poil ! »

C'est donc dans ce cabaret très spécial que Léo Fuld assista à ma prestation. Si tout se passa bien ce soir-là, il fut pourtant déçu par la composition de mon tour de chant, qui ne contenait aucune des chansons tendres qu'il m'avait entendu interpréter, seulement des titres rythmés comme *Le Feutre taupé, J'aime Paris au mois de mai*. Pour lui, je faisais fausse route, ce genre de tour de chant ne pourrait me mener nulle part. J'étais un chanteur dramatique, un enfant de Piaf plus que de Maurice Chevalier ; si j'interprétais ce qu'il avait entendu quelques jours auparavant, la route serait peut-être plus dure mais aussi plus solide. Il n'avait pas besoin de me convaincre davantage, je le sentais déjà depuis longtemps, mais on ne m'engageait qu'à la condition que mon tour de chant fût bien rythmé. Je devais être chanteur fantaisiste si je voulais continuer à gagner ma vie. Mais les remarques de Léo ne m'avaient pas laissé indifférent, et je changeai une ou deux chansons de mon répertoire. À dater de ce jour, je devins, et pour encore plusieurs années, un artiste voué au bide. Je quittai le Crazy Horse avec un seul regret : ne plus aider avec Sim et Fernand les ravissantes jeunes femmes à faire leurs assouplissements dans le plus simple appareil avant leur entrée en scène !

Des années plus tard, lorsque je débutai sur la scène américaine, Léo vint me trouver pour me donner d'excellents conseils sur la manière de présenter en anglais les chansons que je chantais en français.

Charles Aznavour

Chez Patachou

Après Léo Fuld, Raoul reçut son ancienne secrétaire qui, depuis quelques années déjà, faisait courir le Tout-Paris et même le monde entier pour écouter son tour de chant et la voir couper les cravates des clients. Henriette était devenue Patachou et possédait sa propre boîte de nuit sur la butte Montmartre. Elle aussi vint s'asseoir à côté de moi face au piano bleu ; je lui chantai plusieurs de mes chansons ; elle choisit *Parce que* et me dit : « Vous fumez trop, trois paquets de Gauloises bleues par jour, c'est pour ça que vous avez cette voix de garage. Je vous fais une proposition : vous arrêtez de fumer quatre semaines, et je vous engage pour un temps illimité là-haut chez Patachou, d'accord ? » D'accord ! Quatre semaines plus tard, elle revint me voir, vraiment navrée : « Vous n'êtes pas raisonnable, je vous ai demandé de vous arrêter de fumer, vous ne l'avez sûrement pas fait, votre voix est encore plus exécrable qu'il y a quatre semaines. » « Je vous promets que je l'ai fait, demandez à Raoul Breton, il vous le confirmera. » Ce qu'elle fit. Elle finit par m'engager en levant son interdiction inutile : « Vous débuterez chez moi la semaine prochaine. Seule restriction : c'est moi qui chanterai *Parce que*. » Pensez, elle aurait pu prendre toutes les chansons de mon répertoire, j'étais trop heureux de me produire chaque soir dans une salle pleine à craquer d'une clientèle de premier choix, venue du monde entier.

Le premier jour, pour la répétition, Maurice Chevalier se trouvait dans la salle. Je chantai *Jézabel, Sa jeunesse, Poker* et une ou deux autres chansons. Je n'avais visiblement pas trouvé le bon ordre pour mon tour de chant. Maurice, que nous avions rencontré Roche et moi

Le temps des avants

pendant la guerre, vint me trouver en fin de répétition pour m'aider à organiser mon tour de chant de telle façon qu'il intéresse le public surtout venu pour Patachou. L'avis d'un tel artiste ne pouvait qu'être le bon. Dès le premier soir, le public le confirma. Après le spectacle, Maurice, qui savait que je vivais chez Édith Piaf à Boulogne, me demanda de le déposer. Je dus prendre un taxi, et dépenser une partie de mon cachet. Quand je racontai cela à Édith, elle me dit : « Il est vrai qu'il les lâche pas facilement. À partir de demain, tu prendras ma voiture. » C'est donc dans la voiture d'Édith que le professeur Chevalier devint mon mentor, me délivrant plus ou moins consciemment les secrets d'une carrière internationale.

ÉDITH, TOUJOURS ELLE

Même des années après sa disparition, Édith vivait dans le souvenir de Marcel. Elle priait pour lui, ne pensait qu'à lui et ne parlait que de lui. Elle m'envoya même un jour à Casablanca chargé de jouets pour ses enfants. Dans son entourage, nous étions malheureux de la voir seule. Édith avait toujours besoin de quelqu'un à aimer.

Chaque fois que je revenais à Paris, je fréquentais les boîtes à la mode, celle de Maurice Carrère notamment, parce que j'appréciais son orchestre, dirigé par Léo Chauliac, ex-pianiste de Charles Trénet, et sa chanteuse, une Américaine au doux prénom de Marylin. Il y avait aussi un chanteur qui, selon moi, pouvait plaire à Édith, et pourquoi pas, devenir le nouveau « patron ». Belle voix, belle prestance en français, un accent américain chaleureux... Je décidai de le lui présenter. Elle faisait chaque soir son tour de chant dans une nouvelle boîte de l'avenue des Champs-Élysées. Mais je devais trouver un bon prétexte, car Édith ne voulait toujours pas rencontrer d'homme. Fort heureusement, Eddie – c'est bien de Constantine qu'il s'agit – m'aida sans le savoir : il avait essayé d'écrire une traduction de *L'Hymne à l'amour*. Je sautai sur l'occasion et lui fis immédiatement la leçon : « Je vais parler de toi à Édith. Quand je t'introduirai dans la loge, tu entreras, tu feras ton geste de salut de la main et, en disant *Hi,* tu lui dévoileras ton grand sourire ravageur. » Tout se déroula comme prévu. Au sourire complice d'Édith et à son clin d'œil, nous savions tous qu'une page se tournait dans le livre de la maison, et qu'une nouvelle s'écrivait sans pour autant faire oublier Marcel.

Avec Édith, il ne fallait se tromper sur rien, qu'il s'agît d'un film, d'une pièce de théâtre, d'un livre ou d'un restaurant : si elle n'appréciait pas, on avait droit à un : « Ah, ça ne m'étonne pas de toi, tu manques de sensibilité. » Un soir où, revenant d'une séance de cinéma, elle me demanda ce que j'avais vu, je répondis, sur la pointe des lèvres – mieux vaut être prudent –, *Le Troisième Homme* :

« C'est vraiment bien ?

— Pour moi, c'est mieux que ça.

— Et pour moi ?

— Je pense, enfin je ne le jurerais pas, que ça vous plaira.

— Bon, on y va demain, mais gare à toi si c'est pas bien ! »

Le lendemain, nous nous sommes tous rendus dans une salle de l'avenue de l'Opéra qui projetait *Le Troisième Homme*. Notre Édith tomba sous le charme d'Orson Welles et, apprenant que le film se jouait en alternance en version originale et en version doublée, nous y entraîna le lendemain, puis le surlendemain, et ainsi de suite pendant une dizaine de jours. Bon, nous avions tous adoré le film, mais du poulet, encore du

Le temps des avants

poulet, on aurait bien aimé avoir autre chose. Nous nous crûmes sauvés par un nouveau départ pour les États-Unis. C'était sans compter sur la ténacité d'Édith qui, lorsqu'elle aimait quelque chose ou quelqu'un, nous l'imposait jour après jour. Dès notre arrivée à New York, elle demanda à Constantine d'acheter le journal pour voir où l'on jouait *Le Troisième Homme*. Il était encore à l'affiche dans un cinéma du fin fond de Brooklyn. Nous nous sommes tous engouffrés dans deux taxis : « *Orson Welles, here we come* ! » Édith s'installait toujours très près de l'écran avec tout son monde autour d'elle. Moi, prétextant avoir un peu mal aux yeux, je m'installai au fond de la petite salle, et mon Dieu, décalage horaire oblige, je m'endormis. La séance terminée, tandis que Morphée me tenait heureux dans ses bras, je me sentis fortement secoué, et une voix connue me lança : « Ben, mon salaud, tu dors devant un chef-d'œuvre ! Ça mérite punition ! À partir de ce jour, tu seras privé du film. Nous le verrons sans toi », et, sous le regard envieux de nos camarades, nous sommes retournés à l'hôtel.

Comme vous avez pu le constater, Édith avait des idées fixes : on pouvait manger la même chose pendant quinze jours, boire comme des trous, s'arrêter de boire, voir dix fois la même pièce de théâtre ou un film, adopter quelqu'un et passer tout notre temps avec, et soudain ne plus jamais le voir. Elle avait appris à connaître et à aimer beaucoup de choses, la petite fille de la rue, elle avait du flair et un goût très juste. Quand elle émettait un jugement ou une appréciation, elle avait des phrases à l'emporte-pièce dignes des plus grands. Comme elle aimait particulièrement les symphonies de Beethoven dirigées par Furtwängler, le jour de son anniversaire, je lui offris une des symphonies qu'elle ne possédait pas. Immédiatement, ce fut le branle-bas : « Bon, les enfants, on va écouter un chef-d'œuvre. Eddie, branche le pick-up, Loulou, baisse les lumières, et vous autres, arrêtez de parler. On écoute. » Nous étions tous dans la pénombre, l'air inspiré, tandis que la musique se faisait entendre. Mais le tourne-disque ne devait pas tourner à la bonne vitesse. Après quelques minutes, notre Édith se mit à bouger comme si elle se sentait inconfortable dans son fauteuil, puis lança un : « Bon, allume, Loulou. » Une fois la lumière revenue, elle prit le disque, l'offrit à Loulou, et déclara à la cantonade : « Ce Beethoven, quand même, quand il se gourait, il se gourait bien. »

À New York, un jour où Édith était d'une humeur massacrante, pour une raison totalement futile – ce devait être au sujet d'une pièce de théâtre ou d'un film –, nous avons eu un différend qui est vite devenu sérieux. Je me souviens seulement de lui avoir tenu tête. Pensez, c'était exactement ce qu'il ne fallait pas faire avec Édith. Fâchée, elle me dit : « Puisqu'il en est ainsi, tu prends le premier bateau pour la France. » Justement, un de ceux de la Compagnie transatlantique prenait la mer le lendemain. Après un adieu très sec de part et d'autre, je quittai l'hôtel et les États-Unis. À peine le navire avait-il pris le large qu'un télégramme me parvenait : « Tu me manques déjà. » C'était tout Édith, ça.

MONTRÉAL, ALLER ET RETOUR

Le Québec était ma deuxième patrie, et j'étais donc de nouveau reparti pour Montréal, où il y avait toujours un établissement prêt à m'engager. À peine arrivé, je reçus un télégramme : « Je vais me marier. Souhaite que tu rentres », signé « Édith ». Je rappliquai aussitôt, débarquai chez elle vers les dix heures du matin. « Madame dort encore mais entrez, il y a déjà quelqu'un qui l'attend. » Brun, plutôt le genre nerveux, se rongeant les ongles jusqu'au sang, assis au piano mais ne jouant pas, il se rongeait les ongles. Je me présentai, il se présenta :

« Gilbert Bécaud.

— Qu'est-ce que vous faites ?

— J'accompagne Jacques Pills mais surtout je compose de la musique et rêve d'écrire des musiques de film. Nous avons écrit Jacques et moi quelques chansons pour Mme Piaf qui devrait les inclure à son tour de chant après les avoir enregistrées.

— Et qu'est-ce que vous faites ici ?

— J'attends Jacques. »

Ah bon, je ne savais pas encore que Jacques était au lit avec Édith et que le nouveau patron, c'était lui. Les amoureux prenant leur temps avant de refaire surface, Gilbert et moi eûmes tout le loisir de faire plus ample connaissance, sympathiser et parler de quoi, devinez ? De chansons, bien sûr, avec l'idée d'une collaboration qui s'est révélée constructive, je crois.

J'avais donc écourté mon voyage pour assister au mariage d'Édith, mais j'aurais dû prévoir les complications : avec elle, rien n'était jamais simple ! Ainsi décidat-elle finalement de se marier à New York. Alors rebelote, nous traversâmes une fois de plus l'Atlantique. Marlène Dietrich, qui se trouvait à New York, attendait Édith : elle avait accepté d'être l'un des témoins de son mariage avec Jacques Pills.

De retour à Paris quelques semaines plus tard, je retrouvai Gilbert, et notre collaboration donna naissance à *Viens*, *Méqué méqué*, *Terre nouvelle*, *C'est merveilleux l'amour*, *La Ville*, et bien d'autres. Il était marié à une jeune comédienne qu'il avait surnommée Kiki, enceinte depuis peu et qu'il ne quittait jamais – ce qui bien sûr agaçait passablement Édith. Nous partîmes en tournée à travers la France, Jacques Pills, Gilbert Bécaud, Édith et moi, dans deux voitures. Je conduisais la seconde voiture, accompagné de cette malheureuse Kiki, souvent prise de nausées. Gilbert et Édith n'étaient pas sur la même longueur d'onde. Par exemple, Édith avait la curieuse habitude, afin de gagner du temps au restaurant, de commander pour tout le monde un menu unique – celui qu'elle préférait. Gilbert, qui ne connaissait pas encore le caractère de notre dame, insistait pour choisir autre chose, malgré les coups de pied que je lui donnais sous la table. De ce fait, le climat à table n'était jamais au beau fixe. Lorsque Gilbert quitta le piano d'accompagnement pour voler très haut de ses propres ailes, un autre pianiste prit sa place et nous reprîmes la route. Cette fois-ci, je roulais en compagnie de l'entrepreneur de spectacle qu'Édith appelait Papa Lumbroso.

C'est merveilleux l'amour !

> *C'est merveilleux l'amour*
> *C'est fantastique*
> *C'est trop compliqué pour*
> *Que ça s'explique*
> *Ça va, ça vient, ça court*
> *C'est lunatique*
> *C'est merveilleux l'amour*
> *Heureux ou malheureux*
> *C'est un dilemme*
> *Qui pose aux amoureux*
> *Plus qu'un problème*
> *C'est un jeu dangereux*
> *Mais quand on aime*
> *C'est merveilleux l'amour*

Dans notre nouveau spectacle, j'avais droit au lever de rideau à un vrai tour de chant, suivi par Jacques Pills. Édith assurait la seconde partie. Ce soir-là, à Royat, le spectacle allait débuter, et Édith et Jacques n'étaient toujours pas arrivés. Nous commencions à nous inquiéter sérieusement lorsque nos deux jeunes mariés se pointèrent dans un état d'ébriété très très avancé. Édith bafouillait, et Jacques riait sans cesse. Le public s'impatientait. Papa Lumbroso me poussa vers la scène : je devais chanter cinq chansons pour faire patienter le public qui n'attendait qu'Édith. Je chantais et, des coulisses, on me faisait signe : non, ils ne sont pas encore en mesure d'entrer en scène. Papa Lumbroso, auquel on soufflait les titres de mes chansons, se tenait au fond de la salle et me les envoyait. Mais le public ne tenait pas à m'entendre plus que ça : trois chansons de plus, c'était le mécontentement, quatre auraient provoqué l'émeute. Je sortis de scène en espérant que Jacques serait prêt. Il l'était plus ou moins, mais nouvel obstacle : Édith voulait absolument entrer en scène pour le présenter. Nous eûmes énormément de mal à l'en dissuader. Jacques calma un peu l'impatience du public, le temps qu'Édith reprenne ses esprits. Avec force cafés et autres breuvages capables de – n'ayons pas peur des mots – dessoûler madame, j'annonçai après un entracte inhabituellement long : Édith. Son apparition déclencha comme d'habitude un tonnerre d'applaudissements. Sa première chanson commençait ainsi :

Marchant par-dessus les tempêtes
Assis sur le gaillard d'avant

Mais voici ce qui sortit de ses lèvres :

Machi les blache gomenettes
Assi su é gailla natan

ou quelque chose d'approchant. Comme elle revenait des États-Unis, le public pensa qu'elle devait interpréter une chanson étrangère, aussi applaudit-il en toute confiance. Lors de la deuxième chanson, il y eut un certain malaise dans l'assistance. À la troisième, qui devait être *Je hais les dimanches*, elle articula avec peine les premiers vers, s'arrêta brusquement et, se tenant le front, réussit à dire : « J'ai un trou noir. » C'était la catastrophe ! Le public sifflait, criait, faisait des commentaires à haute voix. Édith quitta la scène sous les quolibets. J'entrai alors – je fus affreusement mal accueilli – pour expliquer que le décalage horaire et les fatigues de la route avaient terriblement éprouvé Édith, mais qu'avec un peu de patience le public la verrait revenir en meilleure forme. La réaction du public avait dessoûlé Édith. Elle retrouva le nerf de la guerre, celui de la petite fille des rues qui avait gravi les marches du succès à force de détermination et de travail. Au bout d'un quart d'heure, elle refit son signe de croix et, comme un petit coq combatif, réapparut en scène bien décidée à regagner son titre de star. Le public se montra cruellement froid, et ce fut chanson après chanson qu'elle parvint à remonter le courant hostile. Habituellement, son tour de chant était constitué de quatorze titres, mais Édith dut en chanter vingt-cinq pour sentir à nouveau la chaleur du public qui ne lui épargna pas, au final, ses applaudissements. Je l'attendais en coulisses, espérant un petit mot de remerciement. Tu parles ! Elle se précipita dans les bras de Jacques pour lui dire : « Mon chéri, tu as sauvé la soirée. »

Lorsque des années plus tard, au cours d'un dîner, je lui rappelai l'anecdote, elle me confia dans un sourire : « Je sais bien ce qui s'est passé ce soir-là, mais vois-tu, quand on est amoureuse... »

PATRICK

La smala Piaf s'apprêtait de nouveau à partir pour les États-Unis lorsque je fis la connaissance d'Arlette, une jeune et jolie danseuse. Notre aventure s'apparentait aux amourettes sans lendemain : adieu, nous avons partagé de bons moments, nous nous reverrons un jour ou l'autre. À notre retour en France, Arlette vint au bout de quelques mois m'annoncer qu'elle était enceinte et décidée à garder l'enfant. Pourquoi pas ? Je réglai tous les frais de naissance. L'enfant né, on le prénomma Patrick. J'eus quand même un petit doute : cet enfant était-il le mien ? Je fis part de mes inquiétudes à ma mère qui me proposa de venir le voir. Nous nous rendîmes donc à l'hôpital, et là pas de doute, d'après ma mère, c'était bien mon fils. L'ADN naturel d'une mère pourrait être le vrai garant de la paternité. Je proposai à Arlette de le reconnaître, et gentiment elle me mit le marché en main : soit nous nous mariions, soit elle épouse un homme qui est amoureux d'elle et prêt à donner son nom au petit. Je n'avais pour ma part nullement l'intention de me marier ; de plus, mon divorce avec

Micheline venait à peine d'être prononcé. Du jour au lendemain, Arlette disparut de mon horizon.

Souvent, sous l'emprise d'un sentiment de culpabilité et désirant revoir l'enfant, il m'est arrivé de faire des recherches pour retrouver Arlette. En vain. J'appris par la suite qu'ils étaient partis vivre en province. Les années passèrent. Neuf ans plus tard, je reçus un mot d'Arlette qui demandait à me rencontrer. Elle me confia que son mari, qui s'adonnait à la boisson, maltraitait Patrick, et que, récemment, il lui avait même lancé au visage qu'il n'était pas son père. Arlette, ne sachant que faire, me priait de l'aider. Après avoir consulté les miens, Aïda, mes parents et surtout Seda qui avait douze ans, la décision fut unanime : « On l'accueille à la maison. » Seda la première était ravie de se retrouver avec un petit frère tombé du ciel. Patrick était un garçon adorable, un peu secret mais plein de tendresse, qui intégra la maisonnée de Mouans-Sartoux, près de Cannes. Quelques années plus tard, il entra à l'école arménienne de Sèvres, apprit très correctement l'arménien. À sa majorité, il décida de vivre seul. Je lui payai un petit studio. C'est là qu'à la veille de ses vingt-cinq ans on l'a trouvé mort.

Il n'y eut pas d'autopsie. Les indices traînaient tout autour de lui : des pilules pour maigrir et des canettes de bière. Que dire de plus ? Je garde comme des reliques les lettres qu'il m'écrivait de l'école avec, en fin de page, quelques lignes en arménien dans une jolie écriture appliquée.

Depuis, Patrick repose auprès de mes parents dans notre caveau de Montfort-l'Amaury.

En écrivant ces courtes lignes, j'ai les larmes qui me viennent aux yeux, je n'ai jamais cessé de penser à lui.

DANS LE MÉTIER, IL FAUT AVOIR DU NEZ

À New York, une amie d'Édith qui répondait au prénom de Reine possédait en ville une galerie d'art et aussi un furieux accent du haut Belleville. Nous prenions un verre en sa compagnie lorsque, tout à coup, elle me regarda fixement et me jeta : « Tu sais, t'as des belles châsses, mais tu serais mignon si t'avais pas le blaze que t'as. » Édith m'observa à son tour et acquiesça. Mais qu'est-ce qu'il avait donc ce nez, ce blaze, ce tarin, cet appendice, ce pif, ce blair, qu'est-ce qu'il avait de particulier ? S'il ne me gênait pas moi, en quoi pouvait-il gêner les autres ? C'était le mien, mon nez à moi, un point c'est tout. Un peu cabossé sur les hauteurs, un rien proéminent, il barrait un tantinet mon visage, empêchant les gens de voir qu'il m'arrivait parfois de sourire, peut-être un peu trop important pour ma taille, mais fort utile pour un nombre de choses comme humer l'air, les parfums, les odeurs de cuisine, me moucher. Il était différent, quoi, et ça me donnait une personnalité. Ce n'était pas celui de Cyrano, de Pinocchio ou de Cléopâtre, c'était le mien, et le nez des miens, ni juif ni bourbon, mais le nez arménien. Reine reprit : « Je connais un chirurgien qui fait des miracles. C'est un bon *yidde*, comme moi, et bien qu'il soit très sollicité, je suis sûr qu'il fera un bon prix pour l'un des nôtres. » Ce à quoi je répondis : « Mais je ne suis pas juif, moi. » Un moment surprise, elle ajouta : « Tu n'as qu'à pas le lui dire, après tout, c'est pas dans ton pantalon qu'il va opérer. » « Mais, même, je n'en ai pas les moyens. » Édith alors se manifesta : « Ça serait une bonne chose pour ta carrière. Et puis, allez, je te le paye ton naze. » Le rendez-vous fut pris chez Irving Goldman, faiseur de miracles, qui me présenta un album de photos de stars de Hollywood avant et après opération, puis me fixa un rendez-vous dans une clinique la semaine suivante. La veille de l'opération, après le second show du Versailles, nous nous retrouvâmes dans un restaurant français devant une quille de Bollinger, le champagne préféré d'Édith, lorsque, tard dans la nuit, alors que nous étions pas mal imbibés, Édith soudain versa une larme en disant : « Je me demande si on n'a pas eu tort. » C'est vrai que ton nez n'a jamais empêché les filles de te trouver à leur goût... « Moi, après tout, je t'aime bien comme tu es. » Ce n'était vraiment pas le moment de douter, je rentrais en salle d'opération quelques heures plus tard. Assez perturbé, j'allai quand même confier mon appendice aux mains du merveilleux praticien, et je ressortis de la clinique le lendemain, avec un pansement sur le nez qui pouvait laisser croire que je m'étais battu. Justement, Famechon, jeune boxeur français, avait gagné un match la veille au Madison Square Garden. Dans les rues, des passants, me voyant avec les yeux au beurre noir et le sparadrap sur le nez, me félicitaient au passage ! Quelques jours plus tard, flanqué de mon pansement, je repartis seul pour Paris. Il était entendu que j'irais accueillir Édith à son retour. Deux semaines plus tard, à l'aéroport, j'étais dans la masse d'une foule d'amis, d'admirateurs et de photographes de presse. J'avais beau me placer face à Édith, elle me tournait immédiatement le dos. Très énervée par mon insistance, je l'entendis dire à ses amis : « Mais qu'est-ce que c'est que ce morpion qui me tourne autour ? » Je répondis : « Mais c'est moi ! » Elle me regarda, partit de son énorme rire : « Si je n'avais pas entendu ta voix, je ne t'aurais jamais reconnu. »

Cette simple opération a changé ma vie, et je n'ai eu qu'à me réjouir de cette amputation qui, en m'offrant un changement sensible de profil, m'a permis de penser que je pourrais enfin chanter quelques-unes des chansons d'amour que j'écrivais pour les autres.

PREMIER MUSIC-HALL

Dans les années 1940, Pacra n'était pas le plus grand théâtre du monde, cette petite salle de spectacle du boulevard Beaumarchais, à deux pas de la place de la Bastille, loin de là. Elle faisait quoi, deux cent quatre-vingt-dix places, mais c'était un music-hall connu et important en ces temps où chaque quartier parisien se devait d'en posséder un. En 1952-1953, il y avait trois jours de spectacle par semaine ; avec les matinées, on avait donc cinq représentations à assurer. La paye était proportionnelle à la taille de l'établissement : douze mille francs pour les trois jours qui revenaient à la vedette, neuf mille à celle ou celui qui finissait la première partie. À peine de quoi payer les musiciens, les déplacements et l'agence qui signait le contrat ; pas de quoi faire des folies avec ce qui restait. Les imprésarios qui avaient l'exclusivité de ce genre de music-hall de quartier étaient Brown, dont la femme, chanteuse fantaisiste, s'appelait Fanny Brun, ou bien Zam. Je ne me souviens plus qui signa mon engagement, mais j'ai été choisi pour finir la première partie avant l'apparition de la vedette, Rose Avril. Un jour, elle était arrivée en larmes chez Bizos, son imprésario, pour annoncer que son père venait de disparaître. Quand il lui demanda comment cela s'était produit, toutes les personnes présentes avaient éclaté de rire. Il est vrai que l'accident qu'il avait eu ne pouvait que déclencher l'hilarité. Ce brave homme se trouvait dans les toilettes et avait tiré la chasse d'eau ; le réservoir mal fixé lui était tombé sur la tête, provoquant sa mort. Suite à cette réaction, Rose avait pris le judicieux parti de dire que son père était décédé d'un accident de chasse...

Mais revenons à mon engagement. Le vendredi de la première, la salle remplie d'habitués était pleine à craquer. Vu le nombre de places, le contraire eût été catastrophique ! Bien sûr, tous les amis conduits par Raoul Breton se tenaient au premier rang, et, pour la première fois, mon tour de chant obtint un grand succès. Le soir même, l'agent me donna une date pour dans six mois. Je revins donc six mois plus tard, toujours en fin de première partie, avec cette fois en vedette Tohama. Comme j'eus encore du succès, on me proposa de revenir en vedette. Mais prendre des risques pour trois mille francs de plus ne m'intéressait pas. Je revins chanter une troisième fois à Pacra, puis décidai qu'il me fallait dorénavant affronter des salles plus difficiles.

COMMENT PASSER À LA RADIO

Sacré Jean-Jacques ! Je t'aimais bien, et nos rapports tumultueux n'ont pas empêché notre sympathie mutuelle de se transformer, au fil des années, en une véritable amitié. Tu ne voulais pas entendre parler d'Aznavour, mais tu ne l'avais jamais écouté. Simplement, tu ne l'avais pas découvert, toi qui as fait connaître, dans les émissions que tu produisais, un grand nombre de chanteuses et de chanteurs qui devinrent célèbres. Professionnel, tu l'étais, et non des moindres, je dirais même un de ceux qui ont donné à la radio un langage différent. Tu volais de succès en succès, invulnérable. Ce sont toujours ceux que l'on croit invulnérables qui le sont le moins. Il a fallu de longues années pour que nous, tes amis, persuadés de te connaître, nous nous en rendions compte. Ce n'est que lorsque nous t'avons découvert étendu, une balle de carabine logée dans la bouche, que nous avons réalisé l'étendue de tes faiblesses. Tout avait donc mal débuté entre nous. Je commençais à avoir de nombreux admirateurs, mes disques se vendaient bien, je remplissais les salles de spectacle et pourtant je ne passais pour ainsi dire jamais à la radio. De ton côté, tu ne diffusais jamais mes disques sur les ondes de Radio Luxembourg, et nul ne pouvait espérer faire une carrière si petite fût-elle sans avoir droit à des passages à la radio. Raoul Breton avait beau insister, rien à faire, car têtu tu l'étais, et quand tu ne voulais pas, tu ne voulais pas. J'ai profité d'une faute professionnelle pour te contraindre à passer mes chansons trois fois par jour pendant un mois sur les ondes. Tu avais produit un film, et, la veille de sa sortie dans quelques salles parisiennes, dont le Normandie sur les Champs-Élysées, j'appris que tu avais utilisé une de mes chansons, *Parce que*, sans en demander l'autorisation aux éditions Breton. Je priai immédiatement Raoul de faire mettre les scellés sur les bobines afin de t'obliger à venir quémander, ce qui ne fut pas chose facile car, au début, tu le pris de très haut. Qui pouvait être ce vermisseau qui osait s'attaquer à l'immense Jean-Jacques Vital ? Je ne bougeai pas d'un cheveu – que j'avais encore nombreux à l'époque –, et laissai le temps faire son travail, indifférent à tes problèmes et à mon petit chantage. Les premières séances étaient prévues pour quatorze heures. Ce n'est qu'à douze heures trente que tu t'es résigné à accepter mes conditions. Tu m'as avoué plus tard que c'est à ce moment-là seulement que tu t'es intéressé au pot de terre que tu voyais en moi. J'avais su ne pas être un « *yes man* », et de là naquit notre amitié sans faille jusqu'au jour où, hélas...

Nous te regrettons, Jean-Jacques, et moi peut-être un peu plus que beaucoup d'autres, car les amis, les vrais, se comptent sur les doigts d'une main, et, pour faire un ami de trente ans, il faut trente ans et rien de moins.

unique photo de moi tout nu

ma mère avant son mariage

ma mère jeune fille a istanb

la grand-mère de ma mère, mon père, ma mère
tout juste réscapés du temps de l'horreur

Mon père Mischa et le sien
Missak Aznavourian en Géorgie je suppose

Aïda et moi

Aïda dans les bras de mon père à Salonique

Berck Plage ma mère moi mon père Aïda DEBOUT

Voyez d'où vient le voile sur mes cordes vocales

LES ÉLÈVES DE LA CLASSE DE MADEMOISELLE JEANNE
JE SUIS AU PREMIER RANG TROISIÈME EN PARTANT DE LA DROITE

A GAUCHE DANS LE RÔLE D'HENRI DE NAVARRE
DANS MARGOT THÉATRE MARIGNY

1ᵉʳ enfant de chœur

Ch. Aznavour
2 Impasse Béarn (IV)

ate	Répétition	Somme	Signature
Février	1	Dix frs	aznavour
Mars	8	Quatrevingt frs	aznavour
te	Représentations	Somme payée	
Mars	9 soirées 2 matinées	Cent cinquante frs	75 f aznavour 79 f aznavour
mars	7 soirées 1 matinée	112.50	37 f 50 aznavour 37 f 50 aznavour 37 f 50 aznavour
mars	7 soirées 1 matinée	112.50	100 aznavour
Avril	7 soirées 1 matinée	112.50	150 f aznavour
Avril	6 soirées 2 matinées	105.= 50	92.50 aznavour

relevé de mes cachets au Théâtre de la Madeleine à Paris

LES CIGALOUNETTES ENTOURENT "PRIOR"

UN PEU DE CAMPING, MAIS PAS TROP

MON CHIEN, PREMIER D'UNE TRÈS GRAND LIGNÉE D'AMIS

Mon père son tar en main, à sa gauche Missac Manouchian
devant lui Méliné Manouchian. À sa gauche et devant elle
le couple Aslanian fusillés par les Allemands
puis en bas ma mère et Badjou qui fut gouvernante à Gallvis

La guerre d'accord
mais pas sans musique
mon père engagé volontaire

Missac Manouchian

mon Père et quelques amis motivés
en 1937 le Front Populaire. Les congés Payés

LE GRAND-PÈRE ET SA CONQUÊTE

PATRIARCAT ARMÉNIEN
CONSTANTINOPLE

№ GRATIS 1114

CERTIFICAT D'IDENTITÉ

Le PATRIARCAT ARMÉNIEN certifie que le porteur du présent, Mme *Marianne Kalpakian* âgé de *60* ans, originaire de *Ismid*, domicilié à *Galata*, désirant se rendre à *Salonique*, relève de la nationalité Arménienne.

En foi de quoi le présent certificat lui a été délivré.

Fait à Constantinople, le

LE VICAIRE PATRIARCAL

Signature du porteur

---

iNFLUENCE FRANÇAISE. le PATRIARCAT ARMÉNIEN delivre les certificats en langue FRANÇAISE

Avec Aïda dans notre numéro de danse russe

Aïda

Un détail de mise en scène pour Aïda par A.M. Julien

Restaurant Chez Gérard

POUR UNE DEUXIEME SEMAINE "CHEZ GERARD"

ROCHE ET AZNAVOUR, fameux duettistes français qui restent à l'affiche du restaurant Chez Gérard pour une deuxième semaine, commençant ce soir.

TOUT QUÉBEC APPLAUDIT!
ROCHE et AZNAVOUR
fameux duettistes français
qui font sensation
Chez GÉRARD
Vis-à-vis la Gare Union
L'endroit choisi pour bien
manger et se divertir.
ST-GEORGES COTE
maître de cérémonie
Pour réservation, appeler:
4-0549

Ils sont uniques!
Ils sont épatants!
ROCHE et AZNAVOUR
fameux duettistes français
dans leur
2e SEMAINE DE SUCCES
Chez GÉRARD
Vis-à-vis la Gare Union
L'endroit choisi, pour bien
manger et se divertir.
ST-GEORGES COTE
maître de cérémonie
Pour réservation, appeler:
4-0549

Devant l'avalanche
de demandes
pour les billets
du récital de
CHARLES AZNAVOUR
AU THEATRE CAPITOL
les productions
Jacques-Gérard
ont réussi à obtenir de
la grande vedette française
CHARLES AZNAVOUR
de donner un deuxième
récital jeudi le 23 nov.
au théâtre Capitol
Billets en vente dès aujourd'hui
au théâtre Capitol
Orchestre: $4.50 — $4.00 — $3.50
Balcon: $4.00 — $3.00 — $2.50

SENSATION!
Chez GÉRARD L'endroit où l'on mange bien
vis-à-vis la Gare Union
vous présente:
ROCHE et AZNAVOUR
LES FAMEUX DUETTISTES FRANÇAIS
Votre maître de cérémonie **ST-GEORGES CÔTÉ** prince des annonceurs
Faites vos réservations en appelant: 4-0549

31 mai $19.00

No. 6752
MONTRÉAL, 6 DEC 1961 19__
L'Union des Artistes de Montréal $10.00
COMPTE 154 _____ DOLLARS
PAYEZ À L'ORDRE DE _CHARLES AZNAVOUR_
Rolland Bédard
La Banque d'Épargne
de la Cité et du District de Montréal
STE-CATHERINE, ANGLE MACKAY

AVEC EDDY CONSTANTINE - EDITH PIAF - LOULOU BARRIER

micheline
ma Première épouse
avec notre fille SEDA

EDITH

DANY BRUCT entouré de Victor et François RABBATH.

Avec Charles Trénet et Jean Cocteau

une lettre de Trénet à germo

The Park Plaza
HOTEL
KINGSHIGHWAY BLVD.
AT MARYLAND
SAINT LOUIS

18 Mai, jour anniversaire de ma naissance.

Mon cher Gérard, patron, ami et camarade non syndiqué,

Merci de votre charmante lettre. Je pense que votre "Break-down" sera une petite concession que vous aurez faite a la mode. Ici, la depression nerveuse est tres bien portée et on serait mal considéré si l'on n'avait pas chacun son petit "Break-down".

Bonne idée de vous reposer un peu tout de même....

Moi pour tout repos je vais passer apres demain deux jours d'enfer dans ce New-York que je deteste. Mais il faut, avant mon départ pour le Mexique que je paye mes impots. Aie, Aie, Aie.......
Je viens de terminer une série d'émissions radiophoniques avec la Charmante et trépidante Carmen Miranda. Elle viendra peut-etre cet étéau Canada....
On me propose à Mexico $2000 par semaine pour aller au Chili en Juillet. J'irai en Septembre car je me fais une grande joie de montrer le beau pays de Québec a ma mére qui arrive demain a New-York.
Tachez de me trouver au lac Beauport un chalet avec trois chambres dans le plus joli coin.
Je viens de faire une chanson nouvelle que je créérai chez vous. Titre : Mon vieux Cinéma muet.
Je vous engage...a engager les duettistes Roche et Asznavour. ILS SONT EXCELLENTES, pleins de talent et font leurs jolies chanons eux memes. Vous verrez le succés qu'ils auront. Si on pouvait les avoir tout l'été ce serait charmant.

Ecrivez moi de vos bonnes nouvelles directement a Mexico City Cabaret El Patio. Adresse sufisante.

Avec mes bonnes et chaleureuses amitiés

nelle chaleur aujourd'hui !   FOREST 3300   *Ch Aznavour*

Avec madame et monsieur Raoul Breton
Prince des éditeurs, éditeur des princes
d'après Charles Trenet

Avec François Truffaut
pendant le tournage de Tirez sur le Pianiste.

avec Jacques Rivette

AVEC GEORGES GARVARENTS

AVEC Barclay et Yves Montand

avec Gilbert Bécaud en écriture

A la fenêtre avec Fred Mella Jean Bertola et Georges Brassens

Avec Gerard Davout et Charles Trenet

Avec Liza Minnelli en cours de répétition

Ulla Thorssell avant de devenir Madame Aznavour

Sammy Davis, Petula Clark et Aïda témoins de notre mariage à Las Vegas

Nicolas. ulla. moi mischa
Katia aida et seda

Patrick.

mn père. ma mère une cousine.
Patrick. moi. seda fred et
suzanne mella michel mella et ?

un moment de calme entre deux scène

Royal Performance

Rencontre au sommet avec Bill Clinton dans l'ombre Hillary et Liza

Première Légion d'Honneur Remise par le Président François Mitterand

Légion d'Honneur Seconde Edition par le Président Jacques Chirac

QUATRE DE LANGUE ARMÉNIENNE
Rosy VARTE . moi . AÏDA . LÉVON SAYAN
la REMISE DE NOS LÉGION D'HONNEUR

LE PRÉSIDENT DU LIBAN me gratifie de la plus haute distinction du pays.

Levon Ter Petrossian premier président de la jeune république d'Arménie

Avec Robert Kotcharian actuel président de la République d'Arménie

en Géorgie avec l'Archimendite.
et le nouveau Catholicos d'Arménie

Le Catolicos. Jean Paul 2. et moi en Arménie

ET L'AMOUR DANS TOUT ÇA ?

J'ai toujours aimé les très jeunes filles, au style androgyne, un peu naïves, un peu perdues, ne possédant rien et pour lesquelles il m'était facile de déployer des largesses et de devenir ainsi leur pygmalion malgré le peu que je savais. Mon rêve était d'accueillir chez moi une jeune femme nue sous un imperméable emprunté, lui offrir toute une garde-robe et, une fois celle-ci complétée, lui faire rapporter l'imperméable à sa propriétaire. À chacun ses fantasmes. Heureusement, celui-là m'est passé rapidement. En ces temps où la majorité était fixée à vingt et un ans, je risquais la correctionnelle pour chacune de mes aventures. L'âge de la majorité dans ce domaine ayant été depuis ramené à seize, les vieux barbons peuvent dormir tranquille sur leur impuissance.

J'ai énormément changé en devenant père pour la deuxième fois, et par la suite grand-père. Je vois ces jeunes filles comme des enfants qui ont mûri trop vite. J'ai le sens du ridicule. Mon âge ainsi qu'une vie de couple, que je crois exemplaire, m'ont appris les limites de la décence. Je reste stupéfait lorsque je lis, dans une certaine presse, les folles amours d'octogénaires avec des toutes jeunes filles qui prétendent être éperdument éprises de ces messieurs très riches pourtant tout près du dépôt de bilan sinon déjà déposé, et futurs clients de la compagnie de pompes funèbres la plus proche de leur domicile. Y croient-ils vraiment ou font-ils semblant pour épater le monde et fuir leur solitude ? Curieux tout de même que ces merveilles ne meurent jamais d'amour pour un petit retraité des postes n'ayant pour survivre qu'un maigre revenu. Les voies de l'amour pour les gérontes sont vraiment impénétrables.

D'accord, je n'ai jamais été un don juan, un Casanova, un séducteur de haut rang. J'ai eu des amies de cœur, de toutes les couleurs et de toutes les religions. Je me suis marié trois fois, mais, en y réfléchissant bien, je ne pense pas avoir véritablement aimé plus de quatre ou cinq femmes. Quand je dis « aimé », je veux dire le genre d'amour dont on n'oublie plus rien, ni le nom, ni la rencontre, ni le vécu, ni tout ce qui vous entraîne du coup de foudre à la rupture, en passant par les coups de tête, les coups de gueule, les coups tordus.

Au nom de la jeunesse
Aux saisons des beaux jours
Mes jeunes idées courent
Étaler leur faiblesse
Au soleil de l'amour

Elle était ravissante, Évelyne, élégante, sûre d'elle, cultivée – moins qu'elle ne le prétendait, mais assez tout de même –, et c'est à la terrasse du Fouquet's que Roland Avellis, Le Chanteur Sans Nom, me la fit rencontrer. Sensible à la jeunesse et la beauté, j'ai fait tout ce qu'il était possible pour la voir très souvent grâce à la complicité de Roland. Peu à peu, je lui donnais rendez-vous seul. Elle me présenta un jeune couturier qui commençait à faire beaucoup parler de lui, Ted Lapidus, avec lequel nous avons bâti une amitié inaltérable. Ainsi, de rendez-vous en flirts, de flirts en nuits, l'amour a pris ses quartiers dans ma vie. Je l'ai présentée à Édith, mais elles n'étaient pas faites pour s'apprécier. Évelyne n'était pas du genre à comprendre la manière de vivre d'Édith, et, surtout, lorsqu'elles se trouvaient dans un même lieu, devinez qui était le point de mire ? Je finis tout de même par quitter, une fois de plus et sans claquer la porte, la maison de Piaf pour m'installer avec Évelyne à l'hôtel Acropolis, boulevard Saint-Germain.

JE ME PRENDS EN MAIN

Piaf, dans sa vie amoureuse, n'était pas chose facile pour un homme à forte personnalité comme André Pousse, qu'il ne fallait pas trop bousculer. Je dois avouer que, de tous les locataires du cœur d'Édith, c'est celui dont je me suis senti le plus proche. Il n'était pas du métier, du moins pas encore puisque, après avoir été directeur artistique au Moulin-Rouge, imprésario de sportifs, il entama et réussit une jolie carrière cinématographique. De plus, son mode de vie était à l'opposé de celui de notre vedette. Lui et moi nous entendions à merveille. Édith dormait jusque tard dans la matinée ; André, sportif habitué à se lever de bonne heure, s'emmerdait royalement en attendant que la maisonnée commence à vivre.

Le jour où il décida de quitter la maison dans laquelle le sportif qu'il était ne pouvait qu'étouffer, je décidai de partir avec lui, suivant ainsi le conseil de Raoul Breton qui pensait que je ne ferais rien de sérieux dans ce métier tant que je ne me serais pas libéré de l'envoûtement de Piaf. Un matin, ne pouvant plus supporter le rythme décousu de la vie que nous menions, je lui dis :

« Il paraît que tu t'en vas ?

— Oui, mon pote, ça va comme ça, je me barre. Comment tu l'as su ?

— Il y a des rumeurs dans la maison. Si tu pars, je m'en vais aussi, je ne supporterais pas un autre patron. »

Nous aimions beaucoup Édith, mais son train de vie finissait par nous engourdir. André emballa ses affaires en me regardant d'un air sceptique, et c'est seulement le lendemain qu'il apprit que j'avais à mon tour ramassé les miennes. Édith ne m'en a jamais voulu ; elle se doutait bien qu'un jour ou l'autre je déciderais de prendre la clef des chansons.

Commencèrent alors les galères, les gens du métier, persuadés que c'était Édith qui m'avait congédié, et imaginant lui faire plaisir, me fermèrent leurs portes. Pas de Piaf, pas de contrats. On considérait alors que mes disques étaient faits pour être invendus ou difficiles à écouler. Je faisais partie de ces artistes que l'on nommait des marginaux.

De galères en galas

En septembre 1950, alors qu'Évelyne était en tournée, je décidai d'emménager chez Florence Véran, Richard Marsan et Billy Florent qui squattaient avant la lettre un vaste appartement rue Villaret-de-Joyeuse, à deux pas de la Porte Maillot. Comme ils avaient souvent du retard pour acquitter le montant du loyer, le propriétaire des lieux cherchait à se débarrasser de ces colocataires peu ponctuels. Pour déloger les coriaces, il avait tout bonnement coupé l'arrivée d'eau chaude. Mais l'eau n'est jamais trop froide lorsqu'on est jeune ! Et nous

Le temps des avants

nous en sommes très bien accommodés. Je dis nous car j'avais intégré la dernière chambre inoccupée. Dans la journée, j'allais chez Raoul Breton comme un fonctionnaire va à son bureau, et, le soir, avec Richard nous hantions les boîtes de nuit où, devant un verre – disons une bouteille –, nous refaisions le monde en compagnie des « intermittents du spectacle ». Nous jugions particulièrement sévèrement les gens de notre métier. Je rentrais tard dans la nuit en compagnie de Richard passablement éméché, lui pour entendre les reproches de Florence, moi parfois tendrement accompagné.

Mon contrat chez Patachou avait pris fin ; nous devions donc au plus vite trouver du travail. Je ne sais de qui vint l'idée de faire un spectacle à trois sous, mais notre décision fut prise très vite sous le titre *Les Trois Notes*. Nous avons mis au point la formule, fait le tour des agences de spectacle, et comme nous ne demandions pas cher, il ne nous fallut pas longtemps pour décrocher une série de contrats et nous produire au Maghreb. Premier pays : le Maroc, Casablanca. Le spectacle se déroulait comme suit : Richard entrait en scène, racontait trois blagues, puis me présentait, accompagné au piano par Florence qui chantait à son tour tout en continuant à jouer. Enfin, j'annonçais Richard et je prenais place au piano pour l'accompagner dans son numéro d'imitation. Premier contrat, Le Jardin d'hiver à Casablanca. Je ne sais si c'est le son de ma voix aux accents orientaux, ma manière de chanter ou les chansons elles-mêmes, mais j'ai été tout à coup comme porté par le nombreux public de cette boîte en plein air, qui ne voulait pas me laisser sortir de scène. À l'issue de la représentation, après une petite réunion, nous décidâmes d'un commun accord

199

qu'à présent je terminerais le spectacle. Le lendemain, Jean Bauchet, directeur du Moulin-Rouge de Paris et du casino de Marrakech, qui était présent dans la salle, nous proposa un contrat au casino. J'avais déjà dans mon tour de chant *Poker*. Les joueurs, qui, il faut bien le dire, sont plus familiers des tables de jeux que des pistes de cabaret, venaient pourtant écouter ma chanson avant de s'en retourner dare-dare reprendre leur place devant les tapis verts. C'était, paraît-il, la première fois qu'une telle chose se produisait au casino.

Les frères Marly étaient les imprésarios les plus importants à des milliers de kilomètres à la ronde : Maurice pour la Tunisie, Isidore pour l'Algérie, Sadi pour le Maroc. À cette époque, comme on considérait que ma petite taille était un obstacle majeur à ma carrière, je m'étais fait envoyer des États-Unis deux paires de *elevator shoes* qui me grandissaient de sept centimètres. Un jour, alors que Richard et moi nous trouvions dans le bureau de Sadi, je le vis se pencher vers Richard pour lui chuchoter d'un ton navré : « Il a un pied bot. » À ces mots, je croisai l'autre jambe, ce qui lui fit dire : « Le malheureux, il a deux pieds bots ! »

De Casablanca, nous avons continué notre tournée : Marrakech, Fez, Port-Lyautey – aujourd'hui Kenitra –, Rabat, Oujda, Alger, Oran, Constantine, Tunis. J'avais enfin mis un peu d'argent de côté, ce qui me permit, rentré en France, de changer ma vieille guimbarde qui avait bien souffert sur les routes cahoteuses d'Afrique du Nord. Pour couronner le tout, Jean Bauchet m'avait concocté un très joli contrat en vedette au Moulin-Rouge. Après les années de vaches maigres, les grasses faisaient enfin leur apparition. Je ne regrettais plus d'avoir pris mon indépendance vis-à-vis de Pierre Roche, et je continuais à voir Édith, toujours flanquée de son copain bouffon, Le Chanteur Sans Nom. Évelyne, elle, était en tournée au Moyen-Orient – Beyrouth, Le Caire. En Égypte, le succès couronnait surtout, à l'époque, les cheveux blonds et les corsages... Le téléphone n'étant pas encore ce qu'il est devenu aujourd'hui, je lui envoyais des lettres enflammées ; j'étais amoureux fou.

Mon premier Olympia

De retour sur le continent européen, je retrouvai Évelyne et nous emménageâmes rue Sainte-Rustique, sur la butte Montmartre. J'avais alors presque les moyens de me payer un accompagnateur. J'en trouvai un : Jean Leccia, Lyonnais d'origine corse, dix-sept ans, en paraissant quinze, excellent musicien ouvert à tous les styles et doté d'une grande sensibilité. J'ai commencé à me produire avec lui au piano, dans quelques cabarets de la rive gauche, jusqu'à la date fixée par Jean Bauchet au Moulin-Rouge. Puis vint le jour de la répétition avec le grand orchestre. Je présentai mon chef d'orchestre, mais, devant le physique de Jean, les musiciens chevronnés refusèrent catégoriquement de jouer, refusant d'être dirigés à la baguette par ce qui leur semblait n'être qu'un enfant en bas âge. Le Lyonnais qui sommeillait en Jean se révolta, et le Corse prit le maquis : il commença à se renfrogner et à faire la gueule. Les musiciens, ayant appris qu'il orchestrait quelques-unes de mes chansons, changèrent d'attitude, l'atmosphère se détendit, mais ils ne revinrent pas sur leur décision. Mon contrat s'annonçait plutôt bien. Dès le premier soir, mes nouvelles chansons furent accueillies avec enthousiasme, applaudies, et

Bruno Coquatrix, qui avait toujours refusé de m'engager dans son établissement – l'Olympia –, me demanda enfin de m'y produire. Entre les bulles de champagne, je buvais du petit lait. La roue de la chance semblait tourner dans mon sens. Il était temps : malgré mon entêtement et ma détermination, je commençais à me ronger les sangs.

Nous étions donc installés, Évelyne et moi. Tandis que je cherchais de nouvelles chansons, elle tenait plutôt bien notre intérieur et se débrouillait merveilleusement en cuisine. Mais ce qui devait arriver arriva. Après quelques semaines, j'eus droit à des conseils sur mon métier, et j'avoue que j'ai horreur des dames qui, parce qu'elles sont entrées dans le lit d'un artiste, se sentent soudain investies d'un nouveau savoir, doublé d'une mission de conseillère à plein temps. Les « à mon avis, tu devrais faire ceci, chanter cela, rencontrer untel, ne plus voir machin », ça me sort par les yeux. De Paris à Lyon, de Lyon à Saint-Tropez, nous menions une vie partie pour devenir mondaine. Elle aurait aimé, j'en suis persuadé, appartenir à ce que l'on appelle la jet-set. Moi, je m'en fichais, j'aimais ça, mais j'avais autre chose à faire dans la vie.

En vue de mon important contrat à l'Olympia – c'était la consécration ! –, je composai une nouvelle chanson qui plut à Raoul Breton et à mon entourage. Raoul Breton rappela à Jean-Jacques Vital que nous avions une sorte de contrat moral avec lui. Comme la chanson semblait prendre merveilleusement son envol, ce dernier nous accorda même, en partenariat avec le poste Radio Luxembourg, plus qu'il ne nous avait promis.

Sur ma vie
Je t'ai juré un jour
De t'aimer jusqu'au
Dernier jour de mes jours
Et le même mot
Devait très bientôt
Nous unir devant Dieu
Et les hommes

Je présentai ma nouvelle chanson à Bruno Coquatrix ; il estima que c'était exactement ce qu'il me fallait pour faire enfin ma rentrée dans son music-hall.

Il proposait alors un programme international : ballets brésiliens, Sydney Bechet l'Américain, le mime Marceau le Français, moi en vedette arménienne... Étrange, mais après tout pourquoi pas ? Comme le succès était au rendez-vous, il me signa immédiatement un nouveau contrat en compagnie de Roger Pierre et Jean-Marc Thibault. Là, ça marcha plus fort que la dernière fois, et Bruno Coquatrix me proposa de passer en vedette dans son établissement la saison suivante. Mais nos discussions tournèrent court car Bruno refusait de me rémunérer comme les artistes américains. Je connaissais le prix auquel il acceptait de payer Frankie Laine et pas loin de faire autant d'entrées, sinon plus, que l'illustre chanteur, je requérais le même contrat. Il faisait encore une affaire puisqu'il n'avait pas à régler de coûteux frais de voyages ou de séjours. Devant le refus catégorique de Bruno, j'acceptais la proposition de Jeanne Broteaux de me produire un an plus tard à l'Alhambra où mon dernier passage en attraction avait été concluant.

Quelques mois auparavant, j'avais écrit la version française de l'immense succès du moment de Frankie Laine, *Jézabel*. Les circonstances ont fait que j'ai débuté le même soir que Frankie Laine, lui à l'Olympia, moi à l'Alhambra. Des deux spectacles, c'est à celui de Frankie que la presse consacra ses premières pages, et, bien que mes salles aient été pleines à chaque représentation, les critiques continuaient de me démolir. Je hasardai un coup de téléphone pour lui proposer, s'il avait une soirée disponible, de lui faire connaître les bonnes tables de notre capitale. À ma grande surprise, il était libre tous les jours. Comme personne à l'Olympia ne s'était soucié de savoir ce qu'il voulait faire avant le spectacle, je l'emmenai lui et sa femme dans des restaurants, des musées, des boîtes de jazz et de musique sud-américaine de Paris. Ils ont accepté avec enthousiasme, pour le plus grand plaisir des photographes et de la presse qui se demandaient lequel des deux avalerait l'autre. J'avoue que la balance journalistique penchait sérieusement du côté de Frankie. Mais cela n'avait pas d'importance, pour nous, ces balades quotidiennes peu à peu se transformaient en amitié. À la fin de mon contrat à l'Alhambra, je décidai de partir en tournée à travers la France.

Quant à Bruno Coquatrix, il fut, parmi les plus belles têtes de mule que j'ai eu la chance de rencontrer, et avec lesquelles j'ai travaillé, l'une des plus sympathiques, mais aussi des plus coriaces. Malgré sa notoriété, son flair et les possibilités qu'il avait de lancer un artiste dans son Olympia, notre Bruno national avait décrété que je n'étais pas fait pour son théâtre après m'avoir entendu chez Patachou. Les années passèrent, et ce qu'il n'avait

Le temps des avants

pas décelé en moi, le public, lui, l'avait fait. Et lorsque cinq ans plus tard son théâtre connut une traversée du désert, je ne lui tins pas rancune ; j'avais gardé toute mon estime pour le patron et toute ma tendresse pour l'Olympia. Tous deux exerçaient un charme irrésistible.

Entre-temps, Évelyne et moi avions décidé de nous marier civilement Chez Carrère, un restaurant à la mode à Montfort-l'Amaury. Sans nos familles, juste quelques amis. Quand elle s'est rendu compte que nous allions être treize à table, elle a absolument tenu à ce qu'il y ait un quatorzième. Je téléphonai alors à la mairie, et le maire, que je connaissais bien, accepta de se joindre à nous. Peut-être était-ce un signe du destin car – nous ne le savions pas encore –, notre mariage se solda par un divorce. Quel est le chiffre fatidique déjà, treize ou quatorze ?

LA FOLIE DES GRANDEURS

Jeune, je voulais une voiture qui corresponde à ma condition de « vedette » que je croyais être. Pauvre de moi ! La mode étant aux énormes américaines, couleurs éclatantes, je me présentais chez le concessionnaire Buick de la rue Guersant. Je n'avais probablement pas le look de celui qui peut s'offrir une voiture de cette catégorie, car le vendeur – plus snob, tu te flingues –, me toisant – vu ma taille, ça ne lui était pas difficile –, daigna à peine me donner quelques renseignements, mais vraiment du bout des lèvres. Intérieurement je bouillais, mais j'essayai de me contenir. À la fin, n'y tenant plus, je repartis sous le regard las du vendeur, avec la ferme intention de lui donner une leçon. Sans réfléchir, j'ai franchi la porte du garage voisin qui présentait en vitrine une splendide Ford couleur bleu des mers du Sud, pour en ressortir un moment plus tard au volant de la petite merveille devant le vendeur mal élevé, resté stupide et coi à la vue de cette vente qui lui filait sous le nez.

Après avoir installé Évelyne à Saint-Tropez, au volant de ma voiture de star je partis en tournée en compagnie de

Claude Figus, qui faisait plus ou moins office de secrétaire, et de Jean Leccia, mon pianiste arrangeur et chef d'orchestre. Le succès s'envolait au fur et à mesure que nous gagnions le nord du pays. Ce fut un désastre à l'Est. Pour notre dernière étape à Périgueux, où nous devions être arrivés à dix-sept heures pour préparer le spectacle, il nous fallut nous lever de très bonne heure : les autoroutes du Sud n'existaient pas encore, et nous devions emprunter des petites routes secondaires aux nombreux virages serrés. J'avais, durant cette tournée, accumulé pas mal de fatigue. Aussi, je n'entendis pas le camion qui venait en sens inverse, un douze tonnes chargé de bauxite qui déboucha à la sortie d'un virage. Lui et moi devions rouler à environ soixante à l'heure, et nous n'eûmes pas le temps de freiner. C'est ainsi que la mort embrassa mon joli capot bleu à pleine bouche. Mes deux compagnons, qui s'étaient assoupis à l'arrière, furent projetés contre la banquette avant ; moi, je me cramponnai si fort au volant que les os de mes coudes traversèrent la peau des bras. Le tableau de bord me tomba sur les genoux, et, comme en ces temps les véhicules n'étaient pas équipés de ceintures de sécurité, mon front heurta le pare-brise. Je ne ressentais aucun mal, j'étais simplement groggy. La radio ne chantait plus mais grésillait comme un moteur sur le point d'exploser. Dans le choc, ma montre était allée s'accrocher au volant et se balançait. Il y avait peu de monde sur cette petite route, mais un automobiliste finit par s'arrêter et téléphoner immédiatement pour qu'on nous envoie du secours. « Surtout, ne bougez pas », me dit-il à son retour. Tu parles, j'étais complètement coincé ! J'attendis ainsi une quarantaine de minutes, fou d'inquiétude pour la soirée que je ne pourrais pas assumer. Enfin, une ambulance arriva. Tout le monde s'activa, on força la taule pour me

Le temps des avants

sortir de là, et nous partîmes pour l'hôpital le plus proche. Après avoir roulé près de cinquante kilomètres, le chauffeur se rendit compte qu'il s'était engagé dans la mauvaise direction. On fit demi-tour. Après un autre soixante-quinze bornes, nous arrivâmes enfin à l'hôpital de Brignoles. La radio ayant eu le temps d'annoncer l'accident, plusieurs photographes guettaient notre arrivée pour prendre un cliché du blessé. Publicité oblige, j'y allais de mon plus beau sourire qui devait plutôt ressembler à une belle grimace, et, le devoir accompli, je perdis connaissance. Évelyne, qui se dorait au soleil et se grisait des nuits tropéziennes, rappliqua accompagnée d'une petite cour du cru. Évidemment, elle ne fit rien pour prévenir mes parents et ma sœur qui se trouvaient à Mouans-Sartoux dépourvus de moyen de locomotion. Fort heureusement, Philippe Clay, très proche de nous, traversa une partie de la Provence et ramena les miens.

Rouler
Jusqu'à frôler deux cents à l'heure
Bloquer l'aiguille du compteur
Fier d'établir des performances
Rouler, être dans la peau du champion
Sûr de sa forme et de ses dons
Sur une route de vacances
Doubler
Toute une file à folle allure
Entrer dans un arbre ou un mur
Ou mieux dans une familiale
Blesser, mutiler femmes et enfants
Qui partaient joyeux et confiants
À une vitesse normale
Tomber sous le regard des vacanciers

Charles Aznavour

Comme un pauvre chien écrasé
Sur le bord d'une nationale

Quelques semaines plus tard, je sortais de l'hôpital prisonnier d'une minerve et d'un plâtre blanc, les deux bras tendus en avant comme si je cherchais à serrer quelqu'un contre mon cœur. J'étais, du cou jusqu'à la ceinture, enfermé dans cette armure. Je fumais énormément à l'époque, on m'offrit un très long fume-cigarette, car je ne pouvais pas approcher mes mains de mes lèvres. J'avais besoin de quelqu'un pour me déplacer, me lever d'un fauteuil, ouvrir la porte... Ne tenant pas en place, je commençais à m'accrocher tant bien que mal à l'armoire pour faire remuer mes bras à l'intérieur de ma carapace blanche. Je m'exerçais aussi à changer, d'un coup de plâtre, le levier de vitesse de la 4 CV Renault que j'avais achetée, justement parce qu'elle était la seule voiture à avoir le levier très près du conducteur. C'est à ce moment que Claude Figus me présenta Dany Brunet, qui devait, pour de longues et heureuses années, me suivre partout. C'était un ex-routier, solide à tous points de vue, physiquement et moralement, toujours optimiste et de bonne humeur, surtout quand de jolies filles se trouvaient à proximité. Dany avait la particularité d'être très souvent amoureux, et comme tous les amoureux, il voulait connaître l'avenir qui lui était réservé avec la belle de ses pensées, qui à l'époque était une jeune femme grecque vivant en Grèce. Ma mère lisait pour lui dans le marc de café, et, curieusement, la justesse de ses prédictions surprenait souvent le sceptique que je suis.

Cet accident dans lequel je manquai mourir attira l'attention d'un vaste public sur mon existence et mes chansons qui lui parlaient d'amour, de la vie, du quotidien.

Le temps des avants

Je leur étais un tout petit peu utile. En l'espace de quelques jours, j'ai reçu trois sacs postaux de courrier me souhaitant bonne chance et m'encourageant à ne pas désespérer. Toutes les lettres étaient gentilles, pourtant une se démarquait, anonyme : « T'avais la voix cassée, aujourd'hui les bras. À quand la pipe ? » Quand je pense qu'il y a des gens qui prennent la peine d'écrire, d'acheter un timbre pour exprimer leur rancœur et leur méchanceté, les bras m'en tombent.

Aussi rapidement que possible, je repris le chemin, flanqué de Dany et de mes plâtres, des éditions Raoul Breton pour m'installer très inconfortablement devant le fameux piano bleu. En me tordant pour que mes mains puissent se trouver à plat sur le clavier, je recommençais à composer, en prévision de ma rentrée. Comme j'étais d'humeur optimiste, je me lançai dans une chanson rythmée jazzy.

> *Moi, certain soir quand je m'ennuie*
> *Je connais un coin dans Paris*
> *Où l'on se rencontre entre amis*
> *Pour faire une jam*

Je rencontrais beaucoup de réticence de la part des directeurs de music-hall ou de cabaret parisiens. J'étais le mouton noir de la chanson française. Cela ne m'empêchait pas de faire, dans la soirée, outre un cinéma, en attraction entre les actualités et le film, trois ou même quatre boîtes de nuit ou cabarets de la rive gauche. Lorsque j'arrivais aux derniers tours de chant, la sixième ou la septième prestation du soir, je n'avais pour ainsi dire plus de voix, mais je chantais encore, et souvent les clients présents pensaient que ce qu'ils entendaient en fin de nuit était ma voix naturelle. Il ne faut pas penser que j'avais une voix aussi claire que de l'eau pure, non, elle était voilée, un nuage l'empêchait de s'échapper normalement de ma gorge. J'avais consulté deux ou trois laryngologues à ce sujet, et les verdicts étaient toujours les mêmes : « Ne vous faites pas d'illusion, vous ne pourrez jamais chanter, vous avez une corde vocale qui ne vibre pas. » C'est leur imagination qui ne vibre pas, pensais-je.

Je suis un cabotin dans toute sa splendeur
Je suis né pour jouer
Donnez-moi un tréteau minable et sans chaleur
Je vais me surpasser
Je suis un cabotin dans toute sa splendeur
Mais j'ai ça dans le sang
Donnez-moi quatre planches et quelques spectateurs
Et j'aurais du talent
Du talent

Les fins de semaine, je les passais dans la propriété que les Breton possédaient à Méré, dans les Yvelines. Mon ménage avec Évelyne battait de l'aile, et je réalisais à quel point son monde différait du mien. Elle ne supportait pas son nouveau nom, Aznavourian – déjà, Aznavour, c'était limite... Elle critiquait souvent ma famille, qu'elle ne connaissait pour ainsi dire pas, et ignorait totalement ma fille. M. et Mme Breton lui faisaient tout juste bonne figure. Elle s'employait à changer mon comportement, ma manière de vivre, mes fréquentations qui, selon elle, n'étaient pas de notre condition, elle voulait me modeler – vaste programme ! Nous ne nous disputions pas. Pire, nous nous éloignions peu à peu l'un

Le temps des avants

de l'autre. Raoul Breton me balada dans la région proche et je jetai mon dévolu sur une petite maison, ancienne forge du maréchal-ferrant du château de Galluis, toujours dans les Yvelines. Elle coûtait trois millions cinq cent mille francs anciens. Raoul m'avança la somme pour l'acquérir, et j'entrepris immédiatement, bien que fauché et encore dans le plâtre, des travaux colossaux. Curieusement, plus les travaux avançaient, moins j'imaginais Évelyne vivre dans cette maison. Je n'avais pas tort. Par la suite, j'achetai le terrain juste en face pour y faire construire une maison pour mes parents. Aïda venait de se fiancer avec un jeune compositeur d'origine arménienne, Georges Garvarentz, qui possédait lui aussi une jolie petite maison dans notre village. Nous étions heureux d'être réunis.

Mais toutes les histoires, même les plus belles, ont une fin. Je voyais bien, même si comme l'autruche je gardais la tête enfouie dans le sable, que nous n'étions pas vraiment faits l'un pour l'autre. Avec Évelyne, le problème était qu'elle venait d'un autre monde que le mien, qu'elle était déjà la femme de la vedette que je n'étais pas encore. Elle cherchait à me conseiller, et j'ai horreur que l'on pense pour moi dans mon métier. Pour elle, après tout, je n'étais qu'un être mal dégrossi, peut-être non dépourvu de talent, mais qui avait certainement besoin d'être guidé. Évelyne faisait montre d'instruction, elle se sentait supérieure, très fière de ses deux bacs qu'elle m'assénait chaque fois qu'elle en trouvait l'occasion – les avait-elle vraiment ? Un jour, après m'avoir vu dans *La Tête contre les murs*, elle décréta que je ne serais jamais un bon acteur et qu'il valait mieux que je m'en tienne à l'écriture. Elle jugeait, tranchait et cherchait à décider pour moi. Je mettais un point d'honneur à sauvegarder ma tranquillité d'esprit pour pratiquer mon métier le mieux possible et à ma guise.

À la veille de mon départ pour un contrat à Lisbonne, sans un mot – les hommes peuvent être lâches quand il s'agit de prendre de grandes décisions –, je rassemblai mes affaires et quittai l'appartement sur la Butte que nous partagions Évelyne et moi. Je rencontrai dans l'avion du retour une ravissante comédienne qui venait d'un festival à Rio de Janeiro, Estella Blain. Nous passâmes le voyage à parler, rire et flirter un peu. À la descente de l'avion, la presse cinéma était présente pour accueillir les comédiens et les comédiennes revenant du festival. Des photos furent prises, et Évelyne en eut connaissance. Se sentant bafouée, elle engagea en quatrième vitesse une procédure de divorce ; elle voulait être la première à le faire. Il ne s'était encore rien passé entre Estella et moi, mais la photo, oh la photo ! Je me suis toujours demandé si, sans cette indiscrétion de la presse, elle aurait accepté aussi facilement la séparation, même à mes dépens ?

LA MACHINE EST EN MARCHE

Quand on vient de nulle part et que le succès s'accroche soudainement à vos basques, deux graves maladies vous guettent au tournant : la grosse tête, qui se manifeste par un gonflement démesuré du crâne, des chevilles et de la langue, et qui est à mon sens incurable, et la folie des grandeurs, que la vie peut soigner, voire guérir par la chute de la cote de popularité et l'arrivée d'un nombre de déboires imprévus. L'épidémie ne m'a pas épargné, mais les leçons tirées de notre passé familial permirent que je ne sois touché que par la folie des grandeurs. Je ne cherchais pas à épater mon voisin, mais moi-même. D'abord, ce fut l'achat de l'ancienne forge et des meubles que l'on m'avait vendus pour de l'ancien ; puis la Rolls-Royce, et pas n'importe laquelle, la belle, la grande, que dis-je, l'immense, celle qui aurait eu du mal à passer rue de la Huchette, la même que celle de la reine d'Angleterre. Oh les mecs ! on est vedette ou on ne l'est pas, il faut être à la hauteur, sinon on a l'air d'un numéro trois du concert Pacra. L'escalade continuait, jour après jour. J'engageai, en plus de Dany mon immuable âme damnée de régisseur, William, chauffeur de Rolls professionnel avec l'accent indispensable du pays de Galles, Berdjoui la gouvernante, Eddy Kazo mon secrétaire, Annette et Louis, elle pour s'occuper de la maison, lui pour faire la cuisine. Un autre jour, pris d'une soudaine fièvre caucasienne – après tout, mes ancêtres l'étaient bien –, j'eus la folle envie de posséder des chevaux. Et me voilà parti, toujours accompagné de Dany, pour choisir de belles bêtes. Il s'est très vite pris de passion pour l'équitation, et, en peu de temps, se révéla un excellent cavalier. Il vivait ma vie autant que la sienne, toujours disponible et efficace, à cheval, en tournée, en famille. Je n'entretenais pas avec lui un rapport de patron à employé mais une complicité d'amis, presque de frères. Pour assurer l'entretien des bêtes, les soigner, les nourrir, j'engageai aussi Pierre, un homme du village, que nous avions sacré palefrenier. Table et étable ouvertes, je vivais comme un nabab ; à peine arrivé, l'argent repartait déjà dans les poches des fournisseurs. Je travaillais et dépensais comme un fou. Avec la venue des musiciens, les frères Rabbath, pour m'accompagner, cela me faisait dix mensualités à payer en plus de la pension de mon ex-épouse. Deux options se présentèrent alors à moi : finir criblé de dettes ou devenir raisonnable. Je choisis la seconde.

Je n'avais pas réellement les moyens de me payer un trio, en plus des charges que j'avais déjà. J'avais pour habitude d'engager un pianiste et de profiter des musiciens de l'établissement qui m'engageait pour avoir un fond musical plus fourni. J'avais auditionné plusieurs pianistes ; le dernier s'appelait Pierre Rabbath, et il répondait exactement à ce que j'attendais d'un accompagnateur. Je m'apprêtais à lui signer un contrat quand il

Le temps des avants

m'annonça ne pas pouvoir se séparer de deux de ses frères musiciens, qui n'avaient pas trouvé de travail en France et avaient décidé de repartir pour le Liban. « À moins, ajouta-t-il, que vous n'acceptiez de nous engager tous les trois. » François était bassiste, des meilleurs, Victor jouait de la batterie. Même avec un prix d'amis, les mensualités restaient très fortes pour mon budget. Puis au diable les calculs !, nous sommes partis tous les cinq, avec Dany, pour une vaste tournée. La Tunisie, Le Maroc, l'Algérie, la Grèce, la Belgique, la Suisse, l'Espagne, le Portugal, l'Égypte, le Liban, à nous tous, nous pouvions nous débrouiller partout, nous parlions six à huit langues, excepté Dany qui, hormis le français, « n'entravait que dalle ». Seule petite difficulté au Maghreb : il avait du mal à se faire comprendre, le Rabbath ! Bien qu'eux comprenaient parfaitement les gens du cru, ceux-ci avaient des difficultés parce que mes trois Libanais parlaient un arabe littéraire. Notre groupe était parfaitement soudé, nous vivions pour ainsi dire vingt-quatre heures sur vingt-quatre ensemble, nous disputions des parties d'échecs épiques qui commençaient avant d'entrer en scène, se poursuivaient à l'entracte et se terminaient parfois après le spectacle. J'en aurais soupé de Tartakover[1] et du coup de ceci ou du coup de cela ! Rentrés à Paris, nous n'avions qu'une hâte, repartir, toujours prêts, toujours partants pour le bout du monde.

---

1. Saveilly Tartakover (1887-1956) fut un grand joueur d'échecs et un tacticien hors pair.

LES ANCIENNE BELGIQUE

Je commençais à gagner confortablement ma vie. Pas de quoi rivaliser avec les émirs du golfe Persique, mais assez pour voyager confortablement, m'habiller chez de bons faiseurs, et fréquenter les meilleures tables répertoriées dans le petit livre rouge, le français bien sûr, pas le chinois. Georges Mathonet présidait avec son frère Arthur aux destinées des Ancienne Belgique, Arthur à Anvers, et lui à Bruxelles. Ils m'avaient connu débutant dans leurs établissements, avaient toujours par la suite refusé de m'engager en vedette. Mais, trimestre après trimestre, mon nom à l'affiche prenait un peu plus d'importance. Un établissement digne de ce nom, qui présentait chaque semaine une vedette de premier plan, se devait de me faire venir au moins une fois par an. Pourtant, notre brave Georges Mathonet restait sourd à l'appel de mon nom. Son public commençait à se demander pourquoi j'étais le seul artiste à ne pas me produire à Bruxelles, à l'Ancienne Belgique. Et il eut raison de l'entêtement de Georges qui finit par envoyer une proposition de contrat à Jean-Louis Marquet. Ce dernier vint me l'annoncer fièrement, comme si nous venions de gagner la guerre. Le chiffre proposé était celui auquel je prétendais habituellement, à savoir quatre mille francs belges par jour. Comme je devais un chien de ma chienne à l'ami Mathonet, j'en réclamai huit mille. Le refus de Mathonet ne se fit pas attendre, affaire classée. L'année suivante, je valais les huit mille francs que j'avais réclamés. Mathonet, en toute confiance, envoya à Jean-Louis le contrat mentionnant ce prix. Mais je ne m'étais pas suffisamment amusé ; je fis répondre qu'à moins de seize mille je ne bougerais pas d'un pouce. La réponse fut une fois de plus négative. Lorsque enfin mon prix atteignit les trente mille – ce qu'Édith touchait lorsqu'elle passait aux Ancienne Belgique –, à la dernière proposition qui me parvint de Bruxelles, je fis dire à Mathonet que je voulais plus que Piaf. De guerre lasse, ne pouvant plus faire autrement, quitte même à perdre de l'argent, il dit à Jean-Louis : « Bon, inscrivez le chiffre que vous voudrez. » Et c'est avec un immense soulagement qu'il découvrit la somme demandée : celle d'Édith Piaf majorée de un franc. Pour moi, un petit franc symbolique, pour lui, une gentille petite leçon. Au cours de notre déjeuner avec la presse bruxelloise au restaurant Chez son père, il me dit au café : « Vous m'avez fait souffrir. » Je racontai alors toute l'anecdote, que la presse eut le bon goût de ne pas publier et, de ce jour, jusqu'à la fin de ceux de Georges, nous restâmes d'excellents amis. Et aujourd'hui encore, je me souviens avec émotion de mes années passées aux Ancienne Belgique.

CE SOIR OU JAMAIS

Un bonheur, comme un malheur, n'arrive jamais seul. Je devais faire ma rentrée pour la première fois en grande vedette à l'Alhambra. « Vaste programme ! », comme aurait dit de Gaulle. Je m'y préparais fébrilement. Aïda et Georges Garvarentz me soutenaient. Je n'avais pas vraiment peur, mais j'avais déjà subi tant de revers que parfois je doutais : et s'ils avaient raison ? Dans ma loge, je marchais de long en large, puis j'allais voir ce qu'il se passait sur scène ; rien ne calmait ma nervosité. Enfin, je sortis pour aller boire un thé au bistrot du coin. Je fis un tour devant le théâtre où brillait mon nom en lettres de feu, ça me donna un coup de fouet. Ce n'était pas le moment de flancher, cette soirée déciderait de ma carrière. Je pris ma voiture pour aller embrasser ma fille et mes parents. De retour au théâtre, j'ouvris les télégrammes qui m'étaient adressés, comme il est de coutume dans notre métier. Les petits mots des Compagnons de la chanson, de Montand et Signoret, de Jean Cocteau, Jacqueline François, Juliette et Marcel Achard, Charles Trénet, des opératrices des PTT, des groupes d'ouvrières d'usine me réconfortèrent. Puis tous ceux de mon entourage arrivèrent peu à peu : Jacques Vernon, Androuchka, Jean-Louis Marquet, La Marquise et Raoul Breton. Je me sentis soutenu, épaulé. Lorsque l'orchestre accompagna la première partie, je commençai à me préparer : j'appliquai sur mon visage une légère couche de maquillage pour cacher ma pâleur et j'enfilai le complet bleu spécialement coupé par Ted Lapidus pour la chanson sur laquelle j'avais misé tous mes espoirs – celle que Montand avait refusée, prétextant que les chansons sur le métier n'avaient aucune chance de plaire. À l'entracte, j'étais déjà en coulisses ; puis vint le moment crucial où l'orchestre attaqua mon introduction. J'entrai en scène. Maigres, très maigres, les applaudissements. Seuls les inconditionnels et mes amis étaient de mon côté. Un soir de première réunit en effet surtout les gens qui, de près ou de loin, font partie de la profession. Une chanson, deux chansons, six chansons, rien, public glacial, à foutre le camp sans un mot, sans un regard. Je transpirai sang et eau, je tremblai de tous mes membres, mais je donnai le maximum de moi-même. Après la septième chanson, un faux rideau était prévu ; cela devait être ma chanson coup de poing. D'autant que j'avais imaginé pour celle-ci une mise en scène assez révolutionnaire à l'époque où l'on ne jouait pas encore avec des effets d'éclairages. J'attaquai :

> *À dix-huit ans, j'ai quitté ma province*
> *Bien décidé à empoigner la vie*
> *Le cœur léger et le bagage mince*
> *J'étais certain de conquérir Paris*

Pendant les chansons précédentes, je m'étais peu à peu débarrassé de ma cravate et de ma veste, et j'avais

Le temps des avants

déboutonné mes boutons de manchettes pour me permettre de lentement me rhabiller :

> *Je m'voyais déjà en haut de l'affiche*
> *En dix fois plus gros*
> *Que n'importe qui mon nom s'étalait*
> *Je m'voyais déjà adulé et riche*
> *Signant mes photos*
> *Aux admirateurs qui se bousculaient*

À la fin de la chanson, quand j'étais habillé, le projecteur de face s'éteignait en même temps qu'une masse de projecteurs rangés dans le fond de la scène éblouissait les spectateurs du parterre, je rentrais alors en dansant dans cet écran de lumière. Comme si le public se trouvait de l'autre côté du parterre, et le rideau tombait à l'avant-scène. Pourtant, là où j'attendais des applaudissements, il y eut un grand silence. Je gagnai le portant côté jardin où se tenait Jean-Louis Marquet : « Demain, on change de métier », lui dis-je, ce à quoi il répondit : « Va quand même saluer et finir ton spectacle. » Tandis que, tête basse, je revenais à l'avant-scène et que le rideau se relevait, j'entendis le bruit des fauteuils qui claquaient. Étaient-ils en train de quitter la salle ? J'étais en nage sur l'avant du proscenium ; devant moi, le trou noir. Peu à peu, je distinguai les premiers rangs. Puis j'aperçus brusquement la salle entière debout pour m'applaudir à tout rompre. Ce Tout-Paris si redoutable était en train de m'offrir une des plus extraordinaires joies de mon existence. Nous étions face à face, lui, ce public de première qui n'était venu que pour assister à ma chute, et moi, ayant perdu tout esprit de bagarre, prêt à fondre en larmes. La fin du spectacle fut un enchantement. Des rappels, encore des rappels, j'aurais pu facilement chanter dix chansons de plus, mais il ne fallait rien exagérer. Je sortis de scène pour affronter l'hypocrisie des « je l'avais toujours dit », « je n'en ai jamais douté », « tu es le plus grand », « formidable, mon vieux », enfin toute la panoplie de mensonges que l'on peut entendre un soir comme celui-là. J'avais trop dérouillé pour être dupe, mais ça me donnait tout de même beaucoup de plaisir. Fini les humiliations, les nuits de doute, une vedette vient de naître, pensais-je. Mais ne te leurre pas, mon garçon, le plus dur reste à faire. Réussir est une chose, tenir en est une autre. Je n'avais que trente-trois ans et, comme pour un combat de boxe en quinze rounds, je me demandais : mon Dieu, combien de temps pourrai-je tenir encore ?

RIDEAU

ENTRACTE

ET LE CINÉMA DANS TOUT ÇA ?

J'ai débuté ma carrière cinématographique par deux films qui n'ont pas bouleversé les foules. À la sortie du second, j'annonçai à mon imprésario : inutile de revenir avec des projets dans lesquels j'aurais à chanter, je veux être comédien à part entière. C'est alors qu'un soir de 1957, dans la boîte de François Patrice qui se trouvait rue de Ponthieu, un curieux personnage m'aborda au comptoir : « Ça vous plairait d'apparaître dans un film où vous ne chanteriez pas ? » Immédiatement, l'emmerdeur redouté m'apparut sympathique. Il s'appelait Jean-Pierre Mocky, et sa proposition était la suivante : il avait fait l'adaptation du roman d'Hervé Bazin, *La Tête contre les murs,* réalisée par un metteur en scène – Georges Franju – qui, jusque-là, n'avait fait que des courts-métrages ; le rôle était court, mais, « avec ça, me dit-il, vous obtiendrez un oscar ». Rien que ça... Après avoir lu le script, j'acceptai pour tout salaire une hypothétique participation aux bénéfices. Nous n'avons pas gagné d'argent avec ce film, je n'ai pas obtenu un oscar, mais j'ai hérité de l'Étoile de cristal, un prix d'interprétation, pour ma petite prestation. Mocky, qui ne rêvait que de mise en scène, me proposa un autre rôle dans le premier film qu'il devait lui-même réaliser, *Les Dragueurs*, en 1958. Ce film fut un succès, et les propositions commencèrent à pleuvoir. Premier arrivé, et pas des moindres, François Truffaut. Il était venu voir mon spectacle à l'Alhambra, dans lequel se produisait une sorte de fou, Serge Davri. Il me proposait à demi-mot, avec infiniment de pudeur, de faire un film dont je serais le personnage central. J'étais encore timide à cette époque, et notre conversation était entrecoupée de silences. Quelques semaines plus tard, il revint me voir pour m'expliquer qu'il avait trouvé un roman de David Goodis dont le personnage central correspondait exactement à ce qu'il imaginait pour moi. Il pensait aussi à un rôle pour Serge Davri et pour Bobby Lapointe. C'est ainsi que je fis mon apparition dans *Tirez sur le pianiste* en 1960. Puis vinrent la même année André Cayatte pour *Le Passage du Rhin*, en 1961, Denys de La Patellière pour *Un taxi pour Tobrouk*, et, en 1962, *Le Rat d'Amérique* de Jean-Gabriel Albicocco avec Marie Laforêt comme partenaire. Je tournais successivement sous la direction de Julien Duvivier, René Clair et nombre d'autres. Je dois avouer que, sur ce plan, je fus gâté. De plus, la critique cinématographique était loin de m'accabler comme le faisait celle de la chanson. J'étais plus à mon aise dans le milieu du cinéma. Le stress de la vie du chanteur fait de lui une sorte d'équilibriste qui se doit de tenir debout quoi qu'il arrive ; il est tributaire des modes et du goût des programmateurs de radio, de son dernier disque qui s'est vendu ou non, du nombre de spectateurs venus l'entendre à Paris ou en province, et surtout, il court, il court après la chanson qui lui permettra de tenir une saison ou deux de plus. Le chan-

Le temps des avants

teur n'a pas le droit de vieillir, sauf s'il est son propre auteur et si ses chansons accèdent à la postérité. Pour lui, chaque artiste nouveau qui monte sur scène est une menace. Il n'en est pas de même au cinéma, et encore moins au théâtre, les acteurs jouent ensemble, les chanteurs chantent seuls. Au cinéma, lorsque le film est présenté aux critiques de presse, les acteurs ont fini leur travail, on fait un film, il sort sur les écrans, et déjà on est en train d'en tourner un autre ; dans la chanson, on entre seul en scène et on retrouve la solitude quand on en sort ; c'est un métier magnifique mais difficile à vivre. Au cinéma, les jours de tournage se passent en compagnie de ses partenaires, et, la plupart du temps, on reste en contact une fois le film terminé. Dans tous les cas, voilà ce qu'était mon métier à l'époque où je n'étais qu'une jeune vedette.

SOUVENIRS EN VRAC

Je voulais voir du pays, me frotter à d'autres cultures. J'acceptais souvent des contrats à l'étranger payés bien au-dessous de mon prix uniquement par curiosité, pour ne pas manquer une occasion de voir et d'apprendre. Non seulement j'étais déjà un saltimbanque, mais je devenais de ce fait un vagabond. L'œil vissé à l'œilleton d'une caméra ou d'un appareil de photo, je voyageais les yeux et les oreilles aux aguets, allant d'une musique à l'autre, d'une langue à l'autre, d'un lieu à l'autre. J'apprenais sans effort, tout entrait dans mon esprit ; sans chercher à retenir quoi que soit, j'emmagasinais malgré tout l'essentiel, du moins ce qui pouvait un jour où l'autre me servir. Je n'ai jamais tenté d'apprendre consciemment une langue étrangère ; de chaque terre et culture nouvelle, il me restait quelque chose d'utile : l'anglais, l'italien, l'espagnol, un rien de russe, un zeste d'allemand. J'ai appris à dire « bonjour », « au revoir », « merci », « c'est combien ? » dans une dizaine de langues, j'ai appris à chanter dans cinq d'entre elles. J'ai retenu ce que le public de par le monde préférait en moi. Je chantais à peu près les mêmes chansons partout, mais la composition du programme variait selon les pays : ici, je ne chantais qu'en français, là, je chantais aussi dans la langue du pays, ailleurs, le public suivait de petites traductions. Mon entourage artistique et commercial m'a souvent reproché de ne pas rester en France pour augmenter les ventes lorsque le disque que je venais de sortir devenait un succès. Mais je préférais laisser le disque faire mon travail, et reprendre la route comme si j'avais le feu aux trousses. Je voulais conjuguer mon bonheur de chanter et celui de voyager ; j'étais à ma manière un explorateur de rien et de tout, le Stanley et Livingstone du pas grand-chose, mais ça me remplissait la tête et le cœur, boîtes noires de mon existence. Les films de mes vagabondages ne seront jamais à l'affiche, mais je me les projette très souvent en fermant les yeux, dans la chambre obscure de mes souvenirs où je retrouve ces parfums, ces sensations, ces images qui m'ont enrichi indéniablement.

Salut Maurice Dekobra !

En ces temps où une longue nuit était nécessaire pour faire en train le trajet Paris-Menton, jeune vedette, je m'étais offert mon premier billet première classe, compartiment couchette dans le train de nuit, pour honorer un contrat au casino de Monte-Carlo. J'avais vu par le passé de prestigieux artistes internationaux y être applaudis du bout des ongles et je m'inquiétais du sort qui me serait réservé. Avant de partir, Jean-Louis Marquet avait posé à Raoul Breton la question qui le turlupinait : combien lui fallait-il demander pour mon cachet.

Le temps des avants

« Combien demandes-tu habituellement ?
— Trois mille francs.
— Alors, demande trente mille, répondit Raoul. Après tout, tu ouvres la bouche de la même manière pour dire un ou mille. »

Mais revenons à mon voyage. J'avais lu Maurice Dekobra, et mon fantasme était de rencontrer la « Madone des sleepings ». J'étais monté dans le train bien avant le départ et, planté dans le couloir face à mon compartiment, je regardais les voyageurs – oui, enfin, disons les voyageuses –, quand je vis apparaître dans le compartiment voisin, ô miracle, la Madone ! Elle était jeune, ravissante, parfaite de la pointe des pieds à la racine de ses cheveux blond vénitien en liberté sur ses épaules. Elle était vêtue à l'italienne, avec beaucoup de soin. Au départ du train, comme le font nombre de voyageurs, elle se posta à mes côtés pour regarder défiler le paysage. Impossible de ne pas la regarder, mais ma timidité et mon manque d'assurance de l'époque m'empêchaient de l'aborder. Ce fut elle qui engagea la conversation avec un ravissant accent italien : « Êtes-vous celui que je crois que vous êtes ? », en me gratifiant d'un sourire à vous faire tirer la sonnette d'alarme. Nous conversâmes environ une demi-heure, et le complexe du paon faisant la roue me fit penser que Maurice Dekobra était mon cousin. Mais lorsque enfin je me décidai à lui demander : « Et où allez-vous comme ça ? », effaré, je l'entendis me répondre : « Je vais chier. » Pris de court, ne sachant que dire, j'ajoutai : « Et où ça ? » Alors avec un grand geste ample de tragédienne, elle avoua : « Sur les hauteurs, je vais chier sur les hauteurs. » Désarçonné, pensant avoir affaire à une pute de luxe voyageant en première classe pour dénicher le gogo, je coupai court à notre entretien et, sous son regard surpris, je m'enfermai dans mon compartiment. Dix ou douze ans plus tard, lorsque j'ai commencé à comprendre l'italien, je me suis rendu compte que j'avais peut-être raté une fugitive mais charmante aventure en apprenant qu'en Italie « *sciare* » signifie skier : cette ravissante personne avait tout simplement francisé le mot comme on le fait souvent quand on se trouve à l'étranger, elle allait tout bonnement skier sur les hauteurs. J'ai souvent repris le train depuis, mais je n'ai plus revu la « Madone des sleepings ».

> *Il y a des trains*
> *Qui donnent envie soudain de larguer les amarres*
> *L'envie de partir et de tout abandonner*
> *Sans prévenir pour effacer tout le passé*
> *De la mémoire*
>
> *Y'a des wagons*
> *Des wagons-lits, des wagons de nuit, où il fait bon*
> *Faire l'amour sans phrases creuses et superflues*
> *Avec une femme au hasard, femme sans nom*
> *Et inconnue*

Alhambra de mes succès, Alhambra de mes amours

En 1962, lors d'un autre retour à l'Alhambra, le succès et l'amour m'attendaient. Androuchka était un habitué de la maison qui, comme nombre d'homosexuels, était toujours entouré de jolies filles. J'aimais croiser ce charmant entourage, mais jusque-là je n'avais jamais rien ressenti pour ses protégées. Ce soir-là, il vint dans les coulisses de l'Alhambra au bras d'une jeune per-

Le temps des avants

sonne de seize ou dix-sept ans qui se prénommait Claude. Prêt à entrer en scène quelques minutes plus tard, j'étais en pleine partie d'échecs en compagnie de Dany. C'était ma manière d'oublier que j'allais me présenter devant trois mille personnes. J'avais trouvé ce moyen pour tromper le trac qui me minait chaque fois. Dès qu'elle entra dans ma loge, rougissante et timide, la partie perdit tout son intérêt. Ne sachant trop comment me comporter vu le peu de temps qu'il me restait avant le lever du rideau, je lui plantai une serviette-éponge dans les mains en lui disant : « Tenez, vous vous posterez sur le côté de la scène, et vous me la tendrez lorsque je sortirai entre deux chansons pour m'éponger le visage. » Le trac me faisait transpirer abondamment. Elle assuma cette responsabilité consciencieusement pendant toutes mes sorties de scène. Après le dernier rideau, encore en coulisses après m'être bien séché la figure, comme pour la remercier, je lui donnai un rapide et pudique baiser. C'est ainsi que Claude fit son entrée dans ma vie, et, bien sûr, moi dans la sienne. Gaie, insouciante, elle avait tout pour me détendre. Un peu myope, elle était obligée de porter des lunettes, ce qui donne aux femmes un regard très sexy. Je m'amusais à la voir se plier en deux, se pencher sur les tables pour trouver ce qu'elle cherchait.

Après l'Alhambra, nous sommes partis en amoureux pour New York, Miami, avant de nous rendre sur le tournage du film tiré du *Rat d'Amérique* de Jacques Lanzmann, mis en scène par Jean-Gabriel Albicocco et dans lequel je serrais dans mes bras la superbe Marie Laforêt. À cette occasion, nous avons fait un voyage magnifique – Paraguay, Chili, Bolivie. Et puis, – mon Dieu, c'est la vie ! –, un jour Claude et moi sommes partis chacun de son côté, sans heurts ni rancœur, en gardant l'un comme l'autre un tendre souvenir de ces années de jeunesse que nous avons brûlées ensemble.

D'une Claude l'autre

J'avais perdu Claude mais je ne restai pas longtemps seul. Si mes souvenirs sont exacts, à l'époque de *Que c'est triste Venise*, j'avais mis en musique le texte de Françoise Dorin, et c'est sous le titre de *Com'è triste Venezia* que la chanson commença une carrière assez enviable de l'autre côté des Alpes. En ce temps-là, je partageais mes jours – tout au moins mes nuits – avec une ravissante blonde d'à peine vingt ans qui en paraissait seize, une ingénue romantique et espiègle qui suçait encore son pouce. Chaque mois, pour une petite semaine, elle désertait mon havre de Galluis pour poser à Rome devant un photographe de mode. Succès oblige, je me retrouvais dans un studio de la RAI pour la promotion de mon titre en Italie ; comme ma charmante compagne avait eu la bonne idée de se louer un pied-à-terre dans la capitale italienne, elle m'invita tout naturellement à partager son logement romain. Ce jour-là, elle était sortie, et j'étais resté seul, plongé dans ma lecture, quand le téléphone sonna. Je ne me pressai pas pour répondre sachant que ça ne pouvait être pour moi. Comme la sonnerie se faisait insistante, je décrochai. Une voix jeune et masculine, teintée d'un charmant accent du cru, me demanda si Claude était là – oui, car j'avais oublié de vous dire qu'elle se prénommait Claude : j'avais changé d'amour, mais l'amour n'avait pas changé de prénom... On a tous en soi un réflexe de téléphonie de bureau, j'y allai du mien : « De la part de qui ? – Gian Franco. – Non, elle n'est pas encore rentrée, mais à son retour je lui dirai que vous l'avez appelée. » Il allait raccrocher quand, à brûle-pourpoint, j'osai : « Puis-je vous poser une question indiscrète ? – Oui, oui », me dit-il, ravi de pouvoir prolonger la conversation. Sans hésitation, je lui lançai : « Êtes-vous son amant ? » Un court silence. Pas dramatique, mais au contraire chargé d'humour, sa réponse arrive, franche, amusée, curieuse, précédée d'un petit rire : « Oui et vous ? » Ce fut à mon tour de rire, et puis nous rîmes tous les deux. C'est alors que je me rendis compte que j'étais moins amoureux que flatté d'avoir à mes côtés une ravissante personne. Et je dis : « Elle a donc un amant de chaque côté de la frontière. – J'ose espérer, me dit-il, que ça s'arrête là. » Je lui répondis que je pensais qu'elle ne faisait que l'aller et retour Paris-Rome-Paris, et lui proposai de prendre un verre. Rendez-vous fut pris à la terrasse de la via Veneto. Il s'établit immédiatement entre nous une véritable sympathie. Nous n'avons rien dit à Claude ; puisqu'elle était heureuse ainsi, pourquoi lui gâcher ses séjours romain et parisien, ainsi que ses amours secrètes. Ce n'est qu'en lisant ces lignes, si elle les lit, qu'elle apprendra que Gian Franco et moi n'étions ni dupes ni jaloux, et jouer d'une certaine manière *Jules et Jim*, le film de François Truffaut, ne nous déplaisait pas. Mon ingénue romantique se révélait être une ingénue libertine.

L'aventure à l'étranger

Je voulais partir en tournée à l'étranger. Dans le bureau de Barclay, ma maison de disques, nous décidâmes alors de la marche à suivre et par quel pays commencer. L'Espagne et les pays d'Amérique du Sud furent les premiers que je décidai de visiter. J'ai donc fait traduire nombre de mes chansons, et Eddy Barclay s'arrangea pour trouver une maison de disque pour nous représenter, d'abord en Argentine, puis, peu à peu, dans tous les autres pays de langue espagnole. Très rapidement, mes chansons montaient dans les hit-parades de nombreux pays, *Venecia sin ti* (*Que c'est triste Venise*), *Con* (*Avec*), *Isabel* (*Isabelle*), *Quando no pueda mas* (*Quand j'en aurai assez*).

En attendant, j'apparaissais dans de nombreux shows télévisés tant en Italie qu'en Allemagne et en France, dans les émissions de Guy Lux, ou Maritie et Gilbert Carpentier.

C'est au Brésil, où l'on m'avait demandé de faire un gala de bienfaisance au profit d'une œuvre humanitaire dont s'occupait la femme du président Kubitschek, que j'eus pour la première fois l'idée de faire un récital. J'avais au piano Jacques Loussier, à la basse François Rabbath, à la batterie Victor Rabbath. C'est alors que Jacques, qui voulait essayer une nouvelle formule de travail pour continuer une carrière en solo, me proposa, en début de spectacle, d'essayer sa formule *Play-Bach*, qui consistait à jouer du Bach en jazz. La soirée fut un succès pour nous tous ; je décidai dorénavant de faire des récitals, et Jacques Loussier fit, avec son *Play-Bach*, une carrière mondiale.

Dans la boîte brésilienne de Machado, je remarquai dans le ballet une somptueuse jeune femme ; je m'arrangeai pour lui être présenté. Elle nous rejoignit à la table après le spectacle, mais mes tentatives de communication tombèrent à l'eau : elle ne parlait ni le français, ni l'anglais, ni même l'espagnol, et moi, à part un *cafezinio, muite obrigado,* je ne connaissais pas le brésilien. Mais l'amour possède un langage secret qui n'a nullement besoin de s'exprimer par la parole. Je vécus avec Marlène – c'était son prénom – une très belle histoire pendant les quelques semaines que je passai à Rio. Après mon spectacle au Copacabana Palace, j'allai chaque soir m'asseoir dans la boîte où elle travaillait. Lorsque des années plus tard je suis retourné au Brésil, j'ai appris qu'elle avait été pour un moment la compagne d'un haut personnage de l'État et qu'un jour, Dieu seul sait pourquoi, elle avait mis fin à ses jours.

Nous avons eu de bons moments
Nous avons eu de grands moments
De folles joies, d'étranges peines
À vivre ensemble

Amalia

J'ai toujours aimé travailler en Belgique, que ce soit en Wallonie, à Bruxelles ou à Anvers. J'aime le public de ce pays qui vous adopte sans aucun chichi. J'ai une passion pour les anguilles au vert, les bières y sont excellentes, le pays est gai, et je suis heureux d'y passer du temps. C'est à Knokke-Le Zoute que j'eus l'un de mes plus grands coups de foudre artistique, qui, par chance, fut immédiatement partagé. Un soir où j'arrivais dans la salle du casino un peu avant ma prestation, je pus assister au numéro qui précédait le mien, celui d'une chanteuse de fado unique, dotée d'une personnalité surprenante, très différente d'Édith et pourtant si proche dans la manière de surprendre et de caresser le public. Bien qu'elle chantât dans une langue étrangère que nous ne comprenions pas, nous étions tous sous le charme. À la fin du spectacle, M. Nellens, patron du casino, nous invita à souper, elle et moi, et là encore, la magie opéra. Le lendemain, ce fut elle qui vint assister à mon spectacle, puis nous sommes allés dîner dans un bistrot où il y avait un piano ; nous avons chanté une bonne partie de la nuit. Le lendemain, elle partait faire un gala à Monte-Carlo. La séparation fut difficile, mais, pour ne pas nous perdre de vue, je demandai qu'elle assurât la première partie de mon spectacle au palais d'Hiver de Lyon.

À sa demande, je lui écrivis une chanson où se mêlaient le drame et la passion.

> *Ay mourir pour toi*
> *À l'instant où ta main me frôle*
> *Laisser ma vie sur ton épaule*
> *Bercé par le son de ta voix*
> *Et m'endormir avec mes joies*
> *Ay mourir d'amour*
> *T'offrir ma dernière seconde*
> *Et sans regret quitter le monde*
> *En emportant mes plus beaux jours*

Ça faisait un peu fado, il y avait le drame et le pathos qui lui allait si bien.

C'est en chantant ces paroles qu'elle m'offrit son plus beau cadeau. Amalia Rodrigues. Car c'est d'elle qu'il s'agit. Nous sommes restés amis jusqu'au jour où elle nous a quittés. Quelques semaines avant sa disparition, j'eus la chance de pouvoir une fois encore dîner avec elle et parler de tout, de rien, des fados, du passé, de l'amitié amoureuse que nous avons partagée un temps.

Liza

Ce devait être un mercredi ou un samedi après-midi, jour habituel des matinées dans les théâtres sur Broadway. Nous devions, Aïda, Georges Garvarentz et moi, assister pour la troisième fois à une représentation d'une des comédies musicales américaines que je préfère, *Fiddler on the Roof*, avec en tête d'affiche le merveilleux Zero Mostel dont Maurice Chevalier, habituellement plutôt avare en compliments, m'avait vanté le talent. Je me préparais en regardant d'un œil distrait un *talk-show* à la télévision – la meilleure manière pour connaître les goûts et les attentes d'un public étranger, c'est d'abord de descendre dans la rue et de se promener en ville, puis d'allumer la radio et la télévision. L'entrée en scène de la nouvelle invitée attira cependant mon attention. C'était une jeune personne au talent très prometteur, de dix-sept ans au plus, pas une beauté hollywoodienne, mais une femme de forte personnalité, pleine de charme, fille de deux monstres sacrés du show business, Judy Garland, une légende, et Vincente Minnelli, un des plus grands metteurs en scène de Hollywood. Son nom : Liza Minnelli, facile à retenir. Elle chantait soutenue par deux partenaires, l'un mince, élégant et romantique, l'autre plutôt enveloppé, petit et cocasse. Le trio rayonnait de talent et de jeunesse, mais c'est elle qui crevait le petit écran. Dès les premières mesures, Aïda, qui suivait elle aussi l'émission, me passa un coup de fil, tout excitée, pour me prévenir qu'une future star passait à la télévision. Je restai collé au poste jusqu'à la fin de sa prestation, sans penser un instant que je la rencontrerais plus tard.

De *talk-shows* en *talk-shows*, d'invitations en cocktails, une *party* a été organisée en mon honneur offerte par je ne sais plus qui. En tout cas par quelqu'un qui avait de belles relations dans le métier. Je suis arrivé bien avant les invités pour les accueillir auprès de mon hôte. J'ai serré la main de célébrités, puis, comme ces gens se connaissaient, ils ont fini par former de petits groupes, un verre à la main tout en grignotant les petits-fours que faisaient circuler les serveurs. Je restais seul dans un coin – je ne connaissais encore personne –, à me demander ce que j'avais bien pu venir faire dans cette galère et prêt à m'éclipser discrètement. D'ailleurs, discrètement ou non, qui aurait remarqué mon absence ? Pas le maître de maison ! Les présentations avaient été faites, les photos destinées aux pages mondaines des magazines prises, chacun avait rempli son devoir, le reste pouvait être rangé au rayon des futilités ! Soudain, deux grands yeux noirs soulignés par un furieux coup de crayon de même couleur me fixèrent, et une paire de lèvres gourmandes s'ouvrit pour me lancer : « *I've seen you the other day, I couldn't understand a word, but I think you were great, and so different of what I've seen before*[1]. » Je lui retournai alors le compliment : « Moi aussi, je vous ai vue à la télévision l'autre jour et je vous ai trouvée formidable », tout ça en anglais, bien sûr. Elle me tendit la main, et me dit tout simplement : « *I'm Liza.* » Voilà, je n'étais plus seul et orphelin, j'avais une interlocutrice, qui par-

---

1. « Je vous ai vu l'autre jour, je n'ai pas compris un traître mot, mais je vous ai trouvé très bien, et tellement différent de ce que j'ai vu jusqu'à présent. »

Le temps des avants

lait, riait, m'écoutait répondre, se renseignait sur ma façon d'aborder la chanson, et qui trouvait ma manière de faire « formidââââble », particulièrement dans *Les Comédiens*, très originale. Elle aurait aimé discuter plus longuement, mais elle partait le lendemain pour Los Angeles où elle devait se produire au Coconut Grove. Après avoir bavardé une bonne heure, nous partîmes donc chacun de notre côté.

Mon engagement new-yorkais terminé, j'eus une proposition pour me produire dans une émission à Hollywood. Si j'acceptai ? Tu parles ! C'était une aubaine, et j'avais droit en prime au soleil de Californie, au bungalow et à la piscine du Beverly Hills Hotel. Une fois installé dans ma suite, je compulsai le magazine *Where* dans lequel je lus : « Au Coconut Grove, Liza Minnelli ». Je fis réserver une table pour trois personnes, envoyer une gerbe de roses à la vedette, et le soir, en compagnie de Happy Goday et de Jacques Vernon, nous assistâmes au spectacle. Inutile de préciser que nous étions tous trois très impressionnés par le talent et l'intelligence scénique de la jeune demoiselle. À la fin du spectacle, nous nous sommes dirigés vers la loge et, comme il se doit, nous parlâmes de notre amour commun pour la scène et les chansons, de nos tours de chant respectifs, de ce que nous aimions et de ce que nous haïssions, du métier. Nous étions sur la même longueur d'onde. Comme nous sommes, elle et moi, très bavards dès qu'il s'agit de notre profession, cela nous mena tard dans la nuit. Elle est un oiseau de nuit, et moi tout le contraire, d'autant que je me devais d'être en forme vocalement le lendemain pour l'émission. « Je viens avec vous, si cela ne vous dérange pas », me dit alors Liza. Pensez ! être dérangé par la diva, il faudrait être fou !

Le lendemain, à l'heure de la répétition, elle était là. Je devais interpréter trois chansons *Il faut savoir*, *Bon Anniversaire* en anglais et *Les Comédiens* en français. Le décor prévu pour ma prestation me sembla des plus bizarres : une terrasse de bistrot, quelques tables, des figurants portant bérets, l'un avec une baguette de pain sous le bras, un vélo dans un coin... Bref, tout ce que je détestais : la France caricaturée par des décorateurs étrangers pleins d'imagination qui n'ont jamais vu les décors choisis par Vincente Minnelli dans ses films ! J'appelai le régisseur et lui signalai que je ne chanterais sous aucun prétexte dans ce décor ridicule fait pour Américain n'ayant jamais quitté son pays. Nick Vannof, charmant au demeurant, tenta de me convaincre calmement que le décorateur avait conçu cette merveille spécialement à mon intention. Je lui posai alors une question toute simple : est-ce que l'homme de l'art a déjà assisté à un de mes spectacles ? La réponse fut non, mais qu'il était homme d'imagination... À quelques minutes de la dernière répétition, je campai sur mes positions : plutôt quitter le plateau que de frôler le ridicule. Finalement, ne pouvant me remplacer au pied levé, on accepta de me placer devant un fond neutre sans figurants ni bistrot. Adieu la baguette de pain et les hommes moustachus façon Autrichien de 1870 ! « Vous êtes gonflé », me dit Liza. Eh oui ! je me refusais à être le chanteur français typique pour public ignorant uniquement pour passer dans une émission de plus, si prestigieuse fût-elle. Liza ajouta alors : « C'est curieux, lorsque vous vous énervez, votre anglais est bien meilleur ! » Après l'enregistrement qui eut tout de même lieu, nous allâmes manger un morceau dans un restaurant français. Liza s'enquit de mes projets du lendemain ; je lui répondis que je devais partir pour le Canada où j'enchaînais quelques représentations à la Place des Arts avant d'entamer une tournée dans la province. Ce soir-là, nous nous quittâmes un peu plus tendrement qu'à l'accoutumée.

Montréal, c'est toujours un retour aux sources, j'y ai des amis, un public fidèle et des souvenirs en pagaille. Souvenir d'un passé de duettiste avec Pierre Roche, de beuveries, d'évasion à travers un pays surprenant en toutes saisons, particulièrement au printemps lorsque le soleil devient prince charmant et parvient à réveiller la nature endormie depuis plusieurs mois. Il découvre comme par magie la terre sous les neiges qui semblaient éternelles, et l'automne, une fois venu, tapisse de rouge et d'or sols et forêts. J'ai toujours eu une tendresse particulière pour ce Québec où, avec Roche, nous avons connu nos premiers grands succès.

À la Place des Arts, belle salle de trois mille places, Jacques Vernon, qui me servait aussi d'imprésario, de secrétaire, et surtout d'ami, m'annonça à ma dernière sortie de scène : « J'ai une surprise pour toi. Quand tu te seras changé, tu verras. » La surprise, c'était Liza, en chair et en os. Je pense qu'elle s'était mise d'accord dès Los Angeles avec Jacques, qui avait bien gardé le secret. Elle m'accompagna durant toute la tournée, communiquant sa joie de vivre, dansant les claquettes pendant les répétitions avec Jacques Vernon, professeur de danse de son métier. Après mon engagement au Canada, je l'ai suivie à mon tour à Las Vegas où elle devait aller chanter. Et puis, mon Dieu !, notre vie de nomade mit un terme à cette tendre aventure, qui se transforma au fil des années en une véritable et solide amitié.

Hollywood de tous mes rêves

Beverly Hills. Je descendis pour la première fois au Beverly Hills Hotel, établissement mythique où les plus grands noms de la littérature, de la politique et du cinéma avaient leurs habitudes. Malgré mes modestes moyens, j'avais loué un grand bungalow, un de ceux qui nous faisaient rêver enfants lorsque, dans les actualités Gaumont ou Pathé, on nous présentait les stars qui les habitaient.

Beverly Hills sous la pluie ressemble plus à Cambrai qu'à une ville californienne. Pour montrer qu'une vedette française n'avait rien à envier aux vedettes du cru, j'avais engagé un chauffeur qui me promenait en limousine. Pour dire la vérité, je déteste ces limousines longues et lugubres aux vitres fumées et aux allures de corbillards. Bizarre, ces stars qui font tout pour être vues et se cachent pourtant derrière des vitres fumées et des lunettes noires. Je surmontai donc mes réticences et sacrifiai à la tradition. Quelle tradition, me direz-vous ? La priorité accordée aux apparences. Le lieu *in* pour aller déjeuner était le Brown Derby. Mon agent américain m'y avait fixé rendez-vous. Il tombait donc des cordes, et, comme vous le savez tous, ce qui est américain se devant d'être plus gros, plus grand, plus abondant, plus riche que ce qui est européen, nous avons eu droit à un véritable déluge. Je descendis de la limousine, le portier vint m'accueillir en me protégeant sous un parapluie, géant lui aussi. Marchant tête baissée pour protéger mon visage de l'eau de pluie, je vis briller, encastrée dans la pierre du trottoir, une étoile au cœur de laquelle était gravée un nom de star. Curieux, ces artistes américains !, me dis-je. Ils achètent des commerces et gravent leurs noms à l'entrée pour que nul n'ignore que ce lieu leur appartient. Je n'appris que plus tard que toute la ville était pavée de telles étoiles, dédiées à ceux qui font la gloire de La Mecque du cinéma.

RETOUR AUX SOURCES

À la fin d'une tournée, nous avions prévu d'aller en Arménie. J'avais dû insister au moment de la signature du contrat pour voir mon pays d'origine. Je me demande ce que craignaient les autorités. J'avais certes refusé de faire passer les textes de mes chansons à la commission de censure. Mais qu'aurait-elle pu censurer d'ailleurs ? À la rigueur *Après l'amour*. Et justement, je ne le voulais pas. Aussi ai-je omis jusqu'au dernier moment de présenter les textes que je devais interpréter. Arrivés à l'aéroport d'Erevan, à l'ouverture de la porte de la carlingue, j'ai reçu en pleine figure un froid que je n'imaginais pas. Quel naïf je faisais ! Quel ignorant ! Moi qui croyais que l'Arménie était un pays plutôt chaud. Il neigeait à gros flocons ! Enfin, j'avais voulu y aller, j'y étais. À la descente de l'échelle, on m'a flanqué un gros bouquet de fleurs dans les mains. Déjà que je ne voyais pas grand-chose vu la masse de neige qui tombait, là, je ne voyais plus rien du tout. Je refilai mon gros bouquet dans les bras de la première secrétaire du comité d'accueil et, après lui avoir planté deux gros baisers gelés sur les joues, tout en me gardant bien de reprendre mon encombrant cadeau, je me tournai vers les officiels venus m'accueillir avec des mots de bienvenue, en arménien bien sûr, accompagnés d'un : « Bienvenue chez vous, heureux de vous savoir de retour. » Quel retour ? Je n'y avais jamais mis les pieds, pas plus que mes parents qui, comme moi, étaient tous deux natifs de pays étrangers. À peine ai-je pu distancer les officiels que je tombai sur environ deux cents personnes, de ma famille, disaient-ils. Je ne pensais pas en avoir autant dans ce pays qui n'avait même pas connu mes grands-parents. Et c'était des « *Charles djan, sirhely Charles arhperh djan* » à n'en plus finir, et que je te serre les mains, et que je m'accroche à toi, et que je te frotte le museau ! Chacun avait quelque chose à dire, tous voulaient un rendez-vous pour que je connaisse les autres membres de la famille, enfants, anciens et j'en passe ! Bousculé, tiraillé, pire qu'à la sortie de l'Olympia... On réussit à me faire entrer dans une grande limousine noire, du genre de celle qu'utilisaient les membres éminents du Parti. Aïda, le chapeau et le manteau de fourrure de travers, après les mêmes « *Aïda djan sirheli Aïda* », rentra in extremis dans la limousine. Et nous voilà parti pour l'hôtel où, enfin, nous pensions être plus tranquilles. Que nenni ! Le hall était plein à craquer, tous des proches de lointains parents. Nous n'imaginions pas qu'après le génocide, qui avait tout de même fait disparaître un million et demi des nôtres – la moitié de la population du pays –, ils avaient réussi à renouveler la race à ce point. Vous parlez d'une revanche des berceaux ! Nous avons eu toutes les peines du monde à gagner notre chambre. À peine avais-je dis « ouf » que le téléphone se mit à sonner, à sonner encore et encore. Nous débranchâmes toutes les prises. Je pensais tranquil-

Le temps des avants

lement manger un morceau en compagnie de ma sœur et des musiciens après avoir pris un bain. Pensez donc ! Nous étions officiellement invités. Je ne me souviens plus de ce que nous avons mangé, mais, pour ce qui était de lever le coude, j'avais affaire à des professionnels. Champions du monde ! Chaque verre que l'on soulevait devait être accompagné d'un petit discours ; aussi a-t-il fallu que j'y aille du mien.

Mais ce genre de sport de table nous était familier. Pour me tirer de cette situation quasi impossible, j'ai repensé à mon père qui a prononcé, à mon avis, le plus mémorable des toasts à l'occasion du baptême de ma fille Seda – nous l'appelions alors encore Patricia. Elle avait neuf ans en cette année 1956 quand une date fut enfin trouvée pour la faire baptiser. Passage obligatoire par l'église apostolique arménienne, puis rendez-vous au fameux restaurant arménien le Lilas, rue Lamartine, avec la famille et les amis, une quarantaine de personnes en tout. C'est au sens de l'organisation de mon père que l'on dut un repas pantagruélique et des bouteilles à profusion – vodka, raki, vin rouge. Il officiait en tête de table en parfait *tamada*, ce maître de cérémonie indispensable pour tout Géorgien ou Arménien : aucun verre ne se lève sans qu'il n'en donne l'ordre, un discours de sa part est la condition sine qua non pour profiter des diverses boissons, et encore faut-il attendre la fin de la diatribe ! Le *tamada* se doit d'être poète, tribun, voire un peu cabotin, et ses éventuels talents de rhapsode ou de chanteur sont les bienvenus. Mon père a toujours été un maître en la matière, capable de tenir en haleine, verre en main, une assistance des heures entières. Pour le baptême de Patricia, il nous offrit sa plus belle prestation. Des gens de toutes confessions et de toutes nationalités se tenaient autour de la table. Entre les mézés, les plats nationaux, les fromages, les desserts, les cafés et les pousse-café, nous restâmes neuf heures à table sans que nul ne songeât à s'en plaindre. Papa déployait tout son savoir et tout son talent pour émouvoir, amuser et intéresser son auditoire, le tout allant crescendo. C'étaient d'abord des toasts portés pour ceux qui se trouvaient autour de la table en hommage à leurs qualités et pour se moquer de leurs travers. Puis on buvait au repos des âmes prises dans l'enfer du génocide, et chacun de nous de tremper alors dans son verre de vin un morceau de mie de pain pour le placer ensuite sur le bord de l'assiette. On buvait à tous ceux qui méritaient d'être arméniens et que mon père naturalisait de la même manière qu'il espérait être naturalisé français. Après chaque discours, les verres se remplissaient, les hommages et les louanges fusaient sans interruption. On but au quartier où nous habitions, au pont de pierre qu'ils eurent à traverser, au bateau qui les avait débarqués à Marseille, au chemin de fer qui les avait transportés jusqu'à Paris, à la France bien sûr, aux banlieues qui les avaient accueillis, Alfortville, Issy-les-Moulineaux et bien d'autres. Je me demandais jusqu'où l'imagination de mon père nous conduirait. Le tout entrecoupé de poèmes, de chansons interprétées par quelques-uns des convives. Neuf heures. Neuf heures assis, neuf heures à boire, et tout le monde supportait parfaitement les discours et la boisson. Jetant un œil sur les bouteilles que les garçons avaient alignées derrière moi, j'étais curieux de savoir comment mon père allait terminer sa performance. Et ce fut avec panache qu'il clôtura cette journée, une fois les trois derniers verres levés à l'eau, au gaz et à l'électricité. Les *tamadas* en France n'ont rien à envier aux *tamadas* des autres pays, et je suis persuadé que cette première et très belle prestation n'a jamais été égalée.

Mon père avait l'habitude de donner des surnoms à ses connaissances et amis ; il y avait par exemple « l'ours Bedros », « Écheque Simon », qui se traduirait par « Simon l'âne », et bien d'autres. Simon n'avait rien d'un homme bête, non, ça lui était échu comme cela, et, lorsqu'il vivait en France, tous ses amis l'appelaient « Écheque Simon ». Venu en Arménie vers 1947, il était alors maître de table au restaurant de l'hôtel. Il vint à moi : « Je suis Écheque Simon. » Aïda et moi, après l'avoir reconnu, fûmes très heureux de le voir. Il me dit alors à l'oreille : « Ta grand-mère est dans le hall de l'hôtel, et les officiels font un barrage aux gens de ta famille. »

Nous nous sommes levés, Aïda et moi, pour aller faire connaissance avec la mère de mon père, une toute petite bonne femme à la voix très forte, quatre-vingt-seize ans, bien plantée sur ses petites jambes, que j'aurais pu soulever d'une main. Après les manifestations de tendresse, elle nous fit savoir qu'à l'opéra où je devais me produire toutes les places avaient été distribuées aux membres du Parti et que les membres de ma famille n'avaient même pas eu droit à un strapontin. Parti ou pas Parti, le lendemain matin, l'ultimatum – ou plutôt deux ultimatums : il y avait sur la scène de l'opéra un piano tout ce qu'il y a de plus moyen et un Steinway ; on me destinait le moyen, parce que je ne faisais pas partie des artistes classiques. Ils comprirent vite à l'opéra que mes origines arméniennes ne m'empêcheraient pas de manier avec beaucoup de véhémence l'art très parisien de râler et d'élever la voix. En Arménie comme en URSS, les gens avaient une sainte peur des grandes gueules. Le piano fut donc changé ; quant aux places pour mes proches, j'obtins sept places en plein centre du premier rang, et certains pontes du Parti furent relégués à des places plus modestes. Dès ce moment, à toutes les représentations, ma petite grand-mère, accompagnée de six membres de la famille, était au premier rang. Ainsi, j'ai eu ma grand-mère face à moi dans la salle durant tout mon séjour. À Erevan, les étudiants avaient tagué la façade de l'opéra avec ces mots : « Les places sont pour le Parti, mais Aznavour est à nous. »

Je n'ai rien pu voir d'Erevan durant ce court voyage. La neige abondante brouillait la vue. Pour me consoler, on m'a répété la phrase qu'avait prononcée dans un cas semblable un tzar de toutes les Russies en voyage en Arménie : « Bon, je n'ai pas vu le mont Ararat, mais le mont Ararat n'a pas vu le tzar non plus. » Pour prononcer une telle ânerie, nul besoin d'être tzar, moi je dirais : « La neige m'a empêché de voir le mont Ararat, je me suis rattrapé depuis. » Ça n'est pas du Proust, ça ne restera pas dans les annales, mais c'est la vérité.

Tu te laisses aller.
Charles Aznavour

Que t'es drôle, ce que t'es drôle à regarder
T'es là, t'attends, tu fais la tête
Et moi j'ai envie de rigoler
C'est l'alcohol qui monte dans ma tête
Tout l'alcohol que j'ai pris ce soir afin d'y puiser le courage
Pour t'avouer que j'en ai marre de toi et des tes commérages.
Et de ton corps qui me laisse sage
Et qui m'enlève tout espoir
J'en ai assez, il faut bien que je te le dise
Tu m'exaspères, tu me tyrannises

Avec ton venin et la hargne
Tu ferais battre des montagnes.
Ah! J'ai décroché le gros lot
Le jour où je t'ai rencontrée
Si tu te taisais, ce serait trop beau, non
Tu te laisses aller, tu te laisses aller

Tu es une brute et un tyran
Tu n'as pas de cœur et pas d'âme, pourtant
Je pense bien souvent que t'es ma femme
Si tu voulais faire un effort
Tout pourrait reprendre sa place
Pour maigrir, fait un peu de sport
Arrange-toi devant la glace
Accroche un sourire à ta face

Au lieu de penser que je te déteste
De te fuir comme la peste
Essaye de te montrer gentille
Redeviens la petite fille
Qui m'a donné tant de bonheur
Et parfois comme par le passé
J'aimerais que tout contre mon coeur
Tu te laisses aller, tu te laisses aller.

T'exagères, tu te sois maintenant
Parfois, je voudrais bien t'étrangler
Dieu, que t'as changé en cinq ans !
Tu te laisses aller, tu te laisses aller.

Oh ! que t'es belle à regarder
Tes bas tombant sur tes chaussures
Et ton vieux peignoir mal fermé
Et tes bigoudis, quelle allure !

Je me demande chaque jour
Ce que tu as fait pour me plaire
Comment ai-je pu te faire la cour
Et t'aliéner ma vie entière

Comme ça, tu ressembles à ta mère
T'as rien pour inspirer l'amour.
Devant mes amis quelle catastrophe !
Tu me contredis, tu m'apostrophes.

USA EN SOLO

Une lubie, comme ça, sans raison avouée. J'ai mis le cap sur New York, histoire de présenter deux de mes chansons en anglais et de voir quelques spectacles. L'éditeur Howard Richmond, que je connaissais de longue date, et qui éditait déjà certaines de mes chansons, était prévenu : je n'avais pas besoin de grand-chose : seulement d'un studio d'enregistrement. J'emportai dans mes bagages deux *play-back*, rien de plus. Howard mit à ma disposition un des meilleurs *music men* de la profession, Happy Goday ; et nous voilà partis pour enregistrer au studio, avec mon exécrable accent : je ne respectais pas encore l'accent tonique, sans lequel il est impossible de se faire comprendre. Art Luboff, propriétaire du Village Gate, une célèbre boîte de jazz de Greenwich Village, avait beaucoup aimé le film de François Truffaut : *Tirez sur le pianiste* ; toujours prêt à découvrir de nouveaux musiciens, il vint assister à ma séance d'enregistrement. Ma chanson *Tu t'laisses aller* fit une forte impression sur lui, il me demanda si c'était moi qui jouais dans l'enregistrement, et fut extrêmement surpris d'apprendre que mon instrument n'était pas le piano mais la voix. Il nous invita le soir même à son spectacle de jazz. Nous y sommes allés pour écouter une chanteuse dont je n'avais jamais entendu parler auparavant, Nina Simone. Plutôt impressionnante, la dame qui jouait du piano comme peu. Il nous présenta, expliquant à Nina que j'étais un auteur-interprète français qui avait une tout autre manière d'écrire qu'elle. Nous prîmes rendez-vous quelques jours plus tard, dans le bureau de Richmond, où elle choisit deux de mes chansons pour les enregistrer dans une prochaine séance, *Il faut savoir* et *L'amour c'est comme un jour*. Ce même soir, Art Luboff voulut savoir si sa salle me plaisait, et quand je lui dis qu'elle était parfaite pour un chanteur, il me répondit que c'était la raison pour laquelle il m'avait invité, et que, si j'étais d'accord, il était prêt à m'engager une semaine pour deux mille cinq cents dollars. Il fut très surpris lorsque je lui annonçai que, depuis pas mal de temps, je ne travaillais plus en boîte mais seulement en salle de théâtre, où je donnais un récital. Il m'expliqua qu'aux États-Unis même les plus grandes stars acceptaient un engagement dans les clubs ; « enfin, conclut-il, si vous changez d'avis et qu'un jour vous voulez venir chez nous, ma scène vous sera toujours offerte. »

C'est après ce voyage que j'ai eu envie de me produire au pays du show business. « Mais, m'a rétorqué Jean-Louis Marquet, je n'ai eu de proposition que pour Jacqueline François, jamais pour toi. Comme elle a vendu un très grand nombre de disques, elle y est attendue. Mais pour toi, Barclay n'a jamais cherché à faire sortir tes disques ailleurs que dans des pays d'Europe et du Moyen-Orient. »

J'avais quelques économies. Je proposai donc à Jean-Louis d'organiser une tournée mondiale, et surtout aux

Le temps des avants

États-Unis. Les recettes des pays où j'étais connu serviraient à investir en Amérique, où je devrais travailler à mon compte. « Folie ! », rétorqua-t-il, « Folie ! » crièrent mes amis et mon entourage. Folie, oui, mais, dans notre métier, peut-on vivre sans folie ? Entre-temps, Jean-Louis fit la connaissance de l'homme qui représentait Ray Charles en Europe. D'origine polonaise, il était tout prêt à faire le maximum pour moi, et l'argent que j'allais investir n'était pas de l'argent perdu, pensait-il. La tournée s'annonçait belle, un bout d'Espagne, de France, de Suisse, de Belgique, de Hollande, quelques concerts en URSS et, de là, direction New York où j'avais loué le Carnegie Hall avant de me produire à Washington, Boston, Philadelphie, Chicago, San Francisco, Los Angeles.

Première difficulté à l'arrivée : mon visa soviétique ne fit pas très bon effet. On voulut savoir ce que j'avais été faire chez les communistes, si j'étais au Parti. Je niai en toute franchise : mes sympathies rougeâtres de l'époque ne faisaient pas de moi le membre d'un parti politique. Ma devise est de sympathiser avec les hommes et les femmes de partis différents, en me tenant toujours loin du pouvoir. Mon parti, c'est le public, blanc, noir ou jaune, de droite ou de gauche, riche ou pauvre, hétéro ou homo. Nous arrivâmes enfin en ville, où je fus pris en charge pour la partie discographique par Herb Rosen, car Barclay avait réussi à m'obtenir un contrat d'enregistrement sur la marque Mercury grâce à notre ami Quincy Jones. Et pour nos relations publiques avec les radios américaines, je fus fidèlement suivi et précédé par l'extraordinaire *music man* qui dès lors devint un de mes amis intimes, Happy Goday.

Deuxième difficulté, et non des moindres : la presse

était en grève depuis plusieurs semaines, et les prévisions de reprise étaient plutôt pessimistes. Restait la télévision, dont le *talk-show* le plus médiatique et important était celui de Jack Parr. Ce dernier avait entendu parler de moi par Geneviève, qui avait tenu longtemps une petite boîte sur la butte Montmartre où nous avions coutume d'aller, Jacques Brel, Raymond Devos, Pierre Roche et beaucoup d'autres, pour prendre un verre après nos différents spectacles. Geneviève avait ensuite été s'installer à New York se faire une renommée. Grâce à elle, Jack Parr avait eu vent de mon spectacle au Carnegie Hall. C'est ainsi que chaque soir, pendant plus d'une semaine, Jack Parr annonça le spectacle d'un certain Charles Aznavour, chanteur français, à ne pas rater, disait-il. Il fit si bien qu'à la veille de la soirée Sybil Goday, la femme de Happy, qui ne manquait jamais un nouveau spectacle, ne parvenant pas à obtenir de places pour elle et sa fille Mace, téléphona à la personne en charge de la vente des billets qu'elle connaissait parfaitement – je vous traduis ici le dialogue :

« Je veux deux places pour le spectacle de Charles Aznavour.

— Charles qui ?

— Charles Aznavour.

— Une seconde, je vais voir. »

L'homme reprit le téléphone et annonça :

« C'est complet.

— Vous voulez rire, il est inconnu.

— Oui, et pourtant, c'est complet.

— Allons, ne plaisantez pas, trouvez-moi deux places...

— Sybil, je vous assure, c'est complet complet ! Il n'en reste même pas sur les marches !... Mais je peux peut-être vous accommoder deux places derrière le chanteur, sur scène... »

Elle finit par obtenir deux chaises pour me voir de dos. C'est ainsi que je fis mes débuts sur la scène du Carnegie Hall à New York, en 1963, avec trois cents personnes, essentiellement américaines, assises autour de moi sur la scène. Dans la salle, il y avait beaucoup de musiciens et de gens qui avaient aimé *Tirez sur le pianiste*. Le lendemain, la presse était unanime, et les invitations pleuvaient de toute part. Mais nous devions partir, d'étapes en étapes, toujours applaudis, jusqu'à Los Angeles, à deux pas des studios de cet Hollywood mythique. Je me produisais dans la salle où avait lieu à l'époque la remise des oscars ; c'était mon oscar à moi de voir assis aux premiers rangs une brochette de stars dont la plupart nous avaient fait rêver Aïda et moi, durant notre enfance. Avant l'entrée en scène, Gina Lollobrigida, accompagnée de Glenn Ford, était venue m'embrasser dans la loge. Notre conversation en français agaça son compagnon qui me lança sur un ton peu aimable : « Vous ne pourriez pas parler anglais ! » Mais, à l'issue de mon tour de chant, il se montra plus chaleureux, à croire que le spectacle l'avait amadoué, s'aventurant même à prononcer quelques phrases en français. Pour la première fois, la presse fit écho au public et, à mon grand étonnement, accueillit très bien la tournée. Un journal titra même : « Charles Aznavour se fait des amis plus vite que de Gaulle des ennemis ».

De retour à New York, réunion au sommet dans ma suite d'hôtel pour déterminer la politique à suivre la prochaine fois. J'avançai l'idée de chanter dans les salles de spectacle des universités, comme cela se faisait à l'époque ; dans ce cadre, un comité choisissait un artiste à engager pour la saison.

« Peut-on louer les salles ?

— Oui, à tes frais, tu peux, mais ces jeunes étudiants ne savent absolument pas qui tu es. Il leur faut une vedette.

— Quel est le prix des places ?

— Cinq dollars en moyenne.

— OK, j'ai votre vedette. Nous ferons payer les places un dollar.

— Mais tu ne gagneras rien !

— Si je couvre mes frais et que ça marche, mon investissement n'aura pas été vain. »

La saison suivante, je reprenais donc le même chemin, avec quelques escales supplémentaires, Dallas, La Nouvelle-Orléans, et surtout une bonne douzaine d'universités. Il en avait coulé de l'eau sous les ponts depuis le concert Pacra ! J'étais assez fier du résultat : sans avoir cherché à faire des économies, j'étais rentré dans mes billes. J'avais emmené avec moi Richard Balducci, mon agent de presse, mon secrétaire Jacques Vernon, mon imprésario français Jean-Louis Marquet, mon régisseur qui s'occupait aussi de la sonorisation et des éclairages Dany Brunet, et cinq musiciens français, qui avaient réussi à obtenir, chose rare à l'époque, un permis de travail de la très puissante Union américaine des musiciens.

APHONE

Ce matin-là, je me suis réveillé aphone, pas à demi, non, complètement. Malgré un masque sur les yeux et des boules Quiès dans les oreilles, je n'avais pas fermé l'œil durant une bonne partie de la nuit. Pour un chanteur, la pire des malédictions, c'est le manque de sommeil. Je me suis donc réveillé dans un état lamentable, des valises, que dis-je, des malles sous les yeux, la gueule des mauvais jours, la peau flétrie comme une vieille éponge. Je toussais à m'en ouvrir le poitrail pour libérer les bronches sur le plancher. De mauvaise humeur, je jetai un regard au miroir. Horreur ! J'avais cent cinquante ans ! Irréparable, j'étais irréparable. Je fis de mon mieux pour essayer de changer les choses : Glotyl, Solupred, Fluimucil, inhalations, rien n'y fit. Emmitouflé comme si je devais partir pour la Sibérie, je me rendis au théâtre : loge merveilleusement fleurie, un panier de fruits, trois bouteilles d'un fameux bordeaux grand cru, un épais paquet de télégrammes. Le promoteur m'annonça que toutes les places avaient été prises d'assaut et vendues en une matinée. La catastrophe, quoi ! Comment faire ? Je ne pouvais pas sortir un seul malheureux son de cette putain de gorge ! On fit appeler un médecin : il ne pouvait se déplacer qu'une fois son parcours de golf terminé. J'étais comme un lion en cage. Enfin, il se pointa dans sa tenue de golfeur, plus snob, tu meurs, très sûr de lui. Sa première phrase fut : « Habituellement, le dimanche, je ne me déplace jamais. » Tu parles, au prix qu'il demande ! Tout en ouvrant sa trousse, il me demanda : « Alors, qu'est-ce qui vous arrive ? – Je suis aphone et je dois chanter dans une heure. – Ah, parce que vous chantez ? » Connard ! Où croit-il être, et pourquoi pense-t-il qu'on l'a fait appeler ? Inspection de routine, il contrôla ma tension – pourquoi pas un électrocardiogramme !, m'inspecta les oreilles – comme si ça avait quelque chose à voir avec mes cordes vocales ! « Alors comme ça, vous êtes chanteur ? » Le con, il se trouvait dans ma loge, la ville était placardée d'affiches, et il y en avait justement une sur le mur devant son nez :

« Vous chantez ce soir ? »

Je venais de le lui dire, j'essayai de garder mon calme.

« Dans une heure. Quand il m'arrive d'être dans cet état, mon médecin me fait une piqûre de camphre ou de je ne sais quoi, et je peux assurer la représentation.

— Pourquoi ne l'avez-vous pas fait appeler ?

— Parce que nous sommes à cinq cents kilomètres de chez moi ! »

Comme il ne m'écoutait pas et qu'il semblait chercher quelque chose dans le fouillis de sa trousse, il répéta entre ses dents :

« Vous auriez dû appeler votre médecin traitant. »

Je l'aurais tué ! J'ai répété :

« Une piqûre arrangerait bien les choses.

— Pas question, je ne fais jamais de piqûre, je vais

vous prescrire des comprimés. Dans une heure, vous aurez une voix de ténor. »

Je n'en demandais pas tant.

Puis il s'inquiéta pour ses honoraires. C'est vrai qu'un parcours de golf, ça n'est pas donné...

« Mon manager qui se tient dans la loge à côté vous réglera. »

Il me laissa quelques pilules, une ordonnance, remballa ses petites affaires, et répéta une fois encore :

« Alors comme ça vous chantez ? »

Et il *sacra son camp*, satisfait. Une heure plus tard, j'entrai en scène avec une voix éraillée, et tirai tant bien que mal mon épingle du jeu. Il est vrai que, comme le public m'avait connu à mes débuts avec une voix qui semblait sortir du pavillon d'un vieux phonographe – certains renvoyaient même le disque qu'ils venaient d'acheter en pensant qu'on leur en avait vendu un usagé –, la différence était difficile à faire.

SOINS TRÈS PARTICULIERS

Elle entra dans la pièce où se trouvait le lit sur lequel j'étais cloué de douleur ; pas laide, un peu boulotte, son chemisier laissait deviner un sein lourd qui devait tout juste tenir dans une main d'homme, sa jupe courte et moulante s'arrêtait au ras de l'arcade cuissière. Elle ne parlait que sa langue natale, et le russe, langue obligatoire sous le régime communiste. Avec les quelques mots que je possède de la langue de Pouchkine, et le peu que j'ai pu emprunter au langage international du mime Marceau, je parvins à lui faire comprendre la raison de sa présence à mon chevet : j'avais un problème « beethovénien », nom que j'ai attribué à mon mal de vertèbres tassées, entre la quatrième et la cinquième. Je trouvais curieux tout de même qu'elle n'ait pas apporté avec elle une table pliante de massage. Je me déshabillai et ne gardai que mon slip malgré son insistance à me voir l'ôter. Enfin, elle me fit signe de m'allonger sur le ventre. Une fois installée, elle versa sur mon dos un liquide huileux et commença à me caresser le bas du dos avec de temps en temps des petites tapes pas loin des fesses. Après un quart d'heure de ce massage relaxant, mais pas très efficace, elle me fit signe de me retourner. J'avais l'impression d'être un poisson dans une poêle. Après m'avoir enduit la poitrine et le ventre d'huile, elle m'enjamba, toute sourire, pour accomplir sa tâche plus facilement. Ses seins se promenaient à deux doigts de mon visage, et le petit triangle blanc immaculé de sa petite culotte s'offrait à mon regard. Elle, apparemment indifférente, parlait sans se préoccuper de savoir si je comprenais ou non. Quand elle eut terminé son travail, si on peut appeler ça un travail, elle me demanda si je voulais autre chose. Autre chose ? Que pouvais-je vouloir de plus à part calmer mes douleurs, je vous demande un peu ! À ma réponse, *niet*, et devant ce qui lui sembla être un outrageux manque d'enthousiasme, elle fit une petite moue et alla se laver les mains. À la question d'usage « *skolke* », elle m'annonça un prix exorbitant que je réglai malgré tout, en lui demandant un reçu. Elle avait oublié son carnet à souches, mais elle me promit pourtant de m'en déposer un à l'hôtel dès le lendemain – j'attends encore... Puis elle s'en alla comme elle était venue, légère et court vêtue, me laissant avec mes douleurs et le sentiment de ne pas avoir eu affaire à une kinésithérapeute mais plutôt à une « kinésithérapute » n'ayant réussi à me soulager que de mon argent. Le lendemain, j'eus affaire à un véritable kiné qui, sans chercher à me donner du plaisir, me fit en revanche, pour un prix plus raisonnable, infiniment de bien.

MA SŒURETTE

Ne croyez surtout pas que j'ai oublié Aïda, ma petite grande sœur. Non, elle est toujours là, dans un coin de mon cœur, silencieusement présente, musicalement précieuse et utile. Nous partageons les mêmes souvenirs ; elle sait mieux que moi se remémorer des événements et des personnes que souvent j'ai oubliés. Aïda et moi sommes nés à seize mois d'écart, nous avons été élevés pour ainsi dire comme des jumeaux, partageant les mêmes jeux, aimant les mêmes choses. Quand j'avais un costume marin, Aïda aimait avoir le même. Elle avait une attitude protectrice envers moi, surtout dans notre très jeune âge. Elle était persuadée qu'elle avait le devoir de veiller sur moi et jouait ce rôle qu'elle s'était assigné très sérieusement ; tout petit, on pouvait nous laisser seuls dans l'appartement, rien ne pouvait m'arriver. À un détail près. Ma sœur veillait aussi à ce que je ne meure pas de faim, elle me nourrissait avec tout ce qui lui tombait dans les mains, du sucre, des morceaux de viande – alors que je n'avais pas encore de dents –, mais aussi des pièces de monnaie, des boutons. Et moi, confiant, j'avalais comme une autruche tout ce que ma sœur me donnait à manger. Pour lui faire plaisir, j'avalais même les médicaments qui lui étaient destinés, et cela sans rechigner, plutôt heureux d'être pris en charge par elle. Comme elle m'appelait *arhparik,* ce qui signifie petit frère en arménien, je l'appelais à mon tour *arhparik,* persuadé que c'était ainsi qu'on devait se parler.

Aïda prenait des leçons de piano ; on me fit prendre des leçons de violon. Je n'aimais pas le violon ; ma sœur jouait du piano, j'aurais préféré jouer du piano moi aussi. Après quelques mois passés à manier l'archet en sciant les cordes de mon instrument, je décidai que je ne serais jamais violoniste. Le premier jour de l'achat de ce violon – j'étais alors très, très petit –, je me souviens de m'être planté rue Champollion près du restaurant du grand-père pour faire souffrir les cordes dans la rue. Les passants ont dû s'imaginer que j'étais un pauvre petit enfant d'une famille de gitans, cherchant à gagner quelques sous. Mais je ne me souviens pas d'avoir reçu la moindre obole qui m'aurait peut-être incité à continuer mes leçons ! Aux passants la faute, donc, si je ne suis pas devenu un grand violoniste ! Yehudi Menuhin n'aurait de toute façon rien eu à craindre de moi.

En 1957, de retour du Canada, Aïda me présenta un jeune compositeur d'origine arménienne, qui s'était affublé d'un drôle de nom d'artiste, Dyran Web. Fort heureusement il l'abandonna bientôt pour reprendre son vrai nom. Georges Garvarentz était pour moi, qui ne le connaissais pas, un compositeur rock and roll. Je n'avais entendu de lui que la chanson qu'il avait composée pour Eddy Mitchell, *Daniela,* une excellente chanson au demeurant, mais pas du tout dans le style de mon répertoire. Aussi, quand Aïda m'encouragea à lui donner un texte à mettre en musique, je décidai sans rien leur dire de lui faire passer à ma manière, une audition en lui confiant un texte médiocre auquel je ne croyais pas. Quand il revint avec une mélodie que ne méritaient pas mes paroles, je pris le parti de lui confier des textes plus à sa hauteur. Très pointilleux, il remettait sans cesse sa musique en question. Lorsque, après avoir terminé un texte, je ne trouvais pas la musique appropriée, je la donnais à Georges. Il a composé pour moi de véritables petits bijoux, tels que *Paris au mois d'août*, *Non je n'ai rien oublié*, *Et pourtant*, *Les Plaisirs démodés*, *Ave Maria* et tant d'autres. Georges possédait, en plus de son talent de compositeur, un sens de l'humour impayable et un véritable don d'imitation.

Aïda jouait donc du piano, et quand parfois je me mettais au clavier, elle trouvait que mes accords n'étaient pas assez bons – et même, pourquoi le nier, exécrables ! Elle a toujours possédé une oreille infaillible. De tout temps, elle a assisté à mes enregistrements pour me corriger quand une note ne lui paraissait pas assez juste, ou un mot pas tout à fait compréhensible. Je n'aurais sûrement pas interprété certaines de mes chansons sans ses encouragements et son insistance. Parmi celles que j'avais refusées de mettre à mon répertoire de scène, allez donc savoir pourquoi, on trouve *La Mamma*, *Il faut savoir*, *Que c'est triste Venise*. C'était l'époque où j'avais pris la décision de ne plus faire la course au numéro un du hit-parade, de ne plus enregistrer des *simples*, mais de me consacrer aux albums vinyles. Aïda, malgré son talent et ses brillants débuts – ses disques avaient connu un certain succès –, décida du jour au lendemain de cesser tout pour suivre Georges Garvarentz qu'elle venait d'épouser et de se consacrer à la carrière de son mari. Georges ne composait jamais sans qu'Aïda soit dans les parages, assise à faire des mots croisés, jamais loin du piano. Lorsqu'il lui arrivait d'oublier une mélodie durant le travail de composition, il savait qu'Aïda, qui possède une extraordinaire mémoire mélodique, allait venir la jouer pour lui au piano, avant de retourner à ses mots croisés.

LA PRESSE

Des articles élogieux dans la presse, je n'en ai pas eu des masses. Pour être franc, à mes débuts, je n'en ai eu aucun. L'entreprise de démolition de l'édifice Aznavour a fonctionné à plein temps pendant plusieurs décennies. Dans ce domaine, il n'y a eu ni grèves ni chômage ! Ah ça, je n'étais pas beau, pire, pas regardable, et j'étais doté d'une voix insupportable. Pour couronner tout cela, j'écrivais des chansons qui n'étaient pas populaires sur des sujets tirés par les cheveux ne présentant aucun intérêt. Avec tous ces défauts, j'aurais dû aller m'écraser contre le mur. Le public pourtant commençait à s'habituer, mes disques se vendaient plutôt bien, et je remplissais souvent les salles, surtout en dessous de Lyon.

Ils sont là, tranquilles
C'est pas eux qui bilent
Lorsque l'on panique
Et que morts de trac
Tous nos membres claquent
Devant le public
Avec un air sombre

Ils guettent dans l'ombre
Armés d'un stylo
Quoi qu'on dise ou fasse
De notre cuirasse
Le moindre défaut
De gauche ou de droite
Ceux que l'on mandate
Pour faire un papier
N'ont je le présume
Pas trempé leur plume
Dans un bénitier
Et que peut-on faire
Pauvre pot de terre
Vulnérable et seul
Lorsque l'on en crève
Rengainer ses rêves
Et fermer sa gueule

Pourtant, la presse en particulier et les radios me boudaient, pire, me lapidaient. Je ne bronchais pas, mais ça me faisait très mal. Je n'ai jamais pris ma plume ou mon téléphone pour me plaindre auprès de la rédaction d'un journal ou même d'un journaliste. Je suis resté de marbre, allant jusqu'à prétendre ne pas lire les articles me concernant. Les photos indiscrètes, œuvres de paparazzi français ou italiens, ne m'ont jamais poussé à intervenir, par avocats interposés, pour réclamer des dommages et intérêts pour atteinte à ma vie privée. Non, je me suis muré dans le silence, je pensais que les auteurs de ces articles destructeurs devaient se mordre les doigts jusqu'au coude en constatant qu'ils n'avaient pas d'influence sur le public et le déroulement de ma carrière. Je n'ai jamais réagi : la polémique qu'aurait occasionnée mon intervention n'aurait pu que perturber un peu plus ma vie. Je pensais : « Après tout, chacun son métier ! » Les coups bas comme les coups de poing dans la gueule, ça finit toujours par vous forger le caractère, et, à la longue, de quoi se souvient-on surtout ? L'article disparaît dès le numéro suivant, la chanson, soutenue par le disque et relayée par les radios, continue à se faire entendre jour après jour, année après année, portée par la voix de son interprète. Dire que tout cela me laissait indifférent serait un joyeux euphémisme. Mais je ravalais ma salive et fonçais tête baissée dans le travail, sachant que rien ne pouvait battre quinze à dix-huit heures d'effort par jour. Cultiver l'amertume et l'aigreur m'aurait occasionné un ulcère à l'estomac ou, pire, un infarctus. Je n'allais tout de même pas faire un procès pour harcèlement médiatique par organe de presse interposé ! De toute manière, j'aurais risqué d'y perdre. Dur, dur...

Alors ? Alors, j'ai préféré employer mon énergie à apprendre, comprendre, continuer à m'investir dans mon métier. Près de sept cents chansons, et pas des plus mauvaises je crois, cinq langues étrangères plus ou moins bien maîtrisées me permettant d'enregistrer et de chanter dans près de quatre-vingt-dix pays. Sans compter les films bien accueillis par la critique cinématographique. Le bât blessait dans ma discipline d'auteur-compositeur-interprète, où j'étais bon pour la poubelle. Mais voilà, je n'étais pas biodégradable. Aussi, je me suis accroché et ne m'en suis pas trop mal tiré, pour quelqu'un n'ayant ni voix, ni physique, ni talent, ni avenir sur scène. Les critiques de la nouvelle génération semblent m'avoir mieux compris que ceux qui sont depuis partis à la retraite.

À présent, je peux l'avouer, ça n'a pas été facile. Le doute, l'angoisse, le trac avant d'entrer en scène, l'horrible impression que chaque spectateur avait dans sa poche un de ces articles destructeurs, ont été très longtemps mes compagnons de nuits sans sommeil. Mais à présent, merci, je vais bien, et si je dors peu, ce n'est plus aux affres de la critique que je le dois, mais à l'âge je suppose. Que peuvent dire mes détracteurs aujourd'hui ? Que je ne suis plus le même ? À cela, déjà à l'époque, Raoul Breton répondait : « Ce n'est pas lui qui a changé, c'est vous. »

J'ai l'air ici de régler mes comptes, et pourquoi pas ? Je n'ai pas de honte à l'admettre. Je n'ai aucune amertume et pas du tout l'esprit revanchard. Je crois avoir réussi malgré tout une carrière propre, digne et, dans une certaine mesure, exemplaire. Entre la critique et moi, le plus couillon des deux n'est pas celui qu'on croyait.

Je sais que le rôle d'un journaliste est difficile ; aussi se doit-il d'approcher le nouveau venu sur la pointe des mots, pour rester constructif, propre à l'aider à corriger ses erreurs, à progresser dans la vie, article après article, il fait partie des artisans qui contribuent à son épanouissement et à son succès. Cette attitude, le journaliste ne la doit pas uniquement à l'artiste mais aussi et surtout à ses lecteurs, et, pourquoi pas, à lui-même et à la beauté de son métier.

Je repris mes textes à la recherche de ce qui pêchait : *Sa jeunesse, Parce que, Pour faire un jam, Je me voyais déjà, Je hais les dimanches*, qui venait de recevoir au festival de la chanson de Deauville le prix de la Société des auteurs dramatiques. Rimes, césures et hémistiches étaient respectés, et les sujets tranchaient pour l'époque. J'avais le mérite de ne copier personne. Les chanteurs adoptaient mes chansons et en réclamaient même davantage. Alors que me reprochait la presse ? Mon physique ? Je ne l'ai pas choisi, tout le monde ne naît pas avec un profil de jeune premier. Ma voix ? Ah ma voix ! Que d'encre n'a-t-elle fait couler ! Voilée, brisée, d'accord, mais c'était celle de la rue, du voisin de palier, et le public commençait à s'y habituer. Pourquoi apprécie-t-on la voix rauque d'un interprète d'outre-Atlantique, mais pas celle d'un Français ? Fallait-il que je travaille ma voix pour avoir un filet plus proche de Tino Rossi ? Fallait-il que je me fasse faire le front de Jean Marais, le nez de Marlon Brando ou la bouche de Maurice Chevalier ? Que je renoue avec des méthodes du Moyen Âge pour gagner cinq ou dix centimètres grâce au supplice de l'élongation ? Hors de question ! Au diable ce que l'on pouvait penser, je continuais d'écrire l'amour au quotidien.

Après l'amour
Nous ne formons qu'un être
Après l'amour
Quand nos membres sont lourds
Au sein des draps froissés
Nous restons enlacés
Après l'amour
Au creux du jour
Pour rêver

Pendant plus de quinze ans, j'ai attendu que les détracteurs se calment, qu'ils changent d'avis, devant l'enthousiasme du public international. Rien, *niente*, *nothing, nada.* Alors j'ai continué mon petit bonhomme de chemin en chantant surtout à l'étranger, où la presse m'avait dès le début adopté et chouchouté. En Pologne, on m'avait même surnommé « le Napoléon de la chanson » ; pas mal pour quelqu'un qui ne rêvait avant tout que de brûler les planches !

Parmi ces démolisseurs, par mode ou par esprit de contradiction, un administrateur de la Comédie Française – qui était aussi journaliste et avait écrit de très mauvais papiers sur mon compte – cherchait un chanteur assez populaire en vue d'une soirée de bienfaisance, pour attirer du monde et faire recette. Le choix des sociétaires fut unanime, m'a-t-on dit : « Aznavour. » Voilà donc notre homme confronté à un sérieux dilemme : qu'allait être ma réaction ? Ne se risquant pas à m'affronter, il me fit mander un émissaire que je reçus calmement et aimablement. Après qu'il m'eut fait sa demande truffée de mots ronflants comme « soirée exceptionnelle, en présence des plus hautes personnalités artistiques et politiques du pays, sur une scène des plus prestigieuses du monde et bla bla bla, et bla bla bla... », je le regardais droit dans les yeux, ne laissant transparaître aucune expression. Il en remit une couche, persuadé de m'en mettre plein la vue.

Pensez, c'était un cadeau royal que l'on me faisait. À croire que Molière lui-même allait dérouler un tapis rouge et or sous mes pas de pauvre petit chanteur de variétés ! Il s'attendait sans doute à ce que je tombe à genoux, profondément bouleversé, ému aux larmes, en murmurant « merci, oh merci » avec une voix encore plus brisée que d'habitude. Je connais mon métier et la valeur d'un long silence : j'ai dû lui donner l'impression

Le temps des avants

que je ne savais plus quoi dire tant mon émotion était grande. Quand soudain, calmement, prenant bien mon temps et usant de pauses entre chaque phrase, je lui répondis de manière excessivement posée, avec un petit sourire naïf : « Pourquoi M. l'administrateur n'est-il pas venu lui-même ? Après tout, vous ne me proposez pas un contrat, mais une soirée que je donnerais bénévolement ? » L'homme perdit de sa superbe et commença à bafouiller quelques mauvaises raisons, peu convaincantes. Pour couper court, je me suis levé, ajoutant avec courtoisie : « Je serai ravi de donner à M. l'administrateur et à lui seul ma réponse… » Point final, sortie jardin, et petit rictus satisfait sur mon visage ! Quarante-huit heures plus tard, je déjeunais avec M. l'administrateur, et, le jour du gala, Molière déploya sous mes pieds le tapis rouge et or. J'ai donné ma seule et unique représentation de « On ne badine pas avec Aznavour » sur la scène de l'illustre théâtre.

L'année suivante, je faisais à nouveau ma rentrée à l'Olympia. J'avais tout oublié de cette anecdote, lorsque Raoul Breton vint dans ma loge, la page de spectacle de *L'Intransigeant* en main, et là, en lettres grasses sur deux colonnes, un titre suivi d'une signature : « MEA CULPA ». La signature était de l'administrateur de la Comédie Française, Marcel Iskovski. C'est à ma connaissance le seul critique qui, par un titre en latin, a fait preuve d'un courageux repentir. J'ai lu avec une profonde émotion son très bel article, et je n'ai pas ressenti de sentiment de revanche. Il m'avait enfin écouté, avait reconnu ma voix et mes chansons. Je tiens aujourd'hui à le remercier pour ce geste. Je ne l'ai pas fait à l'époque, ayant choisi de paraître indifférent aux articles de presse me concernant.

La critique, la critique
On a beau dire au fond
Que l'on s'en contrefout
La critique, la critique
Vous détruit le moral et vous
En fout un coup

Mes disques se vendaient déjà très bien, on les diffusait à la radio, les chanteurs qui interprétaient mes compositions annonçaient mon nom, celui des auteurs et des compositeurs, pratique qui s'est perdue par la suite. Je bénéficiais d'une certaine réputation en province. Jean Renzulli, promoteur ô combien méridional, eut l'idée de me présenter dans une tournée en fin de première partie de Léo Marjane. Jean-Louis, ne le connaissant pas, lui fit payer d'avance toutes les représentations. Comme il ne savait pas vraiment à qui il avait affaire, Jean Renzulli vint me voir en spectacle à l'Olympia. En entendant ma première chanson, il fut horrifié par le son de ma voix et dit avec l'accent du cru : « À Marseille, on va se faire jeter ! Ma femme m'avait prévenu : regarde bien où tu mets les pieds... » À la fin de la chanson, voyant le public applaudir à tout rompre, il ajouta : « Mais ils sont fadas ces Parisiens ! » Plus le tour de chant avançait, plus notre homme paniquait : quand je pense que j'ai tout payé à l'avance ! En fin de tour, voyant le public heureux, il se leva et dit : « Après tout, on ne sait pas, peut-être que ça peut marcher quand même. »

C'est précisément le Midi, et particulièrement Mar-

Le temps des avants

seille, qui a été mon premier fief. Chez Édith, j'avais fait la connaissance de Tony Reynaud, qui possédait les Variétés et le Gymnase à Marseille. Ce dernier théâtre n'avait pas d'entrée de coulisses, et la rue qui y menait était très étroite. Ça allait pour entrer, puisque j'arrivais avant le public, mais à la sortie, tous les parents et grands-parents des supporters de l'OM m'attendaient. Vous voyez d'ici la corrida ! Pour m'éviter les bains de foule, le service d'ordre mit à ma disposition un fourgon cellulaire, plus communément appelé « panier à salade », qui me permettait de quitter l'établissement sans encombres et me raccompagnait entier jusqu'à mon hôtel, où je me bouclais dans ma chambre, à double tour. En voyant ce cirque, mon père eut cette phrase mi-figue mi-raisin : « Dire que l'on emmène mon fils chaque soir comme un criminel ! »

CALIFORNIA, HERE I COME

Mon contrat stipulait que je devais chanter pendant deux semaines au Huntington Hardford, un théâtre de Hollywood. C'était mon premier engagement de plus d'un jour dans cette ville. On m'annonça une très belle première, une salle pleine à craquer, chose tout à fait exceptionnelle pour un artiste à peine connu. Je ne pouvais que m'en réjouir, puisque je ne percevais qu'un minimum garanti et le reste en pourcentage. Avant le lever du rideau, j'étais terriblement nerveux. Je voyais approcher l'heure fatidique, les jambes flottantes et le front moite. Maurice Chevalier proposa de me présenter avant mon entrée en scène. Maurice était une idole dans ce pays ; on ne pouvait espérer meilleure introduction. Il entra en scène, lentement, avec assurance, en homme qui connaissait son public. Une énorme ovation l'accueillit, et il entama le petit *speech* qu'il avait minutieusement préparé. Dans un anglais plus que parfait, teinté bien sûr de cet accent parisien qui contribua à son succès outre-Atlantique, il commença ainsi : « Je vais vous présenter un garçon, un Français de grand talent. Acteur, auteur, compositeur, chanteur, il sait tout faire et il fait tout bien. » Il fit une pause et poursuivit : « J'avoue que j'aurais aimé qu'il fût mon fils. » Une pause encore : « Mais je n'aurais pas été fâché de l'avoir pour frère. » Enfin, il ajouta : « Mais, en toute franchise, j'aurais préféré qu'il soit mon père. » La salle rit de bon cœur et applaudit. Il y eut alors comme un remous dans la salle. Lorsque Marlène Dietrich se leva de son fauteuil, majestueuse, pour se présenter au bas du centre de la scène où Maurice se pencha, mit presque genoux à terre, et déposa un léger baiser sur les lèvres de Marlène. Saluée par un tonnerre d'applaudissements, Marlène retourna lentement vers son fauteuil. Maurice revint en coulisses. Ce n'était plus le trac, mais une véritable panique qui s'emparait de moi à présent ; je transpirais : comment allais-je pouvoir m'en tirer honorablement après ça ? Mais quand il faut y aller, faut y aller, j'entrai en scène comme si je devais affronter le dragon. Les musiciens attaquèrent. Ai-je été applaudi à mon entrée, je n'en sais rien. J'entamai ma première chanson en accélérant le tempo pour donner plus d'intensité à ma prestation. Mes mains tremblaient, mes jambes aussi, mais le public pensait que c'était voulu. Le bon accueil me rassura. Les applaudissements me calmèrent un peu, mais je continuai mon tour de chant comme si j'étais poursuivi par une meute de chiens enragés. Je chantai la rage au cœur, au ventre. Je finis le spectacle lavé, lessivé, en nage, sans même savoir ce qui se passait dans la salle. Une merveilleuse ovation me récompensa, suivie immédiatement par une *standing ovation* qu'en France on ne pratiquait pas encore. Pas la *standing ovation* programmée des émissions de télévision françaises, non, une sincère, spontanée, suivie d'un nombre de rappels comme seuls en reçoivent les musiciens à la fin d'un concert classique.

Le temps des avants

Après le spectacle, j'eus le bonheur de voir les stars qui se trouvaient dans la salle faire la queue pour venir me dire un mot aimable, amical : Marlène et Maurice, bien sûr, et aussi Nathalie Wood, Loretta Young, Norma Shearer, Gene Kelly, Mike Connors et nombre d'autres. Une fois qu'ils furent partis, les lumières éteintes, la limousine me conduisit jusqu'à mon luxueux bungalow. J'avais l'impression d'être un automate, ma tête était encore pleine des applaudissements et des félicitations que j'avais reçues. Je pensais à mes parents, à Piaf, qui auraient été si fiers de moi ce soir : « *Nahé ourh ëink ourh éguank* », disons-nous en arménien, « Regarde d'où on est venus, regarde où nous sommes. » Moi, le fils d'apatride, si sévèrement critiqué, sans atouts apparents, celui qui aurait dû raccrocher cent fois, je récoltais aujourd'hui les fruits de mon travail de tous les jours et de toutes les nuits. Et cela même au pays dont tous les artistes rêvent, où le show business est roi. Ce soir-là, j'ai eu beaucoup de mal à trouver le sommeil. Mille choses me traversaient l'esprit ; ce n'est que très tard dans la nuit que je me suis endormi, avec une curieuse envie de rire et aussi de pleurer.

ULLA INGEGERD THORSSELL

Sûr qu'elle n'appréciera certainement pas que je parle d'elle et de nous, tant elle déteste se faire remarquer, mais tant pis, je prends le risque ! Je ne peux tout de même pas écrire ma vie sans parler de celle qui, depuis plus de trente-neuf ans, vit à mes côtés. Trente-neuf ans déjà et, pourtant, on ne la voit que très rarement à mes côtés. Lors de mes premières, elle demande à être assise de manière à pouvoir s'éclipser rapidement à l'entracte et à la fin du spectacle, préférant être mal placée plutôt qu'être vue. Elle aime venir dans la salle, incognito, sans jamais paraître à la réception que l'on donne après un soir de gala.

Au fil de mes aventures, je n'ai jamais su si les gens venaient à moi mus par d'authentiques sentiments, ou s'ils se collaient comme les phalènes à la lampe à acétylène, attirés par la lumière des projecteurs. À Saint-Tropez, où je menais joyeuse vie, on me voyait chaque soir dans une discothèque me trémousser sur les derniers rythmes à la mode jusqu'à une heure avancée de la nuit ; le scénario était toujours le même : je prenais un verre en compagnie d'un ami, passait alors quelqu'un qui s'immisçait dans notre conversation et invitait ses propres amis à se joindre à nous. Peu à peu, les coléoptères s'agglutinaient par dizaines autour de notre table. Plus tard dans la soirée, ce joli monde s'éparpillait sans un mot de remerciement, en me laissant, comme il se doit, le devoir et l'honneur de régler l'addition. Je commençais à trouver mon champagne saumâtre. Un soir, j'empêchai un ami play-boy, avec lequel j'aimais passer du temps, de payer la tournée. Je demandai moi-même l'addition, et lorsque le serveur me demanda : « Vous payez tout ? » Je répondis : « Non, seulement pour nous deux. » Un vent de panique souffla sur les parasites, pique-assiettes de tous bords qui s'étaient invités, consternés, outrés même de devoir régler leurs consommations. De ce jour, la nouvelle ayant sans doute rapidement circulé, jamais plus cette curieuse faune ne nous a honorés de son encombrante présence.

Un de ces fameux soirs où j'avais invité à Saint-Tropez quelques amis du métier à ma table – pas de ces pique-assiettes –, j'avouai à Régine, avec laquelle je partageais une grande complicité, que cette vie de papillon commençait sérieusement à me peser. Mener une vie de célibataire, ponctuée d'aventures furtives, charmantes et sans lendemain m'obligeait à m'interroger : était-ce la lumière des projecteurs qui attirait ces jeunes femmes ?
Nous étions en juin 1964, et, depuis un mois, j'avais atteint l'âge où l'on se doit – en principe – de devenir sérieux : quarante ans. Dans une boîte à Saint-Tropez, j'étais en compagnie de quelques amis dont Régine et Sacha Distel. Pointant du menton une jolie blonde, Régine me dit : « Voilà le genre de femme que tu devrais rencontrer. » Je me retourne et reconnais la jeune Sué-

Le temps des avants

doise qu'Essy, une amie finlandaise, nous avait présentée, à Ted Lapidus et moi, un soir que nous dînions au Don Camillo rue des Saints-Pères. Je me levai et l'invitai à venir se joindre à nous. Mais la belle était farouche. Nouvelle venue en France, elle ne connaissait aucune des personnes présentes, bien que toutes plutôt célèbres pour ne pas dire célébrissimes. En bonne citoyenne d'un pays socialiste et protestant, elle avait tendance à se méfier. Finalement, elle resta un instant, visiblement mal à l'aise et accepta tout de même un déjeuner sur une plage pour le lendemain. Je venais enfin de rencontrer une femme qui ne savait pas qui j'étais, et qui voyait d'ailleurs en moi un de ces fils à papa menant grande vie sur la Côte d'Azur.

Je dus me contenter d'un déjeuner ou deux, et, quelques jours plus tard, elle partait pour la capitale où elle devait reprendre son emploi dans une banque suédoise. J'appris par la suite qu'elle avait été un temps modèle, mais, comme elle refusait de se soumettre à la mise en scène du photographe, on s'était petit à petit passé de ses services. Je connaissais son point de chute ; j'envoyai Dany la retrouver et, si possible, la ramener, en pensant que, si l'armée suédoise était ainsi faite, le pays devait être imprenable.

Si je devais en peu de mots définir Ulla, je dirais qu'il y a du Greta Garbo en elle. Nous nous sommes revus mais là... Motus ! Si j'en dis plus, je risque de me faire taper sur les doigts, et vu qu'en trente-neuf ans de vie commune nous n'avons jamais eu de différend, je ne vais pas commencer aujourd'hui !

Charles Aznavour

La bague au doigt

Depuis Saint-Tropez, nous vivions ensemble, je trouvais cela très confortable, mais ma protestante avait des principes : elle voulait fonder une famille, avoir *des* enfants. Déjà père et échaudé par deux expériences peu convaincantes, la question me semblait close jusqu'au jour où elle partit pour la Suède voir sa famille. Je téléphonai, mais personne ne décrochait. Mes nombreux appels quotidiens restaient sans réponse. J'étais anxieux, je devais repartir sous peu chanter à San Francisco. Je m'étais habitué à ses silences, mais celui-ci, plus lourd que les précédents, semblait l'avoir complètement happée. Je décidai de partir sans elle aux States, où je continuai en vain à l'appeler. Son brusque départ avait suivi les paroles malheureuses que j'avais eues sur le mariage : deux expériences négatives m'avaient ôté toute envie de convoler de nouveau. Je regrettai maintenant ces paroles, qui expliquaient sans nul doute son silence. Et, à force de sonner, sonner, encore et toujours, elle décrocha. Je ne lui laissai pas le temps de parler, et lui proposai d'aller chez Lapidus se faire faire une robe et me rejoindre pour que nous puissions nous marier. Notre mariage civil fut ainsi célébré à Las Vegas le 11 janvier 1967, à City Hall, par le maire de la ville, et suivi d'une réception où se rendirent nos témoins, Samy Davis Junior, Petula Clark, Aïda, Georges Garvarentz, des amis venus de France, Kirk Douglas et son épouse, et un grand nombre d'artistes qui se produisaient alors à Vegas.

De retour en France, je voulais un mariage traditionnel, avec notre famille. J'allai donc voir l'archevêque de l'église arménienne de la rue Jean-Goujon pour fixer la

Le temps des avants

date de la cérémonie. Quand il me fit remarquer que j'avais déjà reçu la bénédiction dans cette même église quelques décennies avant, et que la religion chrétienne ne validait pas les divorces et les remariages, je lui exposai mes arguments infaillibles selon lesquels ce mariage serait une excellente publicité pour l'Église, et qu'il inciterait les jeunes couples comme le nôtre à un retour aux sources. Après quelques hésitations, le brave homme accepta tout en me mettant en garde : « Mon fils, c'est la dernière fois. » Ce le fut. Le fait qu'Ulla refuse de changer de religion ne posa aucun problème, et donc, un an et un jour après le mariage civil à Vegas, le 12 janvier 1968, l'archevêque arménien nous unissait pour le meilleur et non le pire.

Ulla, encore et toujours Ulla, aime par-dessus tout ses enfants, sa famille, ses amis d'enfance, ses chiens, et moi, enfin j'espère ! Elle ne rate aucune occasion de rire, d'un rire charmant, surtout avec les enfants, qui, sur ce point, tiennent énormément de leur mère. Elle rit pour de petites choses, anodines, et non pour les grosses blagues ou autres histoires drôles qui se colportent habituellement. Qu'un fou rire la prenne, et des larmes apparaissent aux coins de ses yeux sans qu'elle puisse s'arrêter. Dans ces moments-là, je l'imagine enfant, dans les neiges de sa Suède natale, en compagnie de ses amis et de ses frères et sœurs – elle fait partie d'une famille de six enfants parfaitement programmés, un garçon, une fille, un garçon, une fille, un garçon, une fille –, dans un climat que j'imagine, à tort bien sûr, tout à fait bergmanien, fait de silences entrecoupés de mots chuchotés, de gestes calmes, pudiques et mesurés. Lorsque nous nous sommes connus, nos amis ne donnaient pas plus de deux ou trois mois à notre couple. Que pouvait bien trouver ce lac tranquille à ce brouillon bruyant que j'étais ? Je ne lui ai jamais posé la question. Et que pouvais-je trouver à une femme si loin des préoccupations de notre métier ? Aucune concession n'a pourtant été nécessaire. Nous nous sommes acceptés comme nous étions, avec nos excès et nos manques. Elle aime par-dessus tout les longues marches dans les bois, moi, pas du tout, d'autant qu'elle marche trop vite pour moi. Aussi, dans cet exercice, nos chiens me remplacent. J'aime sortir le soir, elle, pas du tout ; ce sont alors nos enfants qui la remplacent. Trente-neuf ans déjà – ou seulement – que nous sommes ensemble ! Je l'ai un peu réveillée, elle m'a beaucoup assagi. Que demander de mieux ?

ET ILS EURENT BEAUCOUP D'ENFANTS

Ce 10 octobre 1970, Ulla sentit que le jour était venu. Elle avait déjà fait sa valise depuis quelques jours et, calmement, s'était préparée pour ce grand jour. Je m'habillai en un éclair, installai la future maman dans la voiture et, empruntant les couloirs d'urgence, je filai vers la clinique Sainte-Isabelle à Neuilly. « Tout de même, pensais-je, comment peut-elle être si sûre de la date ? » Mais madame est comme ça, ponctuelle, précise et sûre. Arrivé à la clinique par la porte des urgences, j'accompagnai ma femme dans sa chambre : « Bon, tu n'as pas besoin de rester ici, va faire un tour, reviens dans une heure ou deux », me lança-t-elle. Nous sommes trop pudiques, elle et moi, pour que j'assiste aux accouchements. Je ne me fis donc pas prier et m'en allai ; d'ailleurs, il ne faut pas contrarier une femme enceinte, particulièrement le jour de la naissance de son premier enfant. Il est à elle et rien qu'à elle. J'allai rouler sans but dans les rues de Paris. Lorsque je revins à la clinique, deux infirmières poussaient hors de l'ascenseur un lit roulant dans lequel se trouvait encore, groggy, Ulla avec dans ses bras Katia, rose et boulotte, l'enfant attendue, l'enfant d'Ulla auquel il ne fallait pour ainsi dire pas toucher. C'était son bien, c'était son œuvre, que moi seul pouvais à la rigueur approcher.

Pour Mischa, les choses se passèrent plus normalement. La naissance de Nicolas, le petit dernier âgé de vingt-six ans aujourd'hui, a eu lieu en plein mois d'août, alors que je devais faire une tournée en Italie. Ulla me conseilla de partir avec les deux premiers, prétendant qu'elle saurait très bien se débrouiller toute seule. Effectivement, quelques jours plus tard, elle nous annonçait au téléphone que c'était un garçon, tandis que Katia et Mischa barbotaient joyeusement dans la piscine d'un hôtel de San Remo. À notre retour à la maison, à Genève, la famille au complet nageait dans le bonheur. Aujourd'hui, c'est au tour de Katia, déjà, de bercer sa petite Leïla qui fait d'Ulla et moi des grands-parents heureux.

L'ARBRE GRANDIT

Je n'ai jamais écrit de chanson sur ma propre vie, à part bien sûr celle que j'ai intitulée *Autobiographie*. Mais aujourd'hui, au détour de quelques-unes de mes œuvrettes, dans certaines phrases ou lignes des textes de mon cru, je découvre, à ma plume défendant, qu'il s'y trouve un nombre très important de sentences et d'idées qui me ressemblent ou me dévoilent. Comme si j'avais inconsciemment anticipé le futur, et cela dès mon plus jeune âge. Rien à voir avec l'instinct, l'intelligence ou la culture, non, c'est une chose indéfinissable, étonnante ; je m'interroge sans trouver de réponses. *Sarah*, par exemple, dont j'ai composé la musique, texte perdu dans les papiers de Jacques Plante et dont il ne savait que faire, m'a séduit à la première lecture. C'est l'histoire de la fille d'un tailleur juif qui se marie et part pour l'Amérique, loin des siens. Je ne suis ni tailleur ni juif, mais ma fille Seda est partie se marier là-bas. Moi qui aime avoir égoïstement tous les miens autour de moi, ou tout du moins pas très loin, j'ai vécu ce départ comme un déchirement, à l'image de cette famille juive. Une fois installée, Seda est devenue américaine et m'a donné deux beaux petits-enfants, Lyra et Jacob, que je vois trop peu à mon goût. Fort heureusement, mes concerts me mènent parfois en Californie où ils habitent ; je peux alors rendre visite à ces petits-enfants qui ne parlent pas l'arménien et qui font l'effort de me parler un français teinté de cet accent américain tellement apprécié de ce côté-ci de l'Atlantique.

Mon rêve de fonder une grande famille, après la tragédie qui en avait privé les miens, a fini par se réaliser. Quatre enfants, déjà trois petits-enfants, l'arbre a de plus en plus de branches. Dernière en date : Leïla, que nous a offerte notre fille Katia. Aussi me suis-je réconcilié avec ce qu'on appelle le destin. Après tout le mal qu'il a fait à mon peuple, il s'est plutôt bien conduit avec moi. Mais il lui reste encore beaucoup à faire pour aider ceux qui attendent encore une chance.

FLAIR DE FEMMES

J'ai connu Lévon Sayan un soir où je chantais au Carnegie Hall, quelques semaines avant mon mariage à Las Vegas. Nous devions partir pour une tournée dans le Maine, mais une voiture s'avérait nécessaire pour transporter le peu de matériel que nous avions. Henri Byrs, mon pianiste marseillais, se pointa un jour avec un jeune homme, à l'accent du Midi très prononcé, qu'il me présenta ainsi : « Il est arménien et il a une grande voiture. » « Voyons d'abord la voiture, répondis-je, car le fait qu'il soit arménien ne change rien à l'affaire. » Décapotable, couleur fraise écrasée dans la crème fraîche, elle faisait parfaitement l'affaire ; quant à mon Arménien, vif, sympa, drôle, rapide et malin, je l'adoptai sans plus attendre, d'autant qu'il savait faire un tas de choses sans rechigner, vite et bien, et sans quémander d'argent. Cela fait trente ans aujourd'hui que nous travaillons ensemble. Lui qui vivait aux États-Unis depuis une quinzaine d'années m'a suivi en France et en Suisse, assurant de multiples fonctions : régisseur, sonorisateur, secrétaire, chauffeur, les rouages des métiers du spectacle n'avaient plus de secrets pour lui, tant en France qu'aux

États-Unis. Il était d'ailleurs à mon mariage à Las Vegas. Par la suite, Ulla et Aïda me conseillèrent de le prendre pour s'occuper de mes affaires. Les femmes ont un flair que nous n'avons pas, et je ne regrette pas de les avoir écoutées. C'était aussi la première fois que je travaillais avec un Arménien, mais, encore une fois, le fait d'être arménien ou ami d'enfance ne justifie rien, ce sont le talent et le savoir-faire qui comptent avant toute chose.

ORPHELIN

En 1966, à New York, où je devais me produire, j'avais loué un petit appartement au quatrième étage sans ascenseur à quelques mètres de Washington Square, dans le Village, Weverly Place. Je l'avais meublé du nécessaire ; le piano donna beaucoup de mal aux déménageurs. C'était charmant, c'était la « bohème », sans la musique de Verdi, mais avec les bagages à monter et à descendre après chaque tournée. C'est dans ces moments-là qu'on apprécie l'hôtel, ses porteurs et surtout ses ascenseurs. J'ai vite regretté mon confort habituel. Après quelques mois, Ulla et moi retournions soulagés dans un bon hôtel. Adieu Mimi et Rodolphe, le laisser-aller de la Butte ! Salut Charles et Ulla, dans le confort américain ! « Laissons les New-Yorkais jouer aux Montmartrois, quant à nous, glissons-nous comme des caméléons dans la peau des Américains », me disais-je.

Henry Coldgran, qui me représentait aux États-Unis, s'arrangeait toujours pour que les choses me coûtent le moins cher possible, voire rien du tout. Il avait trouvé dans le haut de New York un cabaret juif dont il connaissait le directeur artistique. Je n'avais pas à débourser un sou pour la location d'une salle de répétition et je pouvais, avec mes musiciens, y faire tranquillement mes répétitions à l'œil.

C'est à New York que j'appris le décès de ma mère. Cela avait eu lieu à Moscou au moment où elle allait monter dans l'avion du retour à Paris. Une femme arménienne qui s'apprêtait, elle aussi, à prendre l'avion, avait eu le temps de tout organiser pour la garde du corps et de joindre ma sœur, qui avait à son tour appelé Coldgran ; c'est donc lui qui m'annonça la nouvelle, avec beaucoup de délicatesse. Cet homme, extrêmement respectueux des traditions, qui m'empêchait de travailler pour Yom Kippour, alors qu'en ville ce même jour *Fiddler on the Roof* se jouait sans relâche, qui restait chez lui en prière et ne sortait sous aucun prétexte, eh bien, ce merveilleux Henry était venu me soutenir et s'était occupé de me trouver un aller-retour pour Paris.

J'étais anéanti. J'avais des remords. Je me posais des questions : n'ai-je pas négligé de donner un peu plus de temps à ma mère au profit de ma carrière ? Je ne savais plus que faire. J'étais si loin de tout ! Aïda et Georges, après avoir loué une Caravelle Air France, s'étaient envolés pour Moscou afin d'organiser le retour du corps. Impossible de trouver un cercueil ; personne n'avait accepté de les aider. Un vague cousin, dont nous n'avions, Aïda et moi, jamais entendu parler, avait alors risqué la prison pour en trouver un, et, pire, une croix. Enfin, après mille difficultés, ils furent de retour pour mon arrivée. « *The show must go on* », me disais-je pendant le voyage. Je me suis souvenu que, le lendemain des funérailles de mon grand-père, ma mère nous avait envoyés, Aïda et moi, au cinéma. « Mais nous sommes en deuil », lui avait-on dit. « Aller au cinéma fait partie de votre métier ! », nous rétorqua-t-elle.

À New York, Ulla était là, silencieuse mais solide, pour m'épauler. Je suis parti seul et je suis arrivé à temps pour la messe et le cimetière. Dès le lendemain, je repartis pour honorer mes contrats. Le premier soir, il me fut très difficile de chanter *La Mamma* ; tous m'ont conseillé : « Laisse tomber, tu la reprendras quand tu te sentiras plus fort. » Mais « *the show must go on* ». Que l'on tombe de cheval, de bicyclette, que l'on se casse une jambe à ski, si l'on ne remonte pas tout de suite, on ne le fait plus. J'ai donc chanté *La Mamma*, les larmes aux yeux, une boule dans la gorge. C'était la dernière du tour de chant, j'ai pu sortir de scène pour reprendre mes esprits avant de revenir saluer mon public.

Quelques années plus tard, ce fut le tour de mon père. Il avait été opéré d'un cancer des cordes vocales et n'eut jamais la patience de faire une vraie rééducation. Il nous quitta au lendemain de mon dernier Olympia. Aïda et moi avons perdu avec lui la dernière attache avec notre passé arménien, nous étions tout à coup tous deux orphelins. Il n'y a pas d'âge pour le devenir.

AU JAPON

Au pays des petits, les moyens sont rois. Voici donc un pays à ma taille. Ce sont les « grands » qui ont du mal à s'habiller. Il n'existe pas au Japon de rayon pour géant, seuls les sumos s'habillent sur mesure ; ailleurs dans le monde, ô suprême humiliation ! ceux de ma taille se rendent la honte au front au rayon garçonnet, le mensonge aux lèvres, pour essayer un vêtement destiné bien sûr au petit frère qui, ça tombe bien, a plus ou moins la même taille que son aîné... Ah ! comme nous craignons ces sourires des vendeurs, ces regards condescendants, compatissants, qui semblent dire : « Oui, le petit frère, on connaît la chanson », comme ils nous blessent. Mais il y a une justice au Japon : là, ce sont les petits Nippons, les petites Nipponnes – fripons, friponnes – qui ricanent à la vue de ces gabarits inhumains. Le kimono que les hôtels mettent à la disposition de leurs clients, les fenêtres, les lave-mains sont enfin à ma taille. Le Japon à peine quitté, j'ai tout à coup l'impression de rétrécir, de replonger dans cet univers trop grand qui me fait l'effet d'une immense cuvette au fond de laquelle je me débats comme un insecte, glissant sans cesse le long des parois trop lisses. Quand on a une taille de Nippon, on devrait être nippon, le monde est mal fait.

AU POIL

J'ai constaté les premiers dégâts une fois l'eau évacuée après avoir pris mon bain. Mes cheveux. Ils gisaient là, nombreux, inutiles, déracinés, pitoyables au fond de la baignoire. La première fois, je n'y ai pas trop prêté attention, mais, après deux ou trois bains, voyant que le phénomène se répétait, j'ai commencé à paniquer, à inspecter les dents de mon peigne, à interroger mon miroir en examinant minutieusement mon crâne de tous côtés. Il fallut me rendre à l'évidence. J'y laissais des plumes ; j'ai alors commencé à me faire des cheveux. Par nature optimiste, j'ai d'abord pensé : pas de panique, il doit y avoir un moyen de remédier au problème. Que diable, nous sommes au XXe siècle, il doit bien exister un procédé, un produit miracle, si ce n'est en France, du moins aux USA, en Allemagne, en Suisse, que sais-je ? Je traquais tous les articles de journaux et magazines traitant de la question. Hélas ! rien que de la publicité mensongère, du genre « en trois mois, nous vous assurons », illustrée de photographies floues en noir et blanc avant et après traitement, exhibant des tignasses à faire rêver les *drag-queens*. J'ai tout essayé : massages du cuir chevelu, lotions et shampoings de toutes sortes, les produits secs, gras, liquides, concentrés, les comprimés, un marabout et les graisses dont on s'enduit la tête et que l'on conserve poisseuse toute la nuit. Ah, bravo le progrès ! Rien à faire, la chute était irréversible, peu à peu la calvitie gagnait du terrain ; il ne me restait que la « moumoute ». Mais un séducteur ne peut se résoudre à une telle extrémité. Le risque est trop grand de voir, sous le regard énamouré de sa compagne, le couvercle ridicule et touffu dissimulant la boule à zéro dégringoler sur le plancher. Ma décision fut irrévocable. Au diable les faux espoirs et procédés miracles, j'optai pour la transplantation. Après avoir ausculté ma tête, le docteur me rassura : il avait d'excellentes raisons de penser qu'après quelques séances, la terre étant restée riche, la récolte serait miraculeuse. Et, de fait, moi et mon miroir trouvons le résultat au poil.

AUX MARCHES DU PALAIS

Sept ans que je n'avais pas remis les pieds sur une scène parisienne ; les transactions avec Jean-Michel Boris – directeur artistique qui avait pris la relève de Bruno Coquatrix – de l'Olympia n'ayant pas abouti, nous avons, Lévon Sayan et moi, choisi de faire ma rentrée au palais des Congrès. Je trouvais la scène trop large, aussi décidai-je de placer un escalier au centre pour ne pas avoir à faire trop de pas avant de me retrouver au centre de la scène. Toujours ce doute : peut-être n'applaudiront-ils pas assez longtemps pour me permettre d'y parvenir. Mais, dès le soir de la première, je fus rassuré, je n'avais encore jamais eu une telle ovation pour une rentrée parisienne. Les artistes et le public se tenaient debout dans la salle. Ils étaient venus, ils étaient tous là, et moi, dans ma petite tête, je me remémorais en une fraction de seconde toutes ces années de galères, d'incompréhension. Je sentais la présence spirituelle de tous ceux qui m'aimaient depuis le début, ceux qui m'avaient fait confiance, ils étaient tous derrière moi, avec l'orchestre, MES PARENTS, Édith Piaf, Raoul Breton, Henri Deutschmeister, Patrick, et tant d'autres...

MES EMMERDES

La réussite n'est pas chose avouable en France. Ce n'est pas comme dans les pays anglo-saxons où elle s'affiche ; en France, on la cache, on cherche des excuses pour ne pas être taxé de nanti. Par exemple, à quelqu'un qui vous dit : « Vous gagnez bien votre vie », on se croit obligé de dire oui du bout des lèvres, en ajoutant : « Mais j'ai tellement de frais, et puis, le gouvernement m'en prend une telle partie qu'en fin de compte je ne gagne pas autant que vous pourriez le penser »... De la même manière, certains artistes cachent leurs tournées à l'étranger. Le public français est très possessif ; seul un artiste dont il ne se soucie plus peut se produire à l'étranger. Les Anglo-Saxons, quant à eux, préfèrent se glorifier du succès des leurs.

Je ne fais pas de politique, je ne me suis jamais vraiment impliqué dans un mouvement. Il y a des gens bien et des affreux partout, et je considère que mon public n'a ni religion, ni statut social, ni opinion politique déterminée. Dans les salles où je me produis, il n'y a d'après moi que des amoureux de l'art, et de la chanson en particulier. J'ai chanté à Marseille avant un discours de François Mitterrand quand il n'était encore qu'un leader de parti, à Bologne pour un meeting de l'Unità, le parti communiste italien, à Paris à la fête de *L'Huma* et à un discours de Valéry Giscard d'Estaing. Chacun m'a remercié à sa manière : François Mitterrand m'a remis à l'Élysée ma première Légion d'honneur, et l'élection de Giscard m'a valu tous les emmerdements possibles et imaginables. Poursuivi sous le fallacieux prétexte de faire la chasse aux riches, j'ai dû me ruiner pour payer de ma poche ma réputation. Ne nous leurrons pas : en France, il est strictement impossible de faire une grande fortune dans nos métiers, comme on peut le faire en Italie, en Allemagne, en Angleterre, sans parler des États-Unis. Les chiffres publiés ne sont que publicitaires. Combien d'artistes disparaissent de scène et terminent avec une très maigre retraite...

Mais revenons à mon histoire. Après une tournée en URSS, mon percepteur, qui n'avait pas vu dans ma déclaration d'impôts les sommes gagnées dans ce pays, me soumit à un redressement accompagné d'intérêts de retard, soit une amende de cinq à sept fois la somme en question. J'eus beau lui expliquer que les artistes qui chantaient derrière le Rideau dit de fer n'avaient pas le droit de sortir les roubles de ces pays et que j'avais donc été obligé de tout dépenser sur place, rien n'y fit, les sommes étaient bel et bien dues. J'ai payé sans rechigner, mais la leçon porta ses fruits : mes tournées suivantes en Europe de l'Est étaient tous frais payés et je ne demandais pas de cachet.

Une autre fois, l'administration me fit l'insigne honneur de m'intenter un procès retentissant, histoire de marquer les esprits et de prouver que je faisais partie des grosses fortunes françaises. Je me souviens d'une anecdote charmante. Un homme assez âgé m'attendait à la sortie du tribunal de Versailles avec un bon sourire ; il me dit en arménien, une main sur l'épaule : « Vois-tu, mon fils, ça aussi, c'est un honneur pour toi. » Pour lui, je devais me sentir gratifier de l'acharnement que l'administration d'un grand pays comme la France mettait à se battre contre un petit étranger comme moi. Cela me fit beaucoup rire, René Hayot, mon avocat, un peu moins : dans la bousculade au palais de justice, un malfrat lui a subtilisé son portefeuille. « Tu vois, René, on ne peut même pas faire confiance aux lieux protégés, de nos jours... », lui dis-je.

LA LECTURE

Bien que m'exprimant sans accent et relativement correctement en arménien, je n'ai jamais appris à lire et à écrire cette langue qui aurait dû, sans les événements que l'on sait, être ma première langue. D'où ma profonde inculture quant à la littérature arménienne, laquelle, m'a-t-on dit, s'avère très riche. Il est vrai que, dans mes jeunes années, je n'ai pas éprouvé la curiosité de m'y plonger. Je le regrette parfois, mais le temps passe et ne se rattrape pas ; ce n'est que plus tard qu'on se dit : « Ah, si j'avais su ! » Je ne suis ni un intellectuel ni un érudit – ça se saurait –, mais je lis énormément, des auteurs russes, américains, italiens, espagnols, sud-américains, anglais, allemands, et bien sûr les auteurs français. Pourtant, il y a encore nombre de nos auteurs que je n'ai pas eu le temps d'aborder, pas plus que ceux de la Grèce antique, dont j'ai survolé les terres, mais non, à mon grand regret, pour ne pas dire à ma grande honte, la littérature. Lorsque j'étais enfant, j'empruntais souvent des ouvrages à la petite bibliothèque de la rue Saint-Séverin, à quelques pas de l'église où je servais la messe très tôt le matin avant d'aller à l'école libre de la rue Gît-le-Cœur. Ça n'est bien sûr pas en ces lieux, ô combien accueillants et sympathiques, que quelqu'un m'aurait conseillé des ouvrages de littérature antique. Quand, par la suite, jeunes mariés, Micheline et moi habitions au 8 de la rue Louvois une chambrette prêtée par des cousins, au sixième étage sans ascenseur, avec une fenêtre donnant sur un couloir, je passais régulièrement devant le Fort Knox de la littérature, la Bibliothèque nationale. Je ne m'y rendais pas pour éviter le traumatisme de me voir entouré de tant d'ouvrages, sans être capable de savoir par quel titre commencer ma formation. Il y avait là trop d'auteurs dont je ne connaissais rien. C'eut été comme me retrouver dans une de ces réceptions où j'étais souvent invité, et où je ne savais à qui adresser la parole. Bien qu'avalant avec délice, et même fureur, soixante-dix à soixante-quinze bouquins par an – soit, en soixante ans de lecture assidue, environ quatre mille ouvrages –, je me considérerais toujours comme un illettré. Connaissant mes lacunes dans le domaine littéraire, je craignais qu'un face à face avec tant d'ouvrages ne me coupe pour toujours l'appétit de lire. Vrai, ça m'aurait fait trop mal ! Il ne faut pas faucher les illusions avant les semailles, les tuer à la racine... Racine, ah oui, et puis La Fontaine, Molière, Corneille, Victor Hugo... Je les ai lus, moi qui voulais être comédien, et prenant la voie la plus courte mais aussi la meilleure, je m'en suis nourri, en y ajoutant Aristophane, Sophocle, Térence. Étais-je trop jeune ? La compagnie des trois derniers m'a plutôt ennuyé, mais, stoïque, je me suis forcé à les lire jusqu'au bout, pour apprendre, comprendre, et surtout pour mieux paraître ! Mais pour ce que j'ai accompli dans mon métier par la suite, seuls les auteurs français, dont Jean de La Fontaine, m'ont été

Le temps des avants

utiles. Je n'ai fait la connaissance des Français que bien plus tard, hormis Victor Hugo que j'ai découvert en classe. Dans mon enfance, j'ai toujours entendu mes parents réciter des vers de Sharantz, Grégoire de Narek, tous poètes arméniens, et surtout de Sayat-Nova, poète et troubadour, dont mon père chantait avec sensibilité les œuvres que l'auteur lui-même avait mises en musique.

Lire, lire, oui, mais quoi ? Et par où commencer ? Lorsque l'on poursuit ses études, le maître est là pour vous guider, vous intéresser, vous ouvrir la voie. Mais, quand on est seul, timide et complexé de surcroît, on grappille des titres par-ci par-là, et en fin de compte on reste sur sa faim. Honoré de Balzac, Émile Zola, Anatole France, Voltaire et Rabelais, sont de jolies plaques qui vous indiquent le nom de la rue dans laquelle vous vous trouvez, mais, en dehors des dates de naissance et de disparition, on n'y a pas ajouté la liste des œuvres. Heureusement, il y a les rencontres, celles ou ceux qui veulent bien nous entrouvrir une lucarne, un rayon de lumière sur un champ nouveau à arpenter. La première – excusez du peu – me fut offerte par Jean Cocteau, après que, par miracle, je reçus un mot écrit de sa main, cette main fine, élégante et racée. Un mot très court – les courtes lettres étaient les meilleures selon lui – qu'il me fit porter comme au temps du siècle des Lumières, pour m'annoncer la visite d'une amie qui, disait-il, appréciait mes chansons. Elle devait venir me saluer à la fin de mon spectacle au casino de Beaulieu. Elle, Mme Francine Weissveller, m'invita à déjeuner chez elle à Cap-Ferrat, avec Jean, qui était un familier. Pour un cadeau, c'en était un ! J'ai tout de suite été subjugué par le personnage hors du commun et hors de notre temps.

Charles Aznavour

Il fut avec moi comme à son habitude, simple, charmant, et j'appris auprès de lui une chose primordiale que j'ai toujours appliquée par la suite. Après le déjeuner, Jean se retirait régulièrement, non pour faire la sieste mais pour écrire. Un jour que je lui demandais s'il travaillait à une nouvelle pièce de théâtre ou un prochain livre, il répondit : « Non, j'écris chaque jour, car il est important d'écrire un peu chaque jour. » L'écriture est un muscle qu'il faut entretenir. Depuis, je ne passe pas une journée sans exercer ma plume. Rien d'intéressant la plupart du temps, des textes que je déchire, d'autres que je garde au cas où. Seul importe le fait d'écrire.

J'AIME, JE N'AIME PAS

J'aime passionnément les métiers qui sont les miens. J'y consacre le plus clair de mon temps. Je vis entre les claviers, les stylos et les ordinateurs, j'éprouve une joie particulière à chercher le mot juste, la rime, l'angle, la note, à attendre inquiet l'approbation du public.

Acteur, j'aime me sentir neuf, vide, disponible, entre les mains du metteur en scène, avec pour seul souci la volonté de donner le meilleur de moi-même pour réinventer le naturel. Je n'interprète pas un rôle, je deviens le personnage.

Chanteur, j'aime interpréter cent fois la même chanson, y ajouter chaque fois une petite trouvaille, pour nous surprendre, le public et moi. Chose curieuse, les « Ah, ce soir vous étiez mieux que d'habitude » et autres remarques ne me convainquent toujours pas. Je ne me fie pas trop aux jugements extérieurs et pense être le seul à savoir véritablement si j'ai été au mieux de ma forme pour cette représentation. Je reste complètement démuni lorsqu'on me complimente, et mes pirouettes d'humour maladroites me tirent rarement d'affaire.

Auteur, je suis le plus heureux des hommes. Je suis

amoureux de la langue française, sans toutefois avoir la prétention de la maîtriser parfaitement. Malgré tout le mal que je me donne, j'ai encore énormément de lacunes. J'aime les mots, leurs sonorités évocatrices : par exemple, le mot « rond » est vraiment rond dans la bouche et « pointu » se fait vraiment piquant quand on le dit. Lorsque j'écris, je ne choisis pas forcément le mot le plus juste mais celui qui résonne le mieux. Le mot « tornade », dont on peut rouler les *r* avec délectation – « Torrrnade » –, revêt plus de force que « typhon » ou « tempête ». Seul le mot « triomphe » me fait horreur : « J'ai fait, il a fait, nous avons fait un triomphe l'autre soir. » Cela ne rime à rien ; d'ailleurs, le mot « triomphe » ne rime avec rien.

Par la force des choses, au gré des événements, j'ai fini par exercer quatre professions, l'une ouvrant la porte à l'autre, l'autre poussant l'une, et parfois s'enchevêtrant, quatre disciplines différentes mais qui, en fin de compte, se complètent : acteur, chanteur, auteur, compositeur. Je les ai exercées un peu en fouillis, souvent en vagabond, mais jamais en amateur, bien que pas tout à fait en professionnel. L'important était le sentiment du travail bien accompli, « le bel ouvrage », comme on se plaisait à dire à une certaine époque. Aujourd'hui, pour l'une de ces activités en tout cas – le chanteur –, après soixante-neuf ans sur scène, je crois, honnêtement, avoir rempli le contrat qui me liait au public, mon patron.

L'AUTOMNE

Entre quatorze et quinze ans, l'idée seule de devoir affronter la mort un jour ou l'autre me faisait dresser les cheveux sur la tête. Par la suite, trop préoccupé par le plaisir, les filles, la réussite, cette idée s'estompa peu à peu, resurgissant seulement au hasard du décès d'un parent ou d'un ami. Puis vient l'âge où, lorsque l'automne arrive, on se surprend à poser un regard attendri sur les feuilles des arbres qui virent du vert au jaune en passant par le pourpre, avant de tomber et d'être balayées par le vent. C'est l'âge où l'on commence à compter les quelques années qu'il peut nous rester à vivre ! L'idée de la mort devient alors la compagne de nos jours, ou plutôt de nos nuits. On l'imagine, on se questionne. Croyants ou non, nous sommes tous sujets au doute. Le passé nous revient un peu plus en mémoire, et l'on commence à changer nos habitudes. J'ai mis de longues années avant d'apprécier la nature, de m'intéresser aux arbres, aux fleurs, pourtant j'ai toujours voulu vivre à la campagne. C'est aujourd'hui que j'aimerais connaître le nom de chaque plante, de chaque insecte, de chaque chose que produit la terre, c'est à présent que j'aimerais savoir peindre. Est-ce une tentative pour repousser une inéluctable fin ? Est-ce le sentiment d'être passé à côté de la beauté ?

Nous sommes entrés dans le troisième millénaire. Si les gens sont heureux d'être sortis du deuxième, je regrette celui qui vient de s'achever, qui a vu naître les plus belles inventions, les plus grandes découvertes. Je crois que nous venons de pénétrer dans l'ère du chacun pour soi, de la non-convivialité, de l'impudeur et de la vulgarité. Il n'y a plus de tabou, le temps se paie très cher, tandis que la vie humaine semble avoir moins de valeur qu'une balle de Magnum 375.

Le temps court vite, comme si la roue du char de mon existence s'était emballée, et que moi, l'âge étant, l'âge aidant, je cherchais à ralentir le pas. Et plus je vois le radeau de mon enfance s'éloigner, plus j'éprouve le besoin d'être auprès des miens, de ma famille et de mes amis. J'ai toujours envie de leur dire « à bientôt », car un jour viendra où l'un de nous dira avec regrets : « Dommage, on aurait dû se voir plus souvent. »

Je pense aujourd'hui à tous ceux que j'ai connus, côtoyés et aimés dans mes jeunes années, j'éprouve malgré moi un sentiment de regret mêlé de remords. Plus occupé à ramener la becquée au nid et à vivre une jeunesse volée, j'ai oublié de retourner sur les lieux de mon enfance pour voir ce que faisaient Mina et Pierrot Prior. Et depuis, je me demande ce qu'ils sont devenus, et comment ils sont morts. Je repense à la troupe, à Bruno, Jackie, Tony Guiguiche et tant d'autres... Un demi-siècle plus tard, j'ai tenu à visiter le village de Quinson dans les Alpes-de-Haute-Provence, où rien ne semblait avoir bougé. J'y ai rencontré Palmyre, l'épouse du maire et première dame du pays pendant un temps. À l'arrivée des troupes de Libération, j'ai vu revenir d'Angleterre Harry Scanlon, ce fils d'Anglais qui avait trouvé le moyen de rejoindre Londres pour s'engager dans les Forces libres et de participer dans leurs rangs à une guerre exemplaire. Les autres, tous les autres qui auraient pu venir me trouver, vu ma notoriété, avaient eu la discrétion de ne jamais le faire. Quel dommage ! J'ai toujours une pensée pour tous ces amis, complices d'une enfance faite d'émotion et de tendresse. Je nous revois roulant en direction du Midi, tonton Prior au volant de sa Renault « conduite à droite », Mina à sa gauche, et toute la marmaille entassée sur la banquette arrière. J'entends encore les cris quasi hystériques de Mina lorsque son chanteur de mari, fou du volant de l'époque, frôlait les cinquante kilomètres à l'heure : « Pierrot, tu veux nous tuer ! Pierrot, ralentis... Pierrot, mon cœur... » Était-ce vraiment un problème cardiaque ou se mettait-elle en scène chaque fois ?

Georges Garvarentz, mon beau-frère, mon plus brillant collaborateur, mon ami, subit un quadruple pontage : il travaillait avec trop de passion, veillant des nuits entières, scotché à son piano et à ses scores d'orchestration pour ne jamais retarder la sortie d'un film ou l'enregistrement d'une chanson, et buvait trop de café, tirait trop sur ses cigarettes. Après avoir souffert dans des maisons de rééducation à Garches et à Hyères, après m'avoir offert la si jolie mélodie sur laquelle j'ai écrit *Ton doux visage*, il nous a quittés, comme Édith, Amalia, Dalida, Thierry Le Luron et tant d'autres, laissant un vide impossible à combler. J'ai fait mes deux dernières rentrées sans lui, les répétitions et les spectacles dépourvus de sa présence rassurante et combien amusante. Puis ce fut le tour de Mme Breton. Selon son vœu nous avons, avec mon ami Gérard Davoust, racheté les éditions Raoul Breton, qui renferment tant de chefs-d'œuvre de la chanson française composés principalement par Jean Nohain ainsi que Charles Trénet et Mireille – pour le plus grand bonheur de Charles Trénet qui, lui aussi, nous a fait faux bond peu de temps avant Pierre Roche. Jour après jour, la nostalgie nous serre un peu plus la gorge et le cœur.

Mon anniversaire

22 mai 2001, j'ai eu la chance de franchir le nouveau millénaire. Soixante-dix-sept ans, j'ai gagné deux sets, comme on dit au tennis. Pourquoi les fêter, puisque cette année vécue en plus en représente une de moins à vivre encore ? Ma vie est grignotée d'heure en heure, de jour en jour, irrémédiablement, me poussant vers l'autre versant de mon existence. Je regarde mes mains, elles sont depuis peu piquées de taches brunes ; mes cheveux – ce qu'il en reste – ont perdu leur couleur franche ; mon visage est labouré de sillons. Nombre de mes camarades ont fait appel à la science subtile des magiciens de l'esthétique ; je pourrais faire de même, mais à quoi bon ? Sous la façade tannée, un tantinet avachie, rien ne peut vraiment changer, les soixante-dix-sept coups ont sonné, et rien ne me rendra la souplesse, la vivacité de mes vingt ans. Alors, pour quoi faire ? Pour me leurrer moi-même ou pour faire croire au public que j'ai gardé une jeunesse éternelle ? M'ayant suivi durant des décennies, il m'a vu façonné, buriné par le temps, et s'est

Le temps des avants

habitué à moi comme je l'ai fait moi-même. Me faire opérer ? Dieu sait à quoi je risque de ressembler : une sorte de vieux jeune, lisse comme un canard laqué, avec des cheveux aux reflets bleuâtres sous la teinture. Non merci, très peu pour moi.

> *Plus je m'enfonce dans la vie*
> *Plus je ne peux que constater*
> *Qu'au vent léger de mes folies*
> *Je n'ai pas vu le temps passer*
>
> *Entre les draps de ma jeunesse*
> *Quand je dormais à poings fermés*
> *À l'horloge de mes faiblesses*
> *Je n'ai pas vu le temps passer*
>
> *Je n'ai pas vu le temps courir*
> *Je n'ai pas entendu sonner*
> *Les heures de mon devenir*
> *Quand je fonçais tête baissée*
> *Vers ce qu'était un avenir*
> *Et qui est déjà un passé*
>
> *Aux mille questions que se pose*
> *Mon esprit souvent perturbé*
> *Seule une réponse s'impose*
> *Je n'ai pas vu le temps passer*

Ne m'aurait-on pourtant pas volé vingt ans sans que je m'en aperçoive ? Je n'ai pas vu ce temps passer, j'ai l'impression d'avoir vingt ou trente ans de moins lorsque je suis en scène. Aïe, aïe, aïe, mes doigts qui commencent à ressembler à des ceps de vigne me rappellent à l'ordre, ainsi que mes yeux, qui depuis déjà vingt ans réclament une paire de lunettes. C'est donc le jour de mon anniversaire, et, comme pour chacun de mes anniversaires, on me demande quel effet ça fait. Eh bien, ça ne me fait aucun effet particulier. Je ne dois pas être tout à fait normal. La plupart de mes amis font une sorte de petite dépression chaque fois qu'une dizaine sonne. Cela vient probablement de mes origines orientales. La vie, c'est la vie, et la mort en fait partie, faut faire avec ! Aujourd'hui, j'ai femme, enfants et petits-enfants, aussi, je tiens à rester vivant pour les voir naître et grandir, mais ma mort ne m'effraie plus. Elle est devenue quelque chose de naturel, dont je parle et plaisante fréquemment ; car, quand je jette un regard par-dessus mon épaule, évaluant le chemin parcouru, mesurant la chance que j'ai eue malgré tout dans la vie, je me dis que les miracles, ça existe, et la mort, je finis par la noyer dans un sourire.

Pourquoi suis-je devenu ce que je suis ? J'ai pour ma part la conviction qu'il fallait une voix pour rappeler que le peuple arménien existait encore, malgré tout ce qu'il avait vécu et subi, le génocide, la trahison des pays occidentaux qui prirent le parti du pétrole au mépris du sang d'un peuple, les traités de Genève et autres non respectés, les raisons (dites) d'État, la mainmise de l'URSS sur la petite Arménie exsangue, le tremblement de terre, les problèmes du Karabakh, le blocus imposé par la Turquie. Je crois fermement être cette voix. Pourquoi moi et pas un autre ? À cette question, Dieu seul peut répondre.

Le temps des avants

Pour toi, Arménie

La terre a tremblé en Arménie, dans ce petit pays sans ouverture sur la mer, sans véritables ressources, où la vie est rude et difficile, pays qui a connu le stalinisme, les brimades, les problèmes de tous ordres. Elle a tremblé et a connu de plus des problèmes de voisinages qui ont détruit villes et villages, tué, mutilé des dizaines de milliers d'hommes, de femmes et d'enfants. La terre a tremblé, et l'horizon, déjà peu clair, s'est obscurci encore. Je ne m'étais jamais senti très concerné par ce qu'il se passait là-bas, au bout de notre mémoire, plus préoccupé que j'étais par mon travail, quand, tout à coup, j'ai pris conscience de mes racines, conscience que tout avait commencé il y a des siècles, pour les miens, sur cette terre qui venait de se retourner, tombeau ouvert pour de nombreux Arméniens, nouveau gouffre de misère et de deuil. J'ai immédiatement demandé à Lévon ce qu'il était possible de faire pour venir en aide aux sinistrés ; nous avons mis sur pied l'association « Aznavour pour l'Arménie » et j'ai écrit :

Tes printemps fleuriront encore
Tes beaux jours renaîtront encore
Après l'hiver
Après l'enfer
Poussera l'arbre de vie
Pour toi Arménie

Tes saisons chanteront encore
Tes enfants bâtiront plus fort
Après l'horreur
Après la peur
Dieu soignera ton sol meurtri
Pour toi Arménie

Charles Aznavour

Le lendemain, Georges en composait la musique. Dès lors, ensemble, nous avons fait appel à tous nos amis pour enregistrer un disque qui est resté quelques semaines numéro un du hit-parade, et qui nous a permis d'aider les sinistrés. Avec Lévon et ceux de l'association, nous nous rendîmes sur place grâce à la gentillesse de M. Dassault, qui mit gracieusement à notre disposition l'un de ses avions. Et moi qui n'ai jamais été mêlé en quoi que ce soit à la politique, je me suis même vu invité au Kremlin pour discuter de la libération des prisonniers du comité Karabakh, treize personnes, dont Levon Ter Petrossian qui devait devenir par la suite le premier président de la jeune république d'Arménie. Depuis, je vais visiter souvent ce pays blessé, souillé, affamé, meurtri, ce pays d'orphelins envahi depuis sa naissance, ce pays délaissé, oublié, fait de pierres, en manque de tout, qui peine à exister mais qui, depuis des siècles et des siècles, continue à espérer des lendemains meilleurs pour ses enfants.

ET LES REGRETS AUSSI...

Non, je ne regrette rien en dehors de mes parents et des amis qui nous ont quittés. Sauf peut-être de ne pas avoir vu le jour dans un de ces petits villages de France, comme il y en a en Alsace, dans le Sud-Ouest ou en Provence, un de ces villages auquel on appartient pour toujours et où l'on revient finir ses jours.

Je suis né à Paris, dans le VIe arrondissement, et nous avons souvent déménagé. Je n'ai donc jamais réussi à me faire des amis d'enfance, des amis de quartier. Aussi ai-je la nostalgie d'un passé qui n'a jamais été le mien, des souvenirs qui n'en sont pas : l'entrée à la maternelle puis à l'école primaire du village, le patronage, la pêche dans le petit ruisseau baignant la commune, les courses folles à vélo, les bosses et les bobos vite oubliés, le patois de la région, le service militaire avec les copains, les premières amours furtives « couchées dans le foin », les rendez-vous derrière l'église et les baisers volés sous le clair de lune au printemps, la montée à Paris pour y chercher fortune. « À dix-huit ans, j'ai quitté ma province »... Je n'écris pas de chansons autobiographiques, mais toutes me racontent un peu. Je serais revenu au village couvert de gloire, pressé de me reposer dans une belle propriété, le temps des vacances ou entre deux tournées, toujours prêt à disputer d'épiques parties de pétanque ou de fléchettes dans l'arrière-salle du café du village avec les copains, toujours présent pour un mariage ou un baptême d'un premier enfant... Ou encore, hélas ! pour y accompagner un de ces amis jusqu'à sa dernière demeure, dans ce petit cimetière où moi et les miens goûterions un jour ce que l'on appelle le repos éternel, auquel je préfère pourtant la fatigue journalière.

Mes racines sont enfouies très profondément dans une terre qui m'échappe. Où est-elle d'ailleurs, cette terre, dans les déserts aux confins de la Turquie où les os des miens sont devenus poussière et se dispersent dans le vent venu d'Asie ? En Géorgie, sol natal de la famille de mon père ? En Arménie d'où nous sommes issus ? Je reste un nomade, un émigrant, un fils d'apatride qui a fini par adopter un autre pays, une autre culture, une autre langue, sans y trouver de véritable passé. Après tout, tout le monde ne peut pas s'appeler Dupont, Martin ou Durand. Je m'appelle Aznavour et jusqu'ici je n'ai pas eu à m'en plaindre. Mais tout de même, j'aurais bien aimé...

Limousines, avions, hôtels, restaurants, théâtres, hôtels, limousines, avions, jour après jour, semaine après semaine, s'occuper de sa valise, trouver quelqu'un pour repasser le complet, laver les chemises un samedi, dimanche ou jour de fête, voilà soixante-neuf ans que cela dure. Je n'en ai plus vraiment envie. Les hôtels me sortent par les yeux, les retards d'avions me rongent par peur de rater la représentation. J'aime mon public et mon métier, mais tous ces à-côtés me fatiguent : toutes ces allées et venues, les trains, les avions, les hôtels, les bagages à faire, défaire et refaire sans cesse.

> *Je fais ma valise*
> *Je défais ma valise*
> *Je refais ma valise*
> *Mes jours sont sans surprise*
> *Et c'est pareil quant à mes nuits*
> *L'hôtel d'Angleterre*
> *L'hôtel du Belvédère*
> *L'hôtel des Mousquetaires*
> *Je fais la France entière*
> *Afin de vendre mes produits*

J'aimerais, comme le faisait Pablo Casals à Prades, donner des représentations dans le village où je serais installé, sans fards et sans artifices. Je chanterais uniquement ce qui me fait plaisir, les chansons passées inaperçues parce que, au verso du disque à succès qui accaparait les ondes, la face maudite ignorée des radios, les chansons sacrifiées sur l'autel du 33 tours. Chanter sans penser que c'est un métier mais pour le seul plaisir du spectateur et le mien, oubliant que je suis Aznavour pour n'être plus que Charles. Un vrai luxe, recevoir son public comme on reçoit des amis chez soi, dans son village...

Il est un âge où l'on suit plus de funérailles que de baptêmes. À la longue, la mémoire se gruyérise, et dans chacun des trous se loge, au détour d'un coin de rue, à la table d'un restaurant ou à la vue d'un paysage, un nom, un parfum ou le reflet d'un visage qui vient nous égratigner de mélancolie. Qu'est-ce donc qui nous touche vraiment ? Est-ce la perte d'un ami, d'un proche, ou soudain le sentiment de la fuite du temps et du peu qui nous reste à vivre ? Nous ne versons pas toujours autant de larmes sur les autres que sur nous-mêmes.

J'ai mal au souvenir de mes parents, de mes amis, j'ai mal au souvenir de mille choses et, pourtant, je continue de boire, de manger et de vivre ma vie. Les présents prennent la place des absents, et la vie reprend son cours, avec, çà et là, les assauts de la mémoire.

Lorsque j'accompagne au seuil de leur dernière demeure des parents, des amis, des camarades de métier, je me demande si je serai le prochain sur la liste de la grande faucheuse. Au-delà de cette peur, nombre d'idées me trottent dans la tête. Il y a sans doute trop de « cela ». Je pense avant tout d'abord aux miens et à tout ce que mon départ va leur poser comme problèmes, comme frais, comme emmerdements administratifs. Alors une sourde colère s'empare de moi, en pensant qu'après avoir payé mes impôts on viendra les délester d'un honteux pourcentage sur les sommes que j'ai gagnées et économisées. Peut-être vaut-il mieux tout dilapider de notre vivant. Je me demande aussi quel souvenir mes enfants garderont de leur père, je ne sais déjà pas comment ils me perçoivent maintenant...

Les religions prétendent
La science dément
Le croyant et l'athée
Ont en commun
le doute
Chacun de son côté
Mais dans le sens opposé

Le temps des avants

Peu à peu je me détache d'un nombre de choses qui jusqu'ici me semblaient importantes. Je donne, je détruis, je jette, je ne lis plus les quotidiens et les magazines, les gros titres et les photos me suffisent. La télévision m'ennuie à quelques émissions près ; je préfère écouter la radio. Retour aux sources, à l'époque où je construisais moi-même mes postes à galène. J'aime particulièrement les émissions parlées.

L'idée de me laisser imposer jour après jour les dix ou vingt chansons qui ont été choisies par un ou deux programmateurs m'exaspère. Je ne supporte pas de voir interpréter encore et toujours la même chanson – promotion oblige – dans toutes les émissions, et en *playback* s'il vous plaît, pour la qualité du son ! Je préfère aller voir les artistes en spectacle donner libre cours à leur talent.

DE LA FAIM À LA FIN

Entre la faim des débuts et le succès de la fin, il y a le travail, et tous les avatars, toutes les difficultés qui ont jalonné ma route. Ma réussite était-elle le fait du hasard, du destin, de ma bonne étoile, d'un tout-puissant qui me protégeait ou autre chose encore que je ne soupçonne pas ? En fin de compte, j'ai su éviter les écueils et passer à côté de l'échec. Mon succès ? J'ai toujours eu horreur d'en parler, trouvant indécent, dans un monde où tout est loin d'être juste, l'étalage de mes voyages et de tous les avantages que m'offrait mon statut de « vedette » de la chanson. Je ne dis pas qu'au début, grisé par tout ce qui m'arrivait, je n'ai pas un tantinet gonflé mon ego et mes rêves en forme de Rolls-Royce, mais, assez vite, j'ai mesuré la vanité des choses. Aujourd'hui, après soixante-neuf ans de bons et loyaux services artistiques, il me semble raisonnable de penser à quitter mon complet de scène et à le ranger au magasin des souvenirs pour prendre un peu de recul. Je ne ferai pas mes adieux, je me ferai seulement un peu plus rare. Le public m'a adopté sans se presser, je le quitterai à pas lents, très lents – je ne voudrais pas qu'il pense que, fortune faite, je pars sans me retourner. En vérité, ce n'est pas un départ facile, la scène a toujours été mon lieu préféré, et le public une partie de ma famille. S'il m'a tout apporté, je lui ai sacrifié pas mal de choses, sans jamais le regretter, car nous nous sommes tous deux restés fidèles.

Je ne souhaite cependant pas mourir en scène, contrairement à nombre de mes camarades. Je me demande bien ce qui peut les motiver. Je ne me vois pas m'effondrant sur scène après avoir poussé une note tonitruante, la gueule de travers dans une pose ridicule donnant aux spectateurs une image de moi qui ne serait pas à mon avantage, avec un air con, con comme la mort. Si je pouvais être sûr de tomber d'un coup, tout droit, beau dans ma dernière minute, non pas après avoir hurlé dans mon micro mais après avoir murmuré une phrase d'anthologie, dans un dernier souffle magnifié par la chambre d'écho tandis que le projecteur de poursuite se fermerait dans un iris génial, là, d'accord ! Mais, dans le doute, je préfère m'éteindre, si Dieu l'exige, chez moi, dans ma chambre style Napoléon III, entouré de mes enfants, de leurs enfants, de leurs enfants et pourquoi pas encore de leurs enfants, enfin...

Je ne tiens pas à être le plus célèbre du cimetière de Montfort-l'Amaury où j'ai acquis un charmant caveau pour douze personnes. En se serrant, on pourrait même y tenir à quatorze. Non, j'ai déjà composé mon épitaphe : « Ci-gît l'homme le plus vieux du cimetière ». Et quand je dis vieux, c'est vieux, mais vraiment vieux, avec des rides, des cheveux argentés, le visage décharné mais l'esprit clair, l'humour alerte et des ongles pour m'accrocher le plus longtemps possible à cette putain de vie qui, jusqu'à preuve du contraire, est encore ce que je connais de mieux.

Le temps des avants

Mes plus grandes joies, je les ai connues face au public, les meilleurs moments de ma vie, je les dois aux miens, à mes amis, et à la scène. Elle m'a permis de rencontrer presque tous ceux que j'admirais lorsque j'étais enfant, quand, avec Aïda, nous faisions l'école buissonnière pour aller au cinéma : Charles Chaplin, Michel Simon, Harry Baur, Victor Boucher, Danielle Darrieux, Charles Boyer, Louis Armstrong, Ray Sugar Robinson, Arletty, Danny Kaye, Damia, Bette Davis, Claudette Colbert, Loretta Young, Norma Shearer, Marcel Pagnol, Jacques Prévert, Jean Cocteau, sans compter les acteurs, chanteurs, auteurs, compositeurs, écrivains, peintres et sculpteurs de ma génération. J'ai conscience que l'on se construit à travers ceux que l'on admire en les côtoyant dans la réalité ou sur les écrans de cinéma. Ainsi, je pense être le résultat de tous ceux qui, à leur insu, ont réussi à me construire. Je ne renie aucune de mes influences et je garde envers eux une infinie reconnaissance.

Aujourd'hui, lorsque d'aventure je reviens dans des pays, des villes ou des villages que j'ai visités durant ma traversée de la vie, des noms, des visages, des situations me reviennent en mémoire, tristes ou gais, qui tout à coup se teintent de mélancolie. Ce n'est pas le passé qui me fait mal et me chagrine, mais le changement d'apparence des lieux. Je me surprends alors à raconter à celui ou celle qui m'accompagne : « Ici il y avait... là j'ai connu... là-bas j'ai fait... », tout en pensant : « Arrête d'embêter les autres avec ton passé. » Et pourtant je continue encore et toujours car, en vérité, c'est à moi-même que je les raconte, ces histoires. On aimerait que tout ce que nous avons vu et connu soit demeuré identique, que les gens aient conservé le même âge et le même visage, l'impossible, quoi !

Le passé est un formidable réservoir pour le stylo de celui qui s'adonne à l'écriture.

L'Arménie a été un État carrefour, empruntée par nombre de cohortes d'armées, de caravanes sur la route de la soie, d'ethnies, de religions, de langues et de cultures diverses. Elle s'est peu à peu occidentalisée, une fois la religion chrétienne adoptée comme religion d'État au IIIe siècle après Jésus-Christ, et après avoir installé un prince français sur son trône. Elle devint une nation partagée entre deux modes de vie, celui de ses voisins et celui né de ses alliances au temps des Croisades. Je suis ainsi resté le fils de ces deux cultures. À l'image de ce pays, j'ai été très jeune envahi, traversé et conquis par plusieurs modes de vie, subissant toutes les influences de ma terre originelle, tant en matière musicale que poétique, classique que populaire, russe, juive, gitane, arabe, arménienne puis française, espagnole, américaine... Lorsqu'on me demande si je me sens plus arménien que français, il n'y a qu'une seule réponse possible : cent pour cent français et cent pour cent arménien. Je suis comme le café au lait : une fois les deux ingrédients mélangés, on ne peut plus les séparer. Ces deux influences ajoutées à toutes les autres m'ont beaucoup apporté et ont façonné malgré moi un style qui m'est propre. Quand d'autres devaient se donner la peine d'étudier, j'avais déjà ces deux cultures dans mes gènes. Aussi, en dépit des nombreux déboires et des difficultés que j'ai connus, ce bagage cosmopolite a été une chance. Connaître deux langues à la naissance et en entendre deux ou trois autres chaque jour est probablement un des secrets pour pouvoir apprendre très vite d'autres langues et s'intéresser à d'autres cultures.

> *Deux guitares en ma pensée*
> *Jettent un trouble immense*
> *M'expliquant la vanité*
> *De notre existence*
> *Que vivons-nous*
> *Pourquoi vivons-nous*
> *Quelle est la raison d'être*
> *Tu es vivant aujourd'hui*
> *Tu seras mort demain*
> *Et encore plus après-demain*

De Moscou à New York, de Rio de Janeiro à Singapour, de Paris à Sydney, j'ai sillonné le monde de long en large, faisant plusieurs fois le tour de notre planète, avec toujours le même appétit de visiter, d'apprendre et de connaître les peuples, les langues, les religions, les modes de vie, la tolérance et la compréhension. J'ai appris à ne jamais condamner et surtout à ne pas pontifier. Ayant vu tant de choses, il me semble pourtant n'avoir encore rien vu, et ma soif de découverte reste inextinguible.

> *Plus j'en fais*
> *Plus il m'en reste à faire*
> *Plus j'en bois*
> *Moins j'en ai dans mon verre*
> *Plus j'en dis*
> *Moins il m'en reste à dire*
> *Plus je vis*
> *Moins il m'en reste à vivre*

Charles Aznavour

Toute chose a une fin, mais je ne peux me résoudre à tracer ce mot en bas de cette page. Je préfère laisser à la vie le soin de le faire...

À SUIVRE ?...

BIO DU CHANTEUR CHARLES AZNAVOUR

Les albums

Jezebel – Le Feutre taupé – Sur ma vie – Bravos du music-hall – C'est ça – Je m'voyais déjà – Il faut savoir – Qui – La Mamma – Hier encore – 65 – La Bohème – De t'avoir aimé – Entre deux rêves – Désormais – Idiote je t'aime – Visages de l'amour – Voilà que tu reviens – Je n'ai pas vu le temps passer – Autobiographie – Une première danse – Charles chante Aznavour & Dimey – Toi et moi – Aznavour 92 – Je bois – Embrasse-moi – Aznavour 2000 – L'Essentiel – Être – Mes amours – Pierre Roche/Charles Aznavour – Plus Bleu – Jazznavour – 20 Chansons d'or – 40 Chansons d'or – Récital au palais des Congrès 87 (extraits) – Récital au palais des Congrès 87 (intégral) – Olympia 1978 – Palais des Congrès 97/98 – Palais des Congrès 2000 – Live à l'Olympia – Aznavour/Minnelli.

Charles Aznavour

Les vidéos

Charles Aznavour 2000
Aznavour Live à l'Olympia
Aznavour Live 97/98
Aznavour pour toi Arménie
Aznavour au Carnegie Hall
Aznavour-Minnelli
Aznavour au palais des Congrès de Paris

Les DVD

Charles Aznavour au Carnegie Hall
Pour toi Arménie
Live au palais des Congrès (1997/1998)
Olympia (1968, 1972, 1978, 1980)

BIO DU COMÉDIEN CHARLES AZNAVOUR

Au cinéma

1936	*La Guerre des gosses*	Jacques Daroy
1938	*Les Disparus de Saint-Agil*	Christian-Jaque
1945	*Adieu, chérie*	Raymond Bernard
1949	*Dans la vie, tout s'arrange*	Marcel Cravenne
1956	*Un gosse sensass*	Robert Bibal
1957	*C'est arrivé à trente-six chandelles*	Henri Diamant-Berger
1957	*Paris Music-Hall*	Stany Cordier
1958	*Pourquoi viens-tu si tard ?*	Henri Decoin
1959	*La Tête contre les murs*	Georges Franju
1959	*Le Testament d'Orphée*	Jean Cocteau
1959	*Les Dragueurs*	Jean-Pierre Mocquy
1960	*Le Passage du Rhin*	André Cayatte
1960	*Tirez sur le pianiste*	François Truffaut
1961	*Horace 62*	André Versini
1961	*Les lions sont lâchés*	Henri Verneuil
1961	*Les Petits Matins*	Jacqueline Audry
1961	*Un taxi pour Tobrouk*	Denys de La Patellière

1962	*Le Diable et les dix commandements* Sketch « *Tu ne tueras point* »	Julien Duvivier
1962	*Les Quatre Vérités* Sketch « *Les Deux Pigeons* »	René Clair
1962	*Le Rat d'Amérique*	Jean-Gabriel Albicocco
1962	*Pourquoi Paris*	Denys de La Patellière
1962	*Tempo di Roma*	Denys de La Patellière
1963	*Les Vierges*	Jean-Pierre Mocky
1964	*Cherchez l'idole*	Michel Boisrond
1964	*Alta Infedelta* Sketch « *Péché dans l'après-midi* »	Elio Pétri
1965	*La Métamorphose des cloportes*	Pierre Granier-Deferre
1965	*Paris au mois d'août*	Pierre Granier-Deferre
1965	*Thomas l'imposteur*	Georges Franju
1966	*Le facteur s'en va-t-en guerre*	Claude Bernard-Aubert
1968	*Candy*	Christian Marquand
1968	*Caroline chérie*	Denys de La Patellière
1968	*L'Amour*	Richard Balducci
1969	*Le Temps des loups*	Sergio Gobbi
1969	*The Adventurers*	Lewis Gilbert
1969	*The Games*	Michael Winner
1970	*Un beau monstre*	Sergio Gobbi
1971	*La Part des lions*	Jean Larriaga
1971	*Les Intrus*	Sergio Gobbi
1972	*The Blockhouse*	Clive Rees
1974	*Dix Petits Nègres*	Peter Collinson
1976	*Folies bourgeoises*	Claude Chabrol

Le temps des avants

1976	*Intervention Delta*	Douglas Hickox
1978	*Ciao, les mecs!*	Sergio Gobbi
1979	*Claude François, le film de sa vie*	S. Pavel
1979	*Le Tambour*	Volker Schlöndorff
1981	*Qu'est-ce qui fait courir David?*	Élie Chouraqui
1982	*Édith et Marcel*	Claude Lelouch
1982	*La Montagne magique*	Hans W. Geissendörfer
1982	*Les Fantômes du chapelier*	Claude Chabrol
1982	*Une jeunesse*	Moshé Mizrahi
1983	*Viva la vie!*	Claude Lelouch
1986	*Yiddish Connection*	Paul Boujenah
1988	*Mangeclous*	Moshé Mizrahi
1991	*Les Années campagne*	Philippe Leriche
1992	*Il Maestro*	Marion Hansel
1997	*Pondichery, le dernier comptoir des Indes*	Bernard Favre
1997	*Le Comédien*	Christian de Chalonge
1998	*Laguna*	Denis Bezrry
2001	*Ararat*	Atom Egoyan

Les courts-métrages

1959	*Gosse de Paris*	M. Martin
1968	*Bambuck*	Adolphe Drey/ Jean Kargayan

À la télévision

1985	*Paolino, la juste cause et une bonne raison*	François Reichenbach
1985	*Le Paria*	Denys de La Patellière

1989	*Laura*	Jeannot Szwarc
1991	*Il ritorno di Robot*	Pino Passalacqua
1991	*Le Chinois* (Série en six épisodes) « La Lumière noire » « L'Héritage » « Le Pachyderme » « Les Somnambules » « Un tour de passe-passe »	G. Marx/R. Bodegas-Rojo
1991	*Le Jockey de l'Arc de Triomphe*	Pino Passalacqua
1993	*Un alibi en or*	Michèle Ferrand
1994	*Baldipata*	Michel Lang
1996	*Baldipata et la voleuse d'amour*	Claude d'Anna
1996	*Baldipata et les petits riches*	Claude d'Anna
1997	*Sans cérémonie*	Michel Lang
1997	*Le Serment de Baldipata*	Claude d'Anna
1998	*Baldipata et radio-trottoir*	Claude d'Anna
1999	*Baldipata et Tini*	Michel Mess
1999	*Les mômes*	Patrick Volson
2001	*Le Passage du bac*	Olivier Langlois

Au théâtre

1933	*Émile et les détectives*	Studio des Champs Élysées
1935	*Margot*	Pierre Fresnay Marigny
1935	*Beaucoup de bruit pour rien*	La Madeleine
1936	*L'Enfant*	L'Odéon

Le temps des avants

La compagnie La Saison nouvelle

1939 *Les Fâcheux*   Jean Dasté En tournée
1939 *Arlequin magicien*   Jean Dasté En tournée

Les revues

1935 *Ça c'est Marseille*   Henri Varna Alcazar Paris
1936 *Vive Marseille*   Henri Varna Alcazar Paris
1938 *Son excellence*   Théâtre des Variétés

CRÉDITS PHOTOGRAPHIQUES

Toutes les photographies sont © Collection Charles Aznavour, sauf :
- Page 19, photo avec J. Prévert : © A. Villiers.
- Page 20, photo avec G. Garvarentz : © A. Marouani.
- Page 20, photo avec E. Barclay et Y. Montand : © Méditerranée-photo/Agence Havas.
- Page 22, photo avec G. Davoust : © Gys Mick.
- Page 23, photo avec L. Minneli : © V. Brynner/ Gamma.
- Page 25 : © P. Boullet.
- Page 26 : © D. Koskas.
- Page 27, photo avec la reine d'Angleterre : © BIPNA.
- Page 27, photo avec B. Clinton : © Official White House photo.
- Page 28 et 29 : © Présidence de la République française/ service photographique.
- Page 29, photo avec le président du Liban : © L. Castel.
- Page 31 : © L. Castel.
- Page 32 : © M. Pelletier.

TABLE DES MATIÈRES

Avant-propos	7
Autre Amérique, autre France, autre regard	9
En scène !	11
Ça n'a pas très bien commencé	15
Voilà, j'arrive	19
Apatrides	27
Mes jardins d'enfance	37
Le temps des culottes courtes	45
Des parents en cœur massif	57
Bon à tout faire	63
Nostalgia	67
Vivre, survivre, s'instruire	71
Drôle de guerre, putain de guerre	75
Loulou Gasté	85
Roche et Aznavour	87
Oh surprise, j'écris !	95
Manouchian	101
On se libère	105
La contrebasse	109
Une et un font toi	113
Le complexe d'Édith	115
La charrette du père	133

Les neiges d'antan	145
Au village sans prétention	153
Retour au New bercail	157
À la case départ	165
Édith, toujours elle	173
Montréal, aller et retour	177
Patrick	183
Dans le métier, il faut avoir du nez	185
Premier music-hall	189
Comment passer à la radio	191
Et l'amour dans tout ça ?	193
Je me prends en main	197
La folie des grandeurs	207
La machine est en marche	215
Les Ancienne Belgique	219
Ce soir ou jamais	221
Rideau	225
Entracte	227
Et le cinéma dans tout ça ?	229
Souvenirs en vrac	233
Retour aux sources	251
USA en solo	257
Aphone	263
Soins très particuliers	267
Ma sœurette	269
La presse	273
California, here I come	283
Ulla Ingegerd Thorssell	287
Et ils eurent beaucoup d'enfants	293
L'Arbre grandit	295
Flair de femmes	297
Orphelin	299
Au Japon	303

Le temps des avants

Au poil 305
Aux marches du palais 307
Mes emmerdes 309
La lecture 313
J'aime, je n'aime pas 317
L'automne 319
Et les regrets aussi 327
De la faim à la fin 333
À suivre ?... 339